JN312933

日本政治学会 編

市民社会における政策過程と政策情報

年報政治学2005-Ⅱ

木鐸社

はじめに

「年報政治学」2005年度Ⅱ号は，下記の三つの部分から構成されている。

第一部は，六編の論文からなる特集であり，本号の特集テーマは「市民社会における政策過程と政策情報」とした。このテーマを取り上げた理由は，2005年度Ⅰ号の「はじめに」でも述べた「民主主義は機能しているのか？（Is Democracy Working ?）」という問題意識に応えるためである。つまり，間接代議制という民主主義の制度的要件を備えていても，それを実感できない有権者が多いわが国において，どのようなプロセス（過程）を経て政策が形成されているのか？　またそのプロセスの中でどのような政策情報が有権者に与えられているのか？　そしてその情報に有権者がどのような反応をしているのか？　を実証的に解明しようとしたためである。なお，本来であれば，2005年度Ⅰ号のテーマである「市民社会における参加と代表」と全く異なる特集テーマにすることもできたが，2005年度年報編集委員会が「市民社会における政治過程」を特集テーマとする編集作業を開始した後で，年報政治学の年二回刊行が決まったため，当初の特集を前号と本号に分けて相互補完的関係にある特集を持つ両号の編集作業を行う過渡的措置をとることになった。その理由は，言うまでもなく，一年でも早く，年二回刊行を実現して，会員の研究成果を刊行する機会を増やしたいという渡辺浩理事長ならびに大串和雄常務理事，宇野重規監事，平野聡監事の日本政治学会事務局，そして理事会のメンバーのご努力に協力するためである。

第一部の特集の中では，まず国レベルの政策形成に関する谷口論文に続き，自治体レベルの政策形成に関する曽我・待鳥論文と金論文を掲載した。この内，曽我・待鳥論文では分析の変数として首長と議会が取り上げられ，金論文では職員が取り上げられている。そして，中間集団であるマスメディアが有権者の対外意識に与える影響を内容分析した河野論文と選挙に際して，政策形成の担い手となる政治家の候補者側から得られる情報を扱った岡本論文を掲載し，最後に政策形成過程にゲーム理論を応用した理論的研究である松田論文を収録した。

第二部は，特集以外の論文からなり，この内，櫛田論文と三上論文，野田論文は投稿論文であり，査読の公平性を保つために投稿者の氏名を知りうる編集委員ではなく外部の査読者による査読を経て掲載されたものである。投稿頂いた論文は，いずれも優れた内容のものであったが，査読の結果，掲載に至らなかった方には心よりお詫びを申し上げるとともに，投稿頂いた会員の皆様，ならびに査読にご協力頂いた査読者の皆様に心より御礼を申し上げたい。

　これらに続く第三の部分は，日本政治学会総会研究会日程である。これまで「〇〇年度年報」に「〇〇－1年度総会研究会日程」を掲載してきたが，年二回刊行の過渡期にある今号では「2004年度日程」と「2005年度日程」の両方を掲載することになった。今後，「2006年度日程」は2006年度年報の第Ⅱ号（2007年3月刊行予定）に，2007年度以降の「日程」は「〇〇＋1年度年報」の第Ⅰ号（翌年6月刊行予定）に掲載されることになる。

　本号については投稿論文と編集委員が執筆する論文以外に，2005年10月に行われた日本政治学会における優れた報告論文の中から年報の構成を考慮して掲載する論文を選び，修正依頼などを経て収録することにした。本号に掲載された金論文は河野編集委員，岡本論文は建林編集委員，松田論文は山田編集委員，宮本論文は小林，春木論文は増山編集委員よりの推薦に基づき，修正が必要な論文については修正依頼を経て，収録したものである。特に，宮本論文については，優れた若手研究者の報告を奨励する意味でも，ポスターセッション形式の報告の中で最も優れていると思われる報告を選んだところ，宮本論文を取り上げるべきであるという点で，渡辺理事長と意見が一致したものである。

　なお，本来であれば，より多くの会員から投稿された論文が所定の査読手続きを経て掲載されるのが，日本政治学会にとって望ましい姿であると考えている。このため前号と本号では，編集委員が書く論文は3〜4本に留め，投稿論文を7〜8本程度掲載する予定でいた。しかしながら，今年度の年報に投稿された数は両号とも5本ずつであり，この内の3本ずつを掲載することになった。このため，上記の通り，日本政治学会や関連する学会での報告の中から，優れた論文を探し，必要な修正を求めて掲載することになった次第である。今後は，できるだけ多くの会員に投稿して頂き，年報が溢れるくらいの状況が生じることを切にお願いしたい。日本政治学

会も，ここ数年，年報改革や毎年の研究会における企画公募やポスターセッションの導入など，会員に対して開かれた学会となるべく，渡辺理事長の下で様々な改革を実行してきた。後は，そうしてできた受け皿に，一人でも多くの会員が参加する意識を持って積極的に投稿・応募をして頂くことが，日本政治学会の将来にとって何よりも重要なことではないだろうか。

さて，今年度の年報政治学Ⅰ号とⅡ号を合わせても従来の年報政治学1号より安価で刊行できたのは，採算度外視で刊行を引き受けてくれた坂口節子木鐸社社長のお陰であり，心より感謝申し上げることにしたい。

最後に，2005年度年報編集委員会のメンバー（河野武司，曽我謙悟，建林正彦，谷口将紀，増山幹高，待鳥聡史，山田真裕）には，通常の編集委員会の二倍の作業量を強いることになり，膨大なメールのやりとり，査読者との連絡などに奮闘して頂いたことに感謝するとともに，有意義な議論の時間を共にできたことに御礼申し上げたい。特に，投稿者との連絡を担当して頂いた河野委員，曽我委員，増山委員には，深く感謝申し上げる。なお，本号で論文を執筆していない編集委員は，前号（年報政治学2005年度Ⅰ号）に論文を掲載している。

　　　　2005年　初冬

　　　　　　　　　　　　　　　　　　　　　小林　良彰

日本政治学会年報　2005-Ⅱ

目次

はじめに　　　　　　　　　　　　　　　　　　　　　　　　小林良彰（3）

〔特集〕　市民社会における政策過程と政策情報

衆議院総選挙候補者の政策位置　　　　　　　　　　　　　　谷口将紀（11）

無党派知事下の地方政府における政策選択
　　―1990年代以降における知事要因と議会要因―
　　　　　　　　　　　　　　　　　　　　　　　曽我謙悟・待鳥聡史（25）

政策形成過程における官僚の民主的統制としての組織規範
　　　　　　　　　　　　　　　　　　　　　　　　　　　　金　宗郁（47）

国民の対外意識に及ぼすマスメディアの影響
　　―テレビニュースの内容分析とパネル調査から―　　　　河野武司（69）

市民社会におけるインターネットと選挙
　　―2004年参院選候補者ウェブサイトの分析―　　　　　岡本哲和（87）

イシュー・セイリアンスと政策変化
　　―ゲーム理論的パースペクティブの有用性―　　　　　　松田憲忠（105）

〔論文〕

アメリカン・システムの時代における連邦制の実態　　　　　櫛田久代（127）

民主制と独裁制の生存条件
　　―離散時間型生存分析による体制別危険因子の再検証―　三上　了（146）

知事選投票率からみた広域政府の規模のあり方に関する研究
　　　　　　　　　　　　　　　　　　　　　　　　野田　遊（170）

北朝鮮における政軍関係
　―なぜ北朝鮮の軍人はクーデターを起こさなかったのか？―
　　　　　　　　　　　　　　　　　　　　　　　　宮本　悟（195）

韓国の選挙運動と政治的アクター　　　　　　　　春木育美（216）

〔2004年度研究会日程・2005年度研究会日程・規約・Summary of Articles〕

2004年度日本政治学会研究会日程　　　　　　　　　　　　　（236）

2005年度日本政治学会研究会日程　　　　　　　　　　　　　（239）

日本政治学会規約　　　　　　　　　　　　　　　　　　　　（244）

Summary of Articles　　　　　　　　　　　　　　　　　　（249）

市民社会における
政策過程と政策情報

衆議院総選挙候補者の政策位置

谷口将紀

はじめに

　デュヴェルジェの法則によれば，小選挙区制は二大政党制を生む。ダウンズの政策収斂仮説によれば，二大政党制の左右両政党は，ともに中道政策を採用するようになる（猪口他　2000）。たしかに，過去２回（2003・05年）の総選挙では，小選挙区で選出される300議席の９割超が，自民，民主両党の候補者によって占められた。そして，自民，民主両党間の政策距離は，55年体制下における自民，社会両党のそれと比べて，明らかに小さくなっている。その是非はさておくとして，小選挙区比例代表並立制下の二大政党である，自民，民主両党はトゥイードルダムとトゥイードルディーになったのだろうか。

　しかし，小選挙区制を長く採用しているイギリスにおいて，厳密な意味での二大政党制は成立していないし，二大政党制が半ば制度化されているアメリカでも，民主，共和両党の政策が収斂したと考える向きは少ない。ダウンズ以降の合理的選択研究は，政策収斂仮説が成立するために様々な前提条件を課すことによって，理論と現実の乖離を説明しようとしてきた（Alesina and Rosenthal 1995; Grofman 2004）。また，政党規律が緩いとされるアメリカにおいてさえ，各下院議員の政策態度決定は所属政党に影響されるという（例えば，Ansolabehere, Snyder and Stewart 2001a, 2001b）。本稿の目的は，現在の日本について，Ansolabehere, Snyder and Stewart (2001a) および Burden (2004) の方法を参考にしつつ，衆議院総選挙候補者の政策位置とその帰結を，政党要因を中心に分析することにある。

データと方法

候補者の政策位置を推定する，もっとも直截な方法は，候補者を対象としたアンケート調査である[1]。アメリカでは，古くは1958年議会選におけるミシガン大学調査（Miller and Stokes 1963）や，1966年議会選の *Congressional Quarterly* 調査（Sullivan and O'Connor 1972; Sulliran and Minns 1976），近くは Project Vote Smart による National Political Awareness Test（NPAT）（Erikson and Wright 2001; Ansolabehere, Snyder and Stewart 2001a, 2001b）など，アンケートの欠点である低回収率の問題を克服しながら，様々な調査が実施されてきた。

　本稿もこれに倣い，東京大学・朝日新聞社共同政治家調査（2003年衆院選立候補予定者分）データを用いる。同調査は，衆議院総選挙の立候補予定者1159名に対して2003年9月24日から行われ，1104名（95.3%）の有効回答を得た[2]。質問は「日本の防衛力はもっと強化すべき」「日本の企業は終身雇用を堅持すべき」といった意見に対して「賛成（1点）」から「反対（5点）」で回答を求めた，政策態度に関する項目が中心。質問項目数は NPAT より少ないものの，ミシガン大学，CQ 調査と比べれば豊富で，また全国紙による選挙報道と連動させたため，回答率は NPAT を大きく上回っている。

　上記2問をはじめとする，候補者調査データ・問6の20項目を投入して，カテゴリカル主成分分析を行った結果，固有値1以上の基準により3つの成分を得た[3]。成分負荷は，表1に示したとおりである。第1主成分では，各項目の負荷量が高く，また寄与率も55.5%であるので，各項目の総合評価と考えられる。「日本の防衛力はもっと強化すべきだ」「日米安保体制は現在より強化すべきだ」「北朝鮮に対しては対話よりも圧力を優先して，体制変換に追い込むべきだ」「日本は国連安全保障理事会の常任理事国に入って国際的役割を果たすべきだ」「他国からの攻撃が予想される場合には先制攻撃もためらうべきではない」「イラク復興支援に自衛隊を派遣すべきだ」「政府は憲法解釈を変更して集団的自衛権を行使すべきだ」といった安全保障的争点に留まらず，「持続可能な年金制度のため，消費税を増税すべきだ」「社会福祉など政府のサービスが悪くなるとしても小さな政府の方がよい」「郵政3事業は民営化すべきだ」といった経済的争点，さらに「治安を守るためにプライバシーや個人の権利が制約されるのは当然だ」といった社会的争点も含まれており，「保守－リベラル」の対立軸と命名できよう[4]。

表1　成分負荷（カテゴリカル主成分分析）

	1次元	2次元	3次元
防衛力強化	.933	.023	.075
日米安保強化	.931	.043	.046
先制攻撃可	.841	.065	.158
安保理常任理事国	.855	−.018	.098
北朝鮮圧力	.915	−.001	.072
自衛隊イラク派遣	.836	.254	−.188
集団的自衛権	.828	.123	.085
小さな政府	.845	−.118	.005
終身雇用維持	−.644	.301	.145
公共事業	−.223	.705	.299
景気対策	.079	.519	.552
年金財源消費税増税	.853	−.124	.164
年金全額国庫負担	−.265	−.317	.724
郵政民営化	.825	−.213	−.048
道路公団民営化	.686	−.088	−.200
高速道路無料化	−.400	−.583	.366
治安維持・個人権制約	.860	.045	.058
永住外国人地方参政権	−.754	−.145	−.052
政党支部企業献金禁止	−.821	−.215	.033
地方補助金全廃	.654	−.463	.178
寄与率	55.5%	8.8%	6.4%

以下，もっぱら「保守－リベラル」軸のオブジェクトスコア——得点が高いほどリベラル——を用いて，分析を進めることにする。

2003年の政策地図

図1は，「保守－リベラル」軸のオブジェクトスコアを，公認政党別にヒストグラムに表したものである。縦軸の単位はパーセント，横軸・オブジェクトスコアの尺度は，各党とも同じである。各党のピークに注目すると，保守からリベラルに向かって，自民党，民主党，公明党，社民党，共産党という順番になる。また，裾野の広がりを見ると，自民党と共産党は狭く，一方で社民党，公明党，とくに民主党は広くなっている，すなわち候補者毎のバラ付きが大きい。公明党の政策位置が自民党よりも民主党に近いことについては，広く共有されている見方と思われるが，共産党と並ぶ組織政党でありながら，政策位置の分散が大きくなっている点は，自公連立による政策面でのひずみ又は戸惑いが，少しずつ公明党内に蓄積されつつあることを示しているのかもしれない（谷口　1999）。

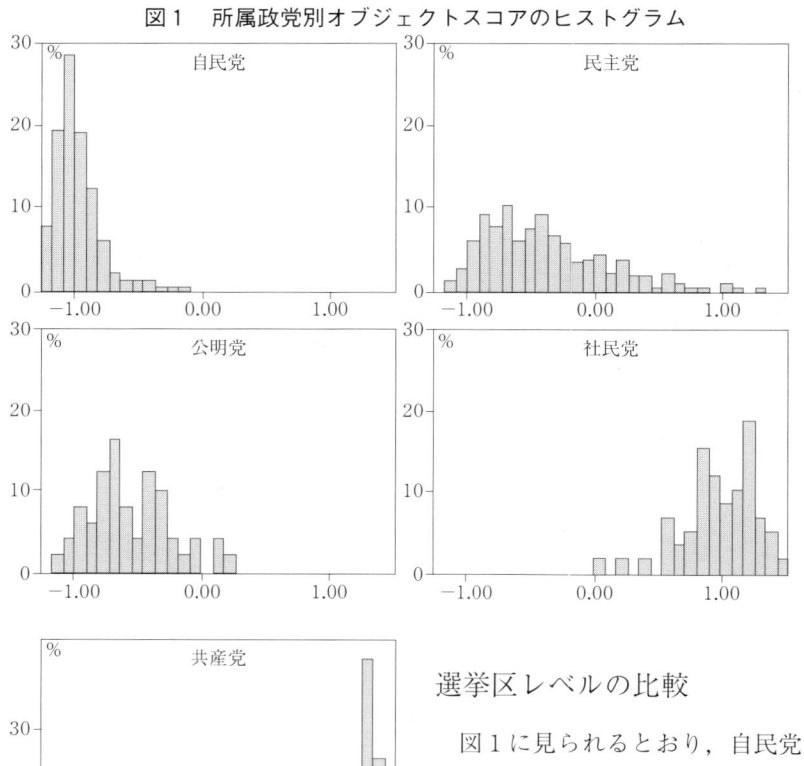

図1　所属政党別オブジェクトスコアのヒストグラム

選挙区レベルの比較

　図1に見られるとおり，自民党候補と民主党候補のオブジェクトスコアの平均には，有意な差が存在する。しかし，少なからぬ両党議員の政策位置が重なり合っていることも，また事実である。そこで，同一選挙区内での自民，民主両党候補者の相対的な政策位置を，次に比較してみよう。2003年総選挙において自民，民主両党が公認候補を擁立して5，かつ本調査を通じて両党候補者のオブジェクトスコアが得られた小選挙区は，合計154組あった6。

　図2は，小選挙区別に自民，民主両党候補のオブジェクトスコアを示し

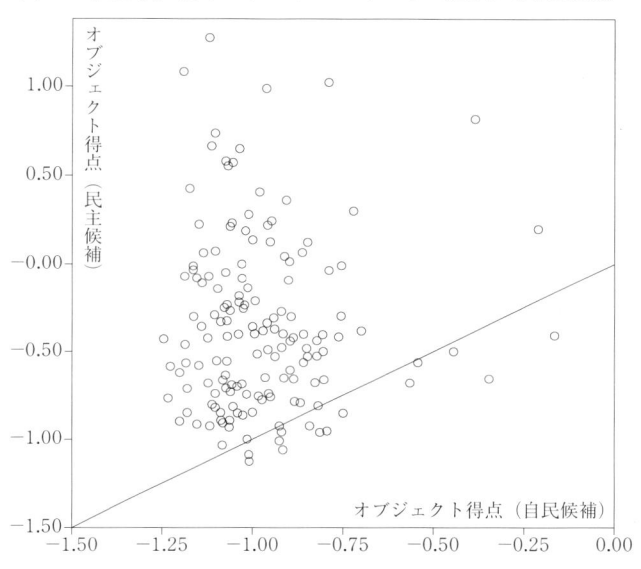

図2 小選挙区別オブジェクトポイント（自民×民主候補）

たものである。選挙区毎に154組のオブジェクトスコアを比較すると，139選挙区（90.3％）で自民候補のオブジェクトスコアは民主候補のそれよりも小さい，つまり自民党候補の方が民主党の対立候補より保守的であった。全国レベルで，自民，民主両党候補者の政策位置が重なり合っていたとしても，各選挙区のレベルでは，概ね「保守的な自民党候補」対「リベラルな民主党候補」という相対的な位置関係になっていることが分かる。

 それでは，同一政党内，選挙区間の政策位置の違いは，何に起因するのか。候補者は選挙民の選好を反映する，という仮説を検証してみよう。Mayhew（1974）によれば，選挙が激戦になるほど，候補者は一般有権者の選好を反映しようとする。逆に，Fiorina（1974）やPowell（1982）が示したところでは，激戦区の候補者は基礎票固めに走るので，選挙区一般の選好からはむしろ乖離すると言う。残念ながら，日本において，平均的な有権者の選好を小選挙区別に計測したデータは，管見の限り存在しない。アメリカにおける先行研究では，下院選挙区別に計算した，民主党又は共和党大統領候補の得票率を，有権者の選好として代用することが一般的で

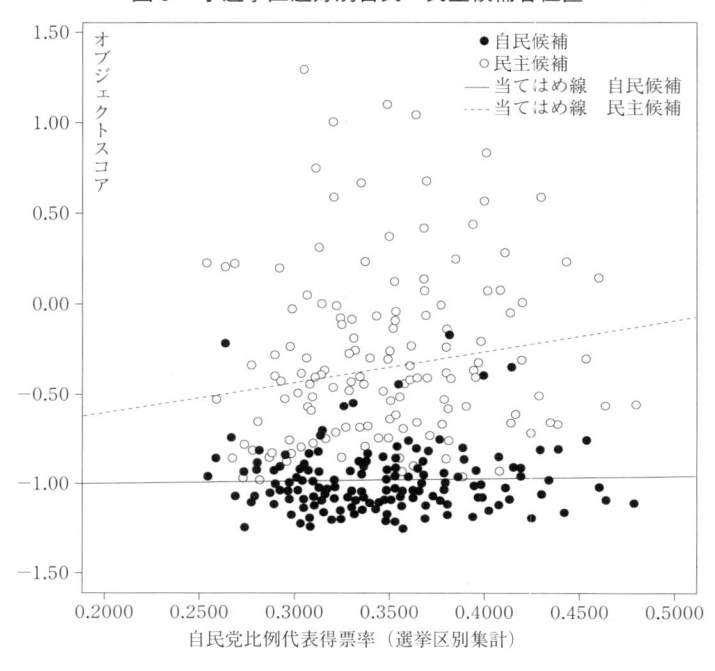

図3 小選挙区選好別自民・民主候補者位置

ある（Schwarz and Fenmore 1977; Erikson and Wright 2001; Ansolabehere, Snyder and Stewart 2001a; Burden 2004）[7]。本稿もこれを踏襲し，2003年総選挙の比例代表区における自民党の得票率を，小選挙区毎に計算し直して，有権者の選好を表す指標とした[8]。

自民，民主両党候補と各小選挙区有権者の政策位置を回帰直線と共にプロットしたのが，図3である。自民候補の政策位置は，自民党地盤であるなしを問わず，あまり変わらないようである。他方，有権者の選好がリベラルすなわち自民党のアドバンテージが小さくなるほどに，民主候補の政策位置は保守寄りである。有権者が保守的になるにつれ，自民，民主両候補の政策距離が大きくなるようだ。

Burden（2004）は，米下院選における選挙区別の共和，民主両党候補間の政策距離を，①定数（所属政党の違い），②選挙区別選好（各党の地盤），③両候補の経験差（差に応じて政策距離も拡大），④非現職候補の政治経験

表2　自民・民主候補政策差の要因

	1		2	
	Coeff.	Std. Err.	Coeff.	Std. Err.
定数	0.40***	0.14	0.38**	0.15
自民党比例得票率[2]	1.96*	1.05	2.13*	1.12
候補者経験差	0.01	0.08		
新人候補経験			−0.01	0.08
R-square	0.019		0.028	
Adj R-square	0.006		0.012	
N	154		123	

*** $p < .01$, ** $p < .05$, * $p < .10$

(政治経験がある候補者は，対立候補との距離が縮小)，⑤予備選挙の激戦度（予備選挙が激しくなるほど，各党のメディアン・ヴォーターに接近するため，両党候補者間の距離は拡大），によって説明している。本稿もこれを踏襲して，まだ少数例に留まっている予備選挙を除いた，①定数，②自民党の比例区得票率（Burden に倣って二乗），③現職対新人の選挙区（ダミー変数），④官僚，地方政界，松下政経塾の出身者又は世襲候補（ダミー変数），を独立変数として投入して，自民，民主両党候補間のオブジェクトスコアの差（絶対値）を従属変数とする回帰分析を行った。

　推定結果は，表2に示されている。分散不均一を考慮して，仮説検定にあたっては White の標準誤差を用いた。定数は，自民，民主両党の政策位置がそもそも異なることを表している。また，図3から予想されたとおり，自民党の地盤になるほど，両党候補者間の政策差は大きくなる。他方，政党間競争モデル（第1式），現職対挑戦者モデル（第2式）とも，アメリカとは異なり候補者の属性は影響していないようだ[9]。

政策位置の決定要因

　候補者の政策形成に対する，その他の決定要因としては，何を指摘できるだろうか。小選挙区立候補者について，「保守−リベラル」軸のオブジェクトスコアを従属変数とする，回帰分析を行った。独立変数は，以下の4グループに分けられる。①選挙民の選好。前項と同様に，比例代表区における自民党の得票率を，小選挙区毎に計算し直した値を用いる。②所属政党。民主党，公明党，共産党，社民党，保守新党，無所属の会，自由連合，諸派の公認候補者および無所属候補者を，ダミー変数として投入した。推

表3　政策位置の規定要因

	Coeff.	Std. Err.
定数	−0.95***	0.07
自民党比例得票率	0.00	0.19
民主党×旧自由党	0.64***	0.05
	−0.29***	0.06
公明党	0.42***	0.11
共産党	2.26***	0.03
社民党	1.91***	0.05
保守新党	−0.01	0.05
無所属の会	0.21	0.17
自由連合	0.33***	0.04
諸派	0.39**	0.17
無所属	0.42***	0.07
橋本派	0.07	0.04
森派	−0.01	0.04
亀井派	0.04	0.06
堀内派	0.02	0.05
山崎派	0.03	0.05
高村派	−0.01	0.05
加藤グループ	0.02	0.05
河野グループ	0.10	0.10
当選回数 (ln)	−0.03	0.02
官僚	−0.09**	0.04
地方政界	0.02	0.03
世襲	0.00	0.05
松下政経塾	−0.30***	0.06
R-square	0.904***	
Adj R-square	0.902	
N	848	

*** p < .01,　** p < .05,　* p < .10

薦や追加公認は含まれていない。③派閥。自民党公認候補のうち,橋本派,森派,亀井派,堀内派,山崎派,高村派,加藤グループ,河野グループ,また民主党の旧自由党所属候補者について,ダミー変数を投入した10。第2,第3グループの変数に関しては,無派閥の自民党候補が比較基準となる。④候補者の属性。官僚出身者,地方政界(首長又は議員)出身者,世襲候補に加えて,近年新たな政治家輩出源と言われている松下政経塾卒塾生をダミー変数化した。また,現職と新人で差があるか確認するために(Fiorina 1974; Achen 1978; Merill and Grofman 1997),当選回数を加えた。但し,在職年数に比例して政策位置が変化するとは考えにくく,当選回数に1を加えた値の自然対数を独立変数とした。

　分析結果は,表3に示されている。ここでもWhiteの標準誤差を用いた。自民党無派閥候補に対して,民主党,公明党,共産党,社民党,自由連合,諸派,無所属候補は統計的有意にリベラルである。前項同様,二大政党的傾向が進んでいるといっても,自民党と民主党の政策には,全体として差異が存在する。但し,民主党候補のうち旧自由党所属候補については,保守方向に揺り戻す傾向があり,これが民主党内のオブジェクトスコアの分散をさらに増幅している。その他の変数では,候補者の属性に関して,官僚出身者と松下政経塾卒塾生が,保守方向に有意な影響力を持っている。とくに後者は,安全保障政策で保守的な選好を塾内で形成した,または元から持っていたことが効いたものと推測される。

選挙結果への影響

最後に，各候補者による政策位置の決定が，選挙結果にどのような影響を与えるのか見ることにしよう。Ansolabehere, Snyder and Stewart(2001a), Canes-Wrone, Brady and Cogan (2002), Burden (2004) といった近年の研究では，アメリカの二大政党候補は，共和党候補＝保守，民主党候補＝リベラルという相対的な差異を保ちつつも，より中道に近い政策選好をもつ穏健派候補のほうが選挙で有利とされている。日本の小選挙区候補者にも同様の傾向が観察できるだろうか。ここでは，自民党，民主党の小選挙区候補者の得票率を従属変数とした回帰分析を行う。

独立変数としては，以下の3グループに大別される。①選挙民の選好。これまでの分析と同じく，比例代表区における自民党の得票率を小選挙区毎に計算し直した値を用いる。②自分及び対立候補（自民党候補にとっての民主党候補，民主党候補にとっての自民党候補）の当選回数。当選回数に1を加えた値の自然対数を投入した。現職議員としての知名度が，選挙に際して正のバイアスを生じさせると予測される（Wittman 1983）。そして，③各候補の政策位置。中位投票者が自民，民主両党候補の間に位置しているとは限らないので（谷口 2006），ここでは自民党候補，民主党候補のオブジェクトスコアをそれぞれ投入する代わりに，両候補の中間点を独立変数とした（Ansolabehere, Snyder and Stewart 2001a, Appendix B）。小選挙区での選挙競争が実質的に二大政党候補者の争いとなり，各候補者の政策が有権者の投票基準であると仮定すると，自民，民主両党候補の政策位置の中間点が，各候補支持者の分水嶺となる。ほとんどの選挙区で自民党候補

表4 政策位置の選挙に対する帰結

	自民候補		民主候補	
	Coeff.	Std. Err.	Coeff.	Std. Err.
定数	0.11**	0.05	0.66***	0.05
自民党比例得票率	1.03***	0.15	−0.82***	0.15
自分の当選回数 (ln)	0.03***	0.01	0.02**	0.01
相手の当選回数 (ln)	−0.02*	0.01	−0.02*	0.01
政策中点	0.03	0.02	−0.05**	0.02
R-square	0.454***		0.352***	
Adj R-square	0.439		0.334	
N		154		

*** $p < .01$, ** $p < .05$, * $p < .10$

は民主党候補と比べて保守的であるが，両者の中間点がリベラル（保守）に寄るほど，自民党（民主党）候補の当選確率は高くなるだろうか。

推定結果は表4のとおりである。まず，有権者の選好については，自民党候補及び民主党候補共，比例代表区での自民党の得票率に応じて，すなわち保守地盤になるほど，小選挙区の選挙競争でも自民党の候補者にとって有利，民主党の候補者にとって不利なことが明らかである。また，当選回数についても，自民，民主両方共，選挙結果に対して自分の当選回数はプラス方向，ライバルの当選回数はマイナス方向のバイアスとして作用している。

そして，鍵変数である政策位置と選挙結果の関連については，自民党候補者と民主党候補者の政策位置の中間点がリベラル（保守）に寄るほど，民主党候補の得票率を低める（高める）ことが分かる。ある選挙区で，自民党の比例代表得票率が全国平均と等しい35％，自民，民主候補が共に新人であったと仮定すると，両者の政策中間点が全選挙区の平均を挟んで2標準偏差分保守寄りに移動することによって，民主党候補の予測得票率は39％から42％に増加する。自民党候補についても同様で，有意水準にはわずかに達していないものの，政策中間点がリベラルになるほど，得票率を押し上げる方向性を観察できる。自民党と民主党の政策には差異が存在するが，その中で各候補者が政策位置を調整することは，少なくともいくらかは選挙結果に影響を及ぼしているようである。

要約と含意

以上本稿は，2003年の総選挙時点での衆議院議員各候補者の政策位置を，東京大学・朝日新聞社共同政治家調査データを用いて推定，分析した。カテゴリカル主成分分析に投入した20種類の争点態度は，ひとつの「保守－リベラル」対立軸に要約できる。各党候補は，保守からリベラルに向かって，自民党，民主党，公明党，社民党，共産党という順番に並んでいる。同一選挙区内における自民，民主候補の相対的位置についても，自民＝保守，民主＝リベラルという差が認められる[11]。確かに民主党のオブジェクトスコアの分散は大きく，冷戦下のような世界観に至る違いを自民－民主両党に期待するのは無理だが，さりとて自民党と民主党を双子の兄弟に準えるのは過言であろう。

各候補者の政策位置を決定する要因としては，前述の所属政党に加えて，有権者の選好や候補者の属性が影響力を持っている。選挙結果に対する政策位置の影響に関しては，とくに民主党候補について，政策位置が保守的（リベラル）になるほど，得票率が高く（低く）なることが明らかになった。候補者が所属政党による政策の違いを保ちながら，個人的信条や選挙民の選好に合わせて自らの政策位置を調整することによって，同一党内でもある程度の政策の多元性が存在する「輪ゴム効果[12]」が，日本の政党にも観察され始めたようだ。

　謝辞
　　本稿で使用したデータについて，蒲島郁夫研究室ならびに2003～04年度蒲島・谷口ゼミ参加者諸氏および谷口尚子の協力を得た。また，草稿に対して，スティーブン・リード，樋渡展洋，小林良彰，田邊國昭の各先生および日本政治研究学会出席の各氏から，貴重なコメントを頂戴した。この場を借りて御礼申し上げます。

（1）　その他の方法については，谷口（2006）を参照。
（2）　調査主体は，東京大学大学院法学政治学研究科蒲島郁夫研究室および朝日新聞社。詳細は，蒲島・山本（2005）を参照。
（3）　Ansolabehere, Snyder and Stewart（2001a）では，Heckman and Snyder（1997）の方法を用いているが，これは Ansolabehere, Snyder and Stewart（2001b）で，議会の点呼投票データから求めた現職議員の政策位置と比較するために，尺度を揃えたもの。
（4）　「保守－革新」と命名することも可能だが，東京大学・朝日新聞社共同政治家調査には「政治の立場はこれまでよく『保守』－『革新』の言葉で表現されてきました。この対立軸は既に適当ではないとの意見もありますが，これまでの物差しであなたの立場を示されるとしたらいかがですか」という質問項目が含まれており，混同を避けるため「保守－リベラル」とした。
（5）　推薦や追加公認を含めない。
（6）　ひとつでも未回答項目があった場合，上記の分析では欠損値として扱った。よって，選挙区内の自民，民主両候補が，それぞれ20項目全てに回答したことを意味する。
（7）　その他の方法としては，限られた数の選挙区について，並行して有権者調査を行ったもの（Miller and Stokes 1963; Achen 1978）や，社会経済変

数などからシミュレートしたもの（Sullivan and Minns 1976）がある。関連して，日本では東京大学・朝日新聞社共同世論調査に，政治家調査と共通の質問項目が含まれている（蒲島・谷口・菅原 2005）。しかし，小選挙区毎に有権者の選好を推定するには，サンプル数が不十分である。
（8）　小選挙区も比例代表区も同じ衆院選，戦略投票の可能性を無視している，といった問題点が残されており，あくまで次善の策である。
（9）　但し，モデル全体の当てはまりは良くない。Burden論文自体，本稿よりも独立変数が多い割に，R^2はあまり改善されず，各独立変数も片側検定によって有意水準を保っている（本稿は両側検定）。
（10）　民主党を含めた派閥に関する分析は，谷口（2006）を参照。
（11）　但し，アメリカほど差異がハッキリしている訳でもない（Erikson and Wright 2001）。

その原因としては，①アメリカでは，予備選挙が穏健派候補の進出を阻止する機能を果たしている（McGann 2002; Grofman 2004），②有権者の政党認知によって，候補者自身の政策位置の重要性が低下する（Van Houweling and Sniderman n.d.），③アメリカとて政党対立が顕在化したのは1980年代以降，しかも特定の争点に限られている（Ansolabehere, Snyder and Stewart 2001a），といった諸点が考えられる。
（12）出典はGrofman（2004），A. Wuffleの言とされる。

参考文献

Achen, Christopher H.. 1978. "Measuring Representation." *American Journal of Political Science* 22 (3): 475-510.

Alesina, Alberto, and Howard Rosenthal. 1995. *Partisan Politics, Divided Government, and the Economy.* Cambridge, UK: Cambridge University Press.

Ansolabehere, Stephen D., James M. Snyder, Jr., and Charles Stewart, III. 2001a. "Candidate Positioning in U.S. House Elections." *American Journal of Political Science* 45 (1): 136-59.

Ansolabehere, Stephen D., James M. Snyder, Jr., and Charles Stewart, III. 2001b. "The Effects of Party and Preferences on Congressional Roll-Call Voting." *Legislative Studies Quarterly* 26 (4): 533-72.

Burden, Barry C.. 2004 "Candidate Positioning in US Congressional Elections." *British Journal of Political Science* 34 (2): 211-227.

Canes-Wrone, Brandice, David W. Brady, and John F. Cogan. 2002. "Out of Step, Out of Office: Electoral Accountability and House Members' Voting." *American Political Science Review* 96 (1): 127-140.

Erikson, Robert S., and Gerald C. Wright. 2001. "Voters, Candidates, and Issues in Congressional Elections." In *Congress Reconsidered*, 7th ed., ed. Lawrence C. Dodd and Bruce I. Oppenheimer. Washington D.C.: Congressional Quarterly Press.

Fiorina, Morris. 1974. *Representatives, Roll Calls, and Constituencies*. Lexinton, MA: Lexinton Books.

Grofman, Bernard. 2004. "Downs and Two Party Convergence." *Annual Review of Political Science* 7: 25-46.

Heckman, James J., and James M. Snyder, Jr.. 1997. "Linear Probability Models of the Demand for Attitudes with an Empirical Application to Estimating the Preferences of Legislators." *Rand Journal of Economics* 28: S142-S189.

猪口孝他(2000)『政治学辞典』東京:弘文堂。

蒲島郁夫・谷口将紀・菅原琢(2005)「2003〜04年東京大学・朝日新聞社共同世論調査コード」『日本政治研究』2(1):190-208。

蒲島郁夫・山本耕資(2005)「2003年東京大学・朝日新聞社共同政治家調査コードブック」『日本政治研究』2(2):184-210。

Mayhew, David. 1974. "Congressional Elections: The Case of the Vanishing Marginals." In *Congress Reconsidered* 6: 295-317.

McGann, Anthony J.. 2002. "The Advantages of Ideological Cohesion a Model of Constituency Representation and Electoral Competition in Multi-Party Democracies." *Journal of Theoretical Politics* 14 (1): 37-70.

Merrill, Samuel, III, and Bernard Grofman. 1997. "Directional and Proximity Models of Voter Utility and Choice: A New Synthesis and Illustrative Test of Competing Models." *Journal of Theoretical Politics* 9 (1): 25-48.

Miller, Warren E., and Donald E. Stokes. 1963. "Constituency Influence in Congress." *American Political Science Review* 57 (1): 45-56.

Powell, Lynda W.. 1982. "Issue Representation in Congress." *Journal of Politics* 44 (3): 658-678.

Schwarz, John, and Baron Fenmore. 1977. "Presidential Election Results and Congressional Rall Call Behavior." *Legislative Studies Quarterly* 2: 409-22.

Sullivan, John L., and Daniel Richard Minns. 1976. "Ideological Distance between Candidates: An Empirical Examination." *American Journal of Political Science* 20 (3): 439-68.

Sullivan, John L., and Robert E. O'Connor. 1972. "Electoral Choice and Popular Control of Public Policy: The Case of the 1966 House Elections." *American Political Science Review* 66 (4): 1256-68.

谷口将紀(1999)「社会・公明・民社・共産党」佐々木毅『政治改革1800日の真実』東京:講談社,269-298。

谷口将紀 (2006)「衆議院議員の政策位置」『日本政治研究』3 (1):90－108。
Van Houweling, Robert P., and Paul M. Sniderman. n.d.. "The Political Logic of a Downsian Space." Unpublished manuscript.
Wittman, David. 1983. "Candidate Motivation: A Synthesis of Alternative Theories." *American Political Science Review* 77 (1): 142-157.

無党派知事下の地方政府における政策選択
――1990年代以降における知事要因と議会要因――

曽我謙悟・待鳥聡史

はじめに

　1980年代末のバブル経済の時期に，日本の戦後保守政治は最後の輝きを見せた。地方政治においても，自民党が主導して公明党や民社党，さらに場合によっては社会党も相乗りする首長が増え，財政も一時的にではあるが好転した。しかし90年代に入ると，地方を含めた日本政治の基礎条件は大きく変動する。すなわち，冷戦の終結という国際関係の大きな変動に起因する保革対立の事実上の消滅，それに選挙制度改革も加わることによる政党システムの変容，さらにはバブル崩壊後の長期不況による財政の著しい悪化である。

　このような条件変化を背景として，都市部を中心とする各地の有権者は，政党からの支援を受けない無党派知事を当選させるようになった。その選択には，有権者が望ましいと考える政策や重要だと考える対立軸の変化があったはずである。無党派知事の登場は，実際に都道府県における政策転換につながったのだろうか。その際，議会はどのような役割を果たしたのだろうか。これらが本論文の主たる問いである[1]。

第1節　分析枠組

（1）知事と議会：理論的検討

　立法府と行政府の二つの政治的プレイヤーが政策を形成していく際，いかなる帰結が生じるかは，二つの政治的プレイヤーそれぞれが持つ権限の分配と，両者の政策に対する選好の分布といった二つの要素により大きく規定される[2]。選好の分布は選挙制度のあり方に大きな影響を受ける。ウ

ェストミンスター型議院内閣制では，小選挙区制と議院内閣制を組み合わせることで，立法府と行政府の選好の同質化が図られている。選好が異質化した場合には，立法府が行政府の長たる首相を再度選出するか，首相が議会を解散して選挙をやり直すことにより，改めて同質化を図ることが予定されている。このように選好が同質的な二つのプレイヤーの間では，いかに権限を分配しようとも政策結果に大きな差異はない。

他方，二元代表民主制（二元代表制）では執政長官たる首長と議会が別々に公選され，前者は選挙区が当該政府の領域全体であるのに対し，後者はそれを分割した選挙区から選出されるため，両者の選好は異質なのが通例である。この場合，二者の権限分配が政策帰結を大きく変える。二者の双方の同意が政策の成立に必要となる相互抑制的な権限分配であれば，グリッドロックが生じやすく，政策は安定的ないし現状維持的になる。二者の一方だけでも政策展開が可能となる遠心的な権限分配であれば，政策変更は容易だが，一貫性を欠いた政策の混乱が生じやすい。二者のうちのどちらか一方だけに権限を集中させれば，政策変更も可能となり，そこに一貫性が生まれるが，権限を持たない側の選好は反映されず，二元代表制を採用する意義は低下する可能性がある[3]。

日本の地方政府をこの枠組みの中に位置づけてみよう。日本の地方政府における二元代表制の制度的な特徴は，第一に，首長と議会の選出は別個の公選によるが，議会は首長に対し不信任決議を行うことができ，それに対し首長は議会の解散が可能である（地方自治法178条）。第二に，議会選挙は，とりわけ都市部などでは選挙区ごとの定数が2から6というところが多く，中選挙区的な性格が強い[4]。第三に，政策形成については，首長に多くの権限が与えられている。首長は条例案の提出権などを持ち，とりわけ予算については提出権を独占している。また，議会審議に対する再議請求権を持ち，一種の弱い拒否権も保持している（同176条）。

この結果，選好の分布と権限分配は次の特徴を持つ。まず，首長と議会の選好距離は大きい。首長と議会に不信任・解散という一見したところ議院内閣制的な相互抑制関係が与えられているが，これはウェストミンスター型議院内閣制が予定する立法府と行政府の選好の同質化をもたらさない。たとえ不信任や解散が行われても，選出はまた，有権者が別個の選挙により行うからである[5]。そして，議会選挙が主として中選挙区制であり，同

一政党の候補者間の競争が存在するために，集票における政党への依存性が低く，政党組織の地方レヴェルへの浸透が進みにくい。知事の退職，死去などに伴い，統一地方選挙から外れた知事選が増え，知事と議会の選出の時点がずれていることなどもあいまって，日本の地方政府の首長と議員の選好距離は大きくなる傾向が強い。政党規律などにより，この距離を選挙以外の方法で縮小するようなメカニズムも，やはり地方レヴェルでは十分に強いとはいえない。

次に，権限分配の帰結を考えれば，確かに知事の権限は強いが，それは政策結果を知事の選好に近づけることを必ずしも保障していない。別の言い方をすれば，議会は与えられている権限は小さいが，それは政策結果が彼らの選好から乖離することを必ずしも意味していない。たとえ予算の提案権を議会が持たないとしても，承認権は議会にある以上，自らが望まないものを知事に強要されることはない。議会にとって提案権を持たないことが，自らの選好の実現の障害となるのは，現状が自らの選好に沿わないが，知事がそれを変更しようというイニシアティヴをとらない場合だけである。

以上をまとめれば，日本の地方政治において，首長と議会の選好は基本的に異なっている。権限分配により，首長と議会は自らが望まないことを相手に強要されることはなく，政策に変化が生じるのは，両者が共にそれを望む場合か，相手がその問題に関心を持たない場合である。選出方法の違いから，首長は地方政府全体のマクロな政策の方向性に対して，議員は自らの選出地域や支持集団に関係するミクロな政策判断に対して，それぞれより強い関心を持ち，影響力を行使しようとすることになる。

(2) 中央省庁と有権者：文脈の明確化

知事と議会の党派的構成がいかなる制度の下に置かれており，それがいかに政策選択という従属変数との関係を規定するかについて，前項では理論的な検討を加えた。しかし，従属変数に影響を与えうる変数は，筆者らが注目する知事と議会といった政治変数だけではない。日本に地方政府の政策決定に影響を与える他の要因として，第一に中央省庁，とりわけ総務省（旧自治省）の存在，第二に，有権者（市民）の存在が考えられる[6]。ここで1990年代の都道府県レヴェルの政治において，二つの要素がどのよう

な状況にあったのかを述べておこう。

　第一に，日本の中央地方関係においては，自治省が地方政府の政策決定に介入できる制度構造が採用されてきた。2000年の地方分権一括法によって変更されるまで，自治省は起債認可権や地方財政計画の策定などを通じて法的に地方政府を指導しうる立場にあった。それに加えて，職員定数管理や給与水準の管理など制度化された行政指導を行うことで，地方政府への介入を行ってきた。また，同じく地方分権一括法により廃止されるまで，機関委任事務制度により，とりわけ都道府県は全国画一的な中央政府の政策の執行機関として位置づけられてきた。ここからすれば，都道府県の政策選択の違いを財政指標で捉えようとする場合に，それは中央省庁により規定されており，都道府県の選択の余地はきわめて狭いという批判がありうるだろう。あるいは，たとえ「歳出の自治」は存在したとしても，「歳入の自治」は存在しないという批判も強いだろう。

　筆者らは，日本の都道府県にも「歳出の自治」が存在していることを，1970年代の保革対立が顕在化した時代を対象とした別稿において，計量的に明らかにした（曽我・待鳥　2001）。さらに本稿では，1990年代には「歳出の自治」のみならず，限定的な形ではあるが「歳入の自治」も一定程度持つようになったと主張する。その背景は次のとおりである。

　日本の地方財政の最大の特徴は，地方交付税により，使途限定のない大規模な財政移転が行われていることである。このことが「歳出の自治」を一定程度可能とする代わりに，地方交付税制度とリンクする形で，地方税と地方債を自治省の強い統制下に置くことを要請し，「歳入の自治」を奪ってきた。すなわち，地方交付税という使途限定のない補助金を正当化するためには，配分の公正性を担保することと，地方政府の「放漫経営」を防止する必要がある。前者を達成するためには，各地方政府の歳入と歳出を，少なくとも見かけ上は客観的に算出する必要がある[7]。これが地方税への統制（および標準的な行政需要の設定）の理由となる。後者を達成するためには，国の救済を当てにして地方政府が赤字財政を続けないようにする必要がある。これが地方債への統制を要請する。

　この結果，自治省は地方税と地方債への強い統制を手にすると同時に，地方交付税総額を確保していく義務も背負うことになった（北村　2000a，2000b）。地方交付税制度は1970年代まではナショナルミニマムの達成を財

政的に支え，石油危機をも乗り切ってきた。しかしナショナルミニマムの達成という目標が実現した後も，この制度は存続し，1980年代後半のバブル景気に際して，一種の「延命措置」がとられた。すなわち，自治省は地方単独事業を拡大するために地方債の許可方針を緩め，その補填を交付税により行った[8]。このことは確かに地方交付税制度の延命を一時的にもたらしたが，長期的には維持できるものではない（赤井・佐藤・山下　2003；土居編著　2004）。その意味で，地方税・地方交付税・国庫支出金のいわゆる「三位一体」の改革は，1980年代のバブル経済期，さらに遡れば1970年代以降の日本経済，社会の変化の必然的な結果ともいえる[9]。

　地方交付税制度の延命措置がもたらした一つの帰結は，地方財政赤字の膨張である。地方政府全体の長期債務残高は，1994年には100兆円を超え，2004年度末には200兆円に達している。他方で，個々の地方政府で見たとき，このことは限定的な形ながら「歳入の自治」を90年代に生み出したと筆者らは考える。確かに，80年代の好景気時に地方税収は順調に伸び，都道府県の自主財源率は40％を超えるにいたった。しかしそれは，地方政府が税率や税目を増大させることで得たものではなく，単に経済環境の変化によるものであった。90年代には景気低迷に伴い自主財源率も低下し，交付税も増加しなかったため，一般財源率も低下し，地方債がそれを補った[10]。このことは確かに，地方政府の財政運営にとって好ましい状況とはいえない。

　逆説的にも，このような状況の下で起債方針の緩和が生じたことは，地方債の発行により財政規模を拡大するか，それを抑制して長期的な財政の健全性を保つかという選択の余地を，地方政府に与えた[11]。1990年代の地方政府は，このような限定的な意味での「歳入の自治」を得たのである。これは，地域住民たちがいかなる負担を行い，いかなる公共サービスを受け取るかを，各地方政府が選び取るという意味での，教科書的な「歳入の自治」ではない。しかし，地方交付税・地方税・地方債という自治省が統制を続けてきた三点セットが，部分的にではあるが綻びを見せた結果として，地方債をめぐる歳入政治が生まれたのである。

　第二に，モデルから外生化したもう一つの要素である有権者の動向についてみておこう。従属変数である地方政府の政策選択に対して，有権者がいかなる選好を持ち，それをどのような形で選挙における投票行動として

表現してきたかが，ここでの関心である。

　後者の点から見ていくと，1990年代の地方選挙における顕著な特徴は，無党派首長と議会における市民派議員の増加である。ここでいう無党派首長とは，選挙の際に無所属で立候補するだけではなく，国会に議席を有する諸政党からの推薦や支持を一切受けなかった首長を指す。80年代までの無党派知事は，主として支持予定の政党の内部分裂など政党側の事情によるものであった。これに対して，90年代以降の無党派知事は知事（候補者）側の判断によるという，大きな違いがある。このような知事側の判断によって生まれた無党派知事は，1995年の東京都，大阪府，および高知県[12]での登場を嚆矢とする。

　都道府県議会の変容も，無党派知事の登場と平仄を合わせるように始まっていた。それは，国政レヴェルの政党と結びつかない名称を持つ地方政党や会派の結成が盛んになったことに，典型的に表れている。その一部は，国政における特定の政党とのつながりを持っていると思われる。しかし，「市民派クラブ」（秋田），「グループ草の根」（滋賀），「住民連合」（鳥取），「みんなと政治をつなぐ会」（香川）といった，明らかに中央の諸政党と結びつかないことに存在意義を見いだそうとする会派も，多くの都道府県に登場した。

　無党派知事の登場や都道府県議会の変化の背景には，有権者の政治意識の動向と選挙制度の双方が影響を与えていたものと思われる。まず政治意識について見ると，1980年代後半以降の既成政党離れと「新しい政治文化」の登場が見られるようになった。ここでいう「新しい政治文化」とは，「財政支出の規模を拡大することには消極的であるが，環境保護や男女平等などの社会的争点（個人の権利の拡大）については，従来のリベラリスト（大きな政府論者）に近い，積極的な態度」を持つ有権者が生み出すものであるとされる（名取　2003：84）。90年代の地方政治においては，地方債を積極的に発行し財政規模の拡大を図るか，それを抑制し長期的な財政健全性を保つかという選択肢が登場してきた。公共事業批判と結びつきながら，あるいは年金問題などに触発された世代間配分の問題と結びつきながら，有権者の側にもこの争点に対応した政治意識が形成されてきたといえるだろう。

　これらの有権者は，おおむね経済的争点を軸として形成されてきた既成

政党のいずれもが自らの立場を表出するとは考えないため，政党支持なしのいわゆる無党派層となることが多い。彼らの無党派知事や市民派議員への親近性は明らかである。それと同時に，選挙制度の影響を無視することはできない。二元代表制の下で，知事が候補者としての個人的魅力で当選する傾向は，革新自治体の場合にも既に見られた。加えて，都道府県議会の中選挙区制は無所属候補や小政党候補の当選を許容する選挙制度であり，比較的多くの市民派議員が，その恩恵を受けているものと思われる。

第2節　仮説の提示と変数の指標化

(1) 仮説の提示

　前節で示した分析枠組に基づき，具体的な作業仮説を提示すると，次の三つとなる。

＜仮説1＞歳入をめぐる選択：90年代における歳入政治の誕生仮説
　1990年代には，地方債に対する自治省の統制が緩和された。このため，それ以前とは異なり，90年代には地方政府の財政運営に対する態度が地方債の発行額を左右する要因となった。補助金は以前から，地方政府の政治的選択により影響を受ける歳入分野であった。90年代には，補助金と地方債の差異が縮まったのである。これに対して，地方税および交付税については，依然として自治省による統制は緩んでいない。地方税については，2000年以降に統制が緩和されたが，分析の対象年度である2002年度までには，十分な効果を発揮するだけの時間が経っていない[13]。

＜仮説2＞政府規模をめぐる選択：知事の選好の反映仮説
　たとえ地方債を発行してでも歳入を拡大するか，それともそのような拡大傾向を抑えるかは，実質的に知事が決定する事柄である。議会の議員はミクロの配分には影響を与えるかもしれないが，マクロの総額は，当該地方政府全域から選出される知事の決定だと考える。ただし，ミクロの配分についての選好が，間接的にマクロの総額にも影響を与えることはありうる。個別の政策領域における支出の拡大のみを議員が考えているとしても，それはマクロ・レヴェルの予算規模の拡大につながるからである。

党派的な選好についていえば,主たる支持集団の意向を反映して,自民党知事は旧来型の大きな政府を維持しようとする。非自民保守系知事であっても,それは同様であろう。これに対して無党派知事は,新しい政治文化の流れを汲み,政府規模の縮小を好むと考える。

＜仮説３＞配分をめぐる選択：議会の選好の反映仮説

歳出においてどの分野を重視するかは,基本的には社会経済的な要因により規定されながらも,政治的な要因も影響するはずである。政府規模といったマクロの総額と異なり,個別の配分については,議会の選好も直接的に影響するはずである。

より具体的には,議会内における政党勢力比の差異が,配分をめぐる選択を規定するであろう。選挙制度上,議員は知事に比べて個別の利益との結びつきが強く,結果として,歳出に対する影響はより選別的になるだろう。具体的には,自民党議員はポークバレル的な商工・農水・土木関連費を拡大しようとすると考えられ,革新系政党の議員は再分配的な歳出を拡大しようとする。

（２）変数の指標とデータ

分析の対象は,1990年から2001年の都道府県である。12年間の47都道府県のデータなので観測数は564となる。ただし,政治変数が従属変数に影響を与えるのは,同一年度ではなく１年後だと考え,従属変数については,1991年から2002年のデータを用いている。分析を2001年度で打ち切っているのは,本稿執筆時点で従属変数のデータが得られるのが,2002年度決算までだからである。

従属変数

住民一人あたりの,都道府県決算における普通会計総額（総支出）,地方税,地方交付税,国庫支出金,地方債,民生費,衛生費,労働費,農水費,商工費,土木費,警察費,教育費である。いずれも単位は百万円である[14]。

従属変数の記述統計は表１にまとめた。ここに示されるとおり,この12年間の47都道府県の平均像としては,住民一人あたり一年間に,土木費と教育費に10万円,農水費に５万７千円,民生費,商工費,警察費に３万円

表1　従属変数の記述統計

変数	N	平均	標準偏差	最小値	最大値
住民一人あたり総支出(百万円)	564	.4714488	.1335553	.1967471	.934484
住民一人あたり地方税(百万円)	564	.1080105	.0409179	.0577862	.407955
住民一人あたり地方交付税(百万円)	564	.1189107	.0647278	0	.3000477
住民一人あたり国庫支出金(百万円)	564	.0976678	.0397826	.0263364	.2130723
住民一人あたり地方債(百万円)	564	.0667298	.0286108	.0090826	.186793
住民一人あたり民生費(百万円)	564	.0320479	.010195	.0110263	.0717054
住民一人あたり衛生費(百万円)	564	.0154162	.0068044	.0064254	.0543986
住民一人あたり労働費(百万円)	564	.0030821	.0017133	.0008177	.0124937
住民一人あたり土木費(百万円)	564	.1049291	.0388686	.0217368	.2448753
住民一人あたり農水費(百万円)	564	.0571997	.0326524	.0015275	.1483702
住民一人あたり商工費(百万円)	564	.0322164	.0155766	.0019287	.1058315
住民一人あたり警察費(百万円)	564	.0242575	.0053373	.0151552	.0522824
住民一人あたり教育費(百万円)	564	.105812	.0170841	.070703	.1715253

前後を支出し，総計47万円の支出となる。この47万円は，地方税，国庫支出金，地方交付税それぞれから10万円，地方債から7万円弱（加えて分析の対象としていない地方譲与税や各種料金等収入により10万円程度）を得ることにより賄われている。平均的な姿としてはこのようなものだが，都道府県および年次によるばらつきは大きい。このような差異の多くは，時期的な要素や都道府県の社会経済環境の相違により説明される。また，財政に存在する強い慣性を考えれば，政治的な選択の可能性は必ずしも大きくはない。しかし他方で，そこには選択の余地が残されてもいる。政治的選択がいかなる帰結をもたらしているのかは，解明されるべき問いである。

独立変数
（a）知事のタイプ：選挙時の政党支持により，以下の五つに分類した[15]。
　　1：自民党（＋中道）知事：自民党の支持を受けており，社民党や共産党の支持は受けていない知事。
　　2：相乗り型知事：自民党および，社民党と共産党のどちらかあるいは両方の支持を受けている知事。
　　3：非自民保守系知事：自民党以外の保守政党（日本新党，さきがけ，新生党，新進党，自由党，保守党，自由連合）の支持を受けている知事。
　　4：革新系知事：社民党，共産党，あるいは民主党の支持を受けてお

り，自民党の支持は受けていない知事。

5：いずれの政党からも公認，推薦，支持を得ていない無党派知事。

以上の類型は，大きくは自民党から何らかの支持を受けている知事（1と2）と非自民系の知事（3から5）に大きく分けた上で，3から5の三つの類型は，順に残余カテゴリーを細分化する形となっている。すなわち，自民党以外の保守政党や民主党などの公認，推薦を受けている知事であっても，自民党の支持を受けていれば，1あるいは2の類型に含まれる。自民党の公認，推薦を受けておらず，自民党以外の保守政党の公認，推薦を受けている知事は，社民党などの支持を受けていても，3の類型となる。自民党の支持も，自民党以外の保守政党の支持も受けておらず，社共などの支持を受けている知事が4の類型となる。以上いずれの類型にも該当しない知事が5の無党派知事となる。

回帰分析においては，それぞれをダミー変数とした上で，2の類型を除外カテゴリーとした。これを基礎的な類型とした上で，それと異なる知事の選好がいかなる政策の違いをもたらすかを推定していく。すなわち，全党相乗り型知事と，自民党（＋中道），非自民保守系，革新系，無党派の四つの知事類型が，いかなる違いを持っているかを分析していく。

（b）議会の党派的構成：次の三つの党派の議席率を変数とした。なお，出典は1999年度までが『朝日年鑑』，それ以降は全国都道府県議会議長会の資料による。

　　自民党議員議席率：自民党議員の議席が議員数（定数マイナス欠員）
　　　において占める割合。
　　革新系議員議席率：社民党および共産党の議席率。
　　地方政党議員議席率：国会に議席を持つ政党以外の会派および無所属
　　　議員の合計が，議員数に占める率。

上記三つの変数は，各々0から1の値をとりうる。ただし，三つの合計は必ずしも1にならない。自民，社民，共産以外の国政政党所属の議員が残余カテゴリーとなっているからである。

以上の独立変数についての記述統計は表2にまとめた。ここから，1990年代の都道府県の党派的構成の平均像を描くと，半数以上が全党相乗り，自民あるいはそれに中道を加えた支持を背景とする知事が3割であり，合

表2 独立変数の記述統計

変数	N	平均	標準偏差	最小値	最大値
自民党（＋中道）知事	564	.3031915	.4600453	0	1
全党相乗り知事	564	.5070922	.5003935	0	1
非自民保守系知事	564	.0851064	.2792876	0	1
革新系知事	564	.0283688	.1661715	0	1
無党派知事	564	.0762411	.2656191	0	1
議会自民議席率	564	.6149322	.1386205	.16	.8536586
議会革新系議席率	564	.1425294	.0885152	0	.4190476
議会地方政党議席率	564	.1473307	.1232053	0	.6578947

計して8割以上の知事は，自民党から何らかの支持を受けている。逆に言えば，非自民知事は2割であり，そのうち，非自民の保守系知事が8.5％，革新系知事が2.8％，無党派知事が7.6％となっている。議会においては，自民党が平均して6割，社共と地方政党がそれぞれ15％弱（したがって，公明党などの中道政党と民主党が約1割）を占めている。

第3節 仮説の検証

(1) 分析方法

今回のデータは，47都道府県の12年間の観測を行ったパネルデータ（時系列・クロスセクションデータ）なので，都道府県ごとに従属変数には系列相関が存在し，また，分散の均一性も保たれていない。そこで，以下の手順で推定方法を選択した。

まず予備的分析として，都道府県の財政状況に影響を与える社会経済環境変数を従属変数に回帰させ，プーリングOLS推定，固定効果GLS推定，ランダム効果GLS推定の三つを比較した[16]。結果として，従属変数のいずれの指標に対しても，ランダム効果GLS推定がプーリングOLS推定および固定効果GLS推定に対し統計的に有意にモデルを改善するので，ランダム効果GLS推定を用いることとした。

次に，従属変数の1年のラグを投入して，誤差項も系列相関を持っていると考え，推定を行う。結果として，財政政策，租税政策の強い慣性の存在のため，従属変数のラグは非常に強い説明力を持ち，これを投入すると，コントロール変数の一部（あるいは全て）は統計的に有意な説明力を失う。そこで，モデルの簡明さを重視して，従属変数のラグのみをモデルに残し

た17。

(2) 分析結果

モデルの推定結果は次の表3に報告されている。

全てのモデルはモデル全体として統計的に有意であり，労働費を除けば，従属変数の分散を非常によく縮減している。とりわけ都道府県間の水準の差異はほぼ説明できている。従属変数のラグはいずれも1％水準で統計的に有意であり，これも労働費を除いて正の，ほぼ1に近い値をとっている。つまり，税財政の漸変的性格を反映し，前年度とほぼ同額が自動的に計上される傾向があることを示している。

モデルにおいては独立変数と従属変数の間に線形の関係を仮定しており，

表3　モデルの推定結果

従属変数(住民一人あたり百万円)	総支出	地方税	交付税	国庫支出金	地方債	民生費
自民党知事	-0.00482* (0.00223)	0.00070 (0.00091)	0.00059 (0.00099)	0.00159+ (0.00095)	0.00181 (0.00137)	0.00003 (0.00028)
非自民保守系知事	0.00887* (0.00371)	0.00089 (0.00151)	0.00112 (0.00163)	0.00331* (0.00160)	0.00356+ (0.00226)	0.00013 (0.00046)
革新系知事	0.00378 (0.00592)	-0.00167 (0.00239)	-0.00116 (0.00250)	0.00434+ (0.00248)	0.00033 (0.00358)	-0.00026 (0.00075)
無党派知事	-0.00654+ (0.00377)	-0.00044 (0.00150)	-0.00120 (0.00159)	-0.00103 (0.00157)	-0.00070 (0.00225)	-0.00024 (0.00048)
議会自民党	0.03742** (0.01111)	-0.00693 (0.00471)	0.00673 (0.00508)	0.01843** (0.00486)	0.01953** (0.00674)	0.00038 (0.00136)
議会革新系政党	0.07422** (0.01542)	0.00601 (0.00632)	0.01308+ (0.00676)	0.02898** (0.00656)	0.01412 (0.00956)	0.00084 (0.00195)
議会地方政党	0.01275 (0.01233)	-0.00299 (0.00498)	0.01478** (0.00522)	0.00990+ (0.00520)	0.00341 (0.00752)	0.00057 (0.00153)
従属変数ラグ	0.98989** (0.00754)	0.94269** (0.01062)	0.98303** (0.00791)	0.95354** (0.01148)	0.84725** (0.02139)	0.98883** (0.01249)
定数	-0.02584** (0.00978)	0.00912** (0.00463)	-0.00438 (0.00424)	-0.01286** (0.00410)	-0.00161 (0.00603)	0.00129 (0.00125)
ρ (系列相関係数)	0.021522	0.259699	0.417754	0.240023	0.008795	-0.01125
Σu	0	0	0	0	0.001588	0
Σe	0.021703	0.007507	0.007157	0.007918	0.012905	0.002819
θ	0	0	0	0	0.078944	0
パネル内 R^2	0.7502	0.3488	0.7563	0.4756	0.6092	0.7599
パネル間 R^2	0.9983	0.9985	0.9996	0.998	0.9879	0.9989
総合 R^2	0.9736	0.9691	0.9879	0.9621	0.7932	0.9278
Wald χ^2	19667.92**	9721.92**	18058.75**	8370.53**	1908.79**	6968.41**

(注) ** は1％水準，* は5％水準，+は10％水準で統計的に有意な係数。
　　丸括弧内は標準誤差。いずれも観測数は564。

係数は直観的な解釈が可能である。たとえば，総支出を従属変数とした場合の自民党知事の係数は0.00482となっているが，このことは相乗り型の知事に比べて自民党知事は住民一人あたり総支出を4,820円上昇させることを意味している。この額は単年度の住民一人あたりの数値であり，予算編成が持つ漸変的な性格を考えれば，中長期的には実質的な意味のある違いになると，筆者らは判断している。以上の係数の実質的な解釈を踏まえたうえで，分析結果を検討し，仮説との適合性を考えて行きたい。

まず，マクロ・レヴェルでの政府規模の選択の観点から眺めてみよう。第一に，1990年代における歳入政治の誕生仮説（仮説1）は，支持される。補助金と地方債については，政治変数が統計的にも有意な差をもたらしており，これらが政治化された領域だと判断できる。補助金がこのような政

衛生費	労働費	土木費	農水費	商工費	警察費	教育費
0.00064	0.00002	0.00254*	0.00077	0.00033	0.00017	0.00073
(0.00041)	(0.00021)	(0.00106)	(0.00060)	(0.00066)	(0.00015)	(0.00048)
0.00033	0.00017	0.00328+	0.00248*	0.00318**	−0.00021	0.00142+
(0.00067)	(0.00033)	(0.00174)	(0.00103)	(0.00108)	(0.00025)	(0.00082)
0.00101	0.00007	0.00424	0.00259+	−0.00135	−0.00002	0.00143
(0.00108)	(0.00048)	(0.00278)	(0.00153)	(0.00171)	(0.00040)	(0.00128)
0.00048	0.00018	−0.00111	−0.00044	−0.00129	−0.00001	0.00068
(0.00069)	(0.00032)	(0.00177)	(0.00097)	(0.00107)	(0.00025)	(0.00081)
0.00114	0.00005	0.02238**	0.01412**	0.00616*	−0.00077	0.00773**
(0.00200)	(0.00111)	(0.00542)	(0.00309)	(0.00319)	(0.00077)	(0.00241)
0.00300	−0.00301*	0.02994**	0.01677**	0.01240**	0.00180+	0.01045**
(0.00283)	(0.00145)	(0.00734)	(0.00413)	(0.00451)	(0.00104)	(0.00333)
0.00110	0.00103	0.00839	0.00528+	0.00201	−0.00059	0.00435
(0.00220)	(0.00109)	(0.00582)	(0.00319)	(0.00352)	(0.00081)	(0.00269)
0.79064**	−0.20186**	0.94917**	0.97044**	0.91423**	0.93189**	0.95158**
(0.02648)	(0.04349)	(0.01262)	(0.00978)	(0.01932)	(0.01329)	(0.01297)
0.00181	0.00378**	−0.01418**	−0.01045**	−0.00278	0.00239**	−0.00135
(0.00185)	(0.00097)	(0.00459)	(0.00259)	(0.00285)	(0.00082)	(0.00225)
−0.13056	−0.39801	0.15656	0.397897	0.197936	−0.17594	0.02843
0.000159	0.000436	0	0	0	0	0
0.003634	0.00131	0.009332	0.004381	0.005539	0.001312	0.004712
0.014116	0.463151	0	0	0	0	0
0.1828	0.0039	0.6193	0.723	0.5566	0.6789	0.4567
0.9935	0.5451	0.9959	0.9981	0.9899	0.9976	0.9975
0.7331	0.1383	0.9421	0.9795	0.8764	0.9453	0.926
979.39**	29.76**	6668.41**	12211.91**	2504.99**	6167.79**	6531.73**

治的選択の産物であることは，従来から指摘されてきたとおりである。相乗り型知事に比べたとき，自民単独（＋中道），非自民保守系，革新系といったいずれの類型の知事も補助金を多く利用している傾向が示されている。知事だけではなく，議会自民党，議会革新系政党の存在も，補助金の利用に正の影響を持っている。このような政治変数の影響が90年代には地方債にも及ぶという仮説もまた，支持を受けた。知事については，相乗り型知事に比べて非自民保守系知事が地方債を利用する傾向が，また議会自民党も地方債発行に積極的な効果を持つことが示された。ただし，仮説においても予測していたことではあるが，地方税および地方交付税については，政治的変数は知事，議会ともに統計的に有意な差をもたらさない[18]。

　第二に，無党派知事は政府規模の縮小をもたらすこと，および非自民保守系知事は大きな政府志向であること（仮説2）は，いずれもおおむね検証結果から支持される。全支出規模でみると，5％水準にはわずかに満たないが，無党派知事は相乗り知事に比べて支出規模を小さなものとする傾向が示されている。非自民保守系知事の場合には，相乗り知事との比較において統計的に有意に支出規模を大きくする。また，自民単独および自民＋中道型の知事も同じ傾向であり，革新系知事は相乗り知事と統計的に有意な差を持たない。したがって，政府規模に対する知事の影響の観点から見ると，最も小さな政府志向なのが無党派知事であり，相乗り型および革新系がそれに続き，自民単独（＋中道）および非自民保守系知事が大きな政府志向が最も強いということになる[19]。

　続いて仮説3の検証に移ろう。歳出すなわち金銭的資源の政策領域間での配分の側面から見ていくと，次の四点が明らかとなる。まず，複数の政策領域のうち，政治変数が影響を持つ領域とそうでない政策領域が分かれる。政治変数が支出レヴェルに影響を与えないという意味において政治化されていない政策領域としては，民生費，衛生費，労働費，警察費があげられる[20]。かつて1970年代には，福祉政策は保革の政策選好が分かれる領域であり，知事および議会の党派構成が支出レヴェルに影響をもたらしている政策領域であった（曽我・待鳥　2001）。しかし，現在では福祉は合意争点化あるいは制度化が進展した結果，政治的な選択の余地があまり残されていない領域となっているようである。警察費については都道府県警察とはいえ集権性の強い組織体系になっており，ここでも都道府県の知事や

議会による政治的な選択の余地はあまりないといえよう。

次に，残る四つの政策領域，すなわち，土木費，商工費，農水費，教育費は政治変数が何らかの統計的に意味のある差をもたらしており，その意味で政治化されている。土木費，商工費，農水費の三つは典型的なポークバレルの政策領域であり，利益誘導による集票などの道具として用いられる可能性の高い政策領域である。教育費については，イデオロギー対立の側面が強調されるが，都道府県教育費の大部分は教員の人件費で，利益集団たる教員組合組織の意向をいかに反映するかが問われる政策領域でもある。いずれにしても，これら四つの政策領域は政治家が強い関心や利害を持つ政策領域であり，これらが知事や議会の党派構成により違いを持つということは仮説3に経験的な支持を与える結果である。

さらに，この四つの政策領域における知事の影響を見ると，相乗り型知事と比べたとき，四つのいずれの政策領域においても支出を拡大する傾向を持つのは，非自民保守系の知事である。土木費と教育費についての信頼性はやや低く10％水準であるが，商工費と農水費については5％以下の水準で統計的に有意な正の係数を示している。このことは，政府規模全体についても，非自民保守系知事が大きな政府志向を示していたことと整合的である。なお，自民単独（＋中道）知事も，傾向としては同じであり，いずれの政策領域についても係数の符号は正であるが，統計的に有意な違いがあるのは，土木費についてのみである。

最後に，政治化されている四つの政策領域における議会の影響を見ると，議会の自民党議席率，革新系政党の議席率のどちらも，四つの政策領域すべてにおいて，5％水準で有意な正の係数を持っている。つまり，自民党議員も革新系の議員も選好に大きな違いはなく，ポークバレル支出あるいは教育への支出に強く同意する傾向を持つということである。選好の違いは，これら以外の中道政党（ほぼ実質的に公明党），民主党，あるいは様々な地方政党の議員との間に存在する。地方政党の議席率は統計的に有意な関係をこれらの領域において持っていない。

（3）知見の要約

本節における分析から，次のことが明らかになった。まず，歳入政治が1990年代の日本の地方政治に誕生した。地方債の発行を積極的に行って政

府規模を大きくするかどうかという点で,無党派知事,相乗り知事と革新系知事,そして保守系知事という三つのグループの間に差異が生じている。補助金の利用についても,政治変数の影響が見られる。また,福祉が合意争点化したことで,歳出政治は利益誘導的な性格の強い政策領域にどれだけ支出を行うかという問題に再編されてきたといえる。そして,この点では知事の間の差異は大きくなく,関心が強いのはむしろ議員である。個別利益的な政策については,保守と革新の違いは小さく,どちらの議員もその支出を拡大する傾向にある。利益誘導による支出増に対して抑止的なのは,中道系の国政政党と種々の地方政党である。

おわりに

本稿では,1990年代以降の日本の地方政府における政治変動が,政策をどのように変化させてきたかについて,財政面の変化に注目して検討してきた。分析結果を改めてまとめれば,次のようになろう。90年代には日本においても歳入政治が誕生し,それはマクロな政府規模についての知事の選択を主に反映するものとなった。自民,非自民を問わず保守系知事が移転財源や債務の拡大によって政府規模の拡大を図る傾向を持つのに対し,無党派知事は逆の傾向を持ち債務を拡大してまで政府規模を拡大することには消極的である。他方,ミクロの政策領域別の配分は,知事に加え,主に議会の議員の選択を反映している。福祉政策の領域は合意争点化,あるいは制度化され政治的な選択の対象ではなく,自民党であれ革新系であれ既存政党の議員がポークバレルの領域での支出の拡大を図る傾向がある。このようなミクロの配分面での特徴は,マクロの総額にも間接的な影響を及ぼし,既存政党の議員の存在は政府規模の拡大をもたらす傾向がある。

最後に,方法論的な観点をまじえて,若干の補足を加えておこう。一つは知事の影響力に関してである。本稿の分析では,非自民保守系知事と無党派知事を両極に,主に政府規模の選択をめぐり影響力を持つが,ミクロの配分についてはそれほどの差異は存在しないことが示された。しかし,もし単純に知事の党派性と歳入,歳出の指標を回帰させれば,この差異はもっと大きなものとして示されたはずである。すなわち,非自民保守系知事は地方債の発行により土木費などを支出する傾向,無党派知事は地方債の発行を抑えつつ福祉政策を拡充し,土木費などを抑制する傾向がある。

このような傾向は，非自民保守系知事が1990年代の初めから半ばに多く誕生し，無党派知事が1990年代の後半に数を増していることにより，統計的推定の上では過大に出現するものである。都道府県の政策選択は，基本的には中央政府と社会経済環境の二つの外部要因に規定される。これらの要素が，1990年代中ごろまでの地方債の増加と土木費の拡充，その後の土木費の抑制，そして，1990年代を通じての福祉政策の拡充という傾向をもたらしている。このため，ある知事の類型が特定の時期に偏在する場合，このような政治的選択以外の要素によりもたらされる傾向との擬似相関が生じ，それを当該類型の知事の政治的選択の結果と解釈してしまう危険性がある[21]。

　議会の影響力についても，少し述べておきたい。自民党と革新系のいずれも基本的には支出の拡大を望む傾向があり，その意味で選好には差がないといえる。結果として，福祉拡充をめぐる保革対立が縮小していった1980年代の地方政府の運営において，議会の影響力は消滅してしまったかに見える。この時期においては，自民党の議席の増加（減少）は革新系の議席の減少（増加）に直結していたため，自民党と革新系の議席率の変動は政策結果にあまり影響を及ぼさないことになる。政府支出の観点において選好がほぼ同質的な議員間での議席の移動は，政策結果に影響を与えないのである。

　1990年代においても，自民党と革新系の議員の選好には変化は見られない。しかし地方政党などの伸張により，自民党，革新系のそれぞれが議席を失うことは，相手の議席増につながらないという，新しい状況が生まれた。地方政党議員の合計がいかに全都道府県議会の平均15％を占める勢力であるといっても，それらは一体性を持って行動するわけではない。したがって，地方政党の議席率自体は，政策結果に統計的には有意な結果をもたらさなかった。しかし，地方政党が存在するようになったことで，自民党議席率，革新系議席率は，それぞれとは異なる選好を持ちうる存在である地方政党議員との違いを意味する変数となった。結果として，これらの変数が統計的に意味を持つ形で，政府支出の拡大に影響を与えることが示されるようになった。置かれている文脈の違いにより，同じ変数であっても実質的に意味することは変化する。計量分析を行う際には，このような文脈依存的な変数の意味を読み取っていかなければ，結果が含意するとこ

ろを十分に理解することはできない。

　日本の地方政治を二元代表制あるいは権力分立制の一類型として捉え，政治制度分析の観点から検討を進めるという作業は，まだ始まったばかりである。それゆえに方法上の困難も少なくないが，国際比較を含め大きな発展の可能性を持った研究課題であると，筆者らは考えている。また同時に，規範的には市民の政治意識を涵養する「民主主義の学校」といわれながら，従来の実証分析は中央政府と地方政府の関係か小規模な事例の検討に偏りがちだった日本の地方政治過程研究にとって，新しい方向性となるであろう。「学校」に関する体系的で実証的な理解を欠いたまま，「民主主義」やそこでの市民のあり方を論じることはできないはずなのである。

（1）　なお，筆者らは以前に1970年代末から80年代初頭の革新自治体終焉を事例として，政策転換における知事要因と議会要因の関係を分析したことがあり（曽我・待鳥　2001），本論文とは基本的な分析視角を共有している。ただし，第1節に示すように，理論的枠組みは大きく異なっている。

（2）　スティーヴン・ハガードとマシュー・マッカビンズ（Haggard and McCubbins 2001）は，権限の分配を「権力の集中・分散」の軸，政策選好の分布を「目的（purpose）の分散・統一」の軸と呼んでいる。

（3）　スコット・メインワリングとマシュー・シューガート（Mainwaring and Shugart 1997）は，二元代表制諸国において大統領の政治的影響力を確保するには，憲法上大統領が強力な権限を与えられているか，あるいは大統領を支持する議会内政党の規律が十分に保たれているか，という条件が充足される必要があると指摘する。この議論は，「目的の分散」およびその負の効果を抑止するためには，執政部門と立法部門のうちいずれかへの権限の集中，すなわちフォーマルな制度上の権限の集中か，両部門の密接な協調，すなわちインフォーマルな権限の統一的行使が不可欠であることを示唆している。また，待鳥（2003）はアメリカの予算制度改革を取り上げて，大統領と連邦議会の協調が改革に大きな意味を持ったことを明らかにしている。なお，以上の議論はフォーマルモデルからも弁証可能である。詳しくは曽我（2005）を参照。もちろん，ここでの議論は大幅な単純化を行っている。たとえば，帰結としての政策に影響を与える要因として，権限と選好以外にプレイヤーが持つ情報も重要である。

（4）　基本的には郡市（政令市の場合は行政区）を一つの選挙区の単位とする（公職選挙法15条）。都道府県により違いが大きいが，平均して3割程度が1人区であり，それ以外は中選挙区となる。政令指定都市になっていな

い大都市(例えば,2005年時点の大阪府堺市など)があると,10人以上を一つの選挙区から選出することになる。市町村合併の進展に伴い,市町村の平均規模が拡大しているので,一人区は今後さらに減少を続け,中選挙区制の性格はますます強まるだろう。
(5) このように,この制度は首長と議会の選好配置の整列化に役立たないという意味で,二元代表制における立法府と行政府の関係をいたずらに対立的にし,混乱させるだけである。なお,「目的の分散」によっても選好配置の整列化の問題は生じることを考えると,中選挙区制や大選挙区制を採用する議会の多数派により内閣が構成される議院内閣制の場合にも,同様の帰結が生じうる。「目的の分散」という観点からの議院内閣制の分類に関しては,待鳥(2006)を参照。
(6) このほか,地方官僚制の影響も,伝統的に副知事や助役などの地方官僚出身者が知事や市長に公選されるパターンを繰り返してきた地方政府に関して,しばしば指摘されてきた。しかし,このようなパターンが存在しない地方政府の場合には,地方官僚制は新しい知事や市長の意向に応じて比較的柔軟に対応する傾向がある。公選された知事や市長への注目度が大きい都道府県や政令指定都市の場合,世論やマスメディアとの関係からも,地方官僚制が自律的に執政長官たる首長の意向に反した行動を取り続けることは困難である。
(7) これはあくまで見かけ上の話であり,実際には各地方政府の歳入,歳出の推定はマクロの配分総額の決定後にそれと整合するように算出されているとも言われる(赤井・佐藤・山下 2003)。
(8) 1988年に登場する「ふるさとづくり特別対策事業」を嚆矢に,地方単独事業への起債許可の緩和と事業費補正を用いた事業費および元利償還費の交付税措置による単独事業の誘導が拡大する。1992年の「地方特定道路整備事業」以降は,事業官庁の補助事業と単独事業の連携も多く見られるようになる(岡崎 1999−2000)。
(9) このように1970年代に問題の発端が起こり,それがバブル経済の裏で深化し,90年代に問題が顕在化したという点で,金融制度と地方財政制度の類似性は高い。違いは,金融制度の場合,不良債権問題は何回かの先送りを経たものの,国民経済全体への悪影響が指摘されることにより結局は抜本的な対応を余儀なくされたのに対し(村松編 2005),地方財政の場合はより長期間の先送りが可能であり,2000年代に入るまで改革の動きは本格的に始動しなかったことである。
(10) 地方交付税交付金が歳入に占める割合は,過去20年間にわたって17%ないし18%台で維持されてきたが,93年度には16.1%に下がった。これに伴い,一般財源比率も,49.3%にまで落ち込んだ。それを補う形で伸びた

のが，地方債である。都道府県の歳入に占める地方債の比率は，80年度から88年度まではほぼ 8 ％から 9 ％台前半で推移し，89年度から91年度までは 7 ％にまで低下した。それが92年度には一気に10.8％へと急上昇して，93年度には14.5％へとさらに増加した（数値はいずれも，文書事務管理研究会　1996）。
(11)　起債許可という制度は，地方政府が起債を望んでいるときには，自治省にとって地方政府をコントロールする道具となるが，起債を義務付けることはできない。
(12)　橋本知事の初当選は1991年だが，このときは社会党の支持を受けていた。政党からの支持を受けなくなったのは95年選挙からである。
(13)　地方分権一括法が施行された後も，法定外税の導入には総務省の同意が必要であり，実際には事前協議を行わなければ導入は困難だともいわれる（北村　2002）。また法定外税の規模は，導入されたとしてもそれほど大きなものではない。
(14)　データの出所は，決算については地方財務協会『地方財政統計年報』各年版，人口については総務省統計局『推計人口』。分析対象期間において物価はデフレ基調であり大きな変動はなかったので，物価による調整を行わず名目の金額をそのまま用いた。
(15)　分類の基準は当該知事の立候補時の政党の支持（所属，公認，推薦などを区分せず，それらを全て支持と考えた。朝日新聞の選挙結果報道を用いた）に拠る。各選挙時の支持関係を基準とするので，同一の知事でも，2 期目以降に新たな政党支持を得た場合や，それまでの政党支持を失った場合，知事の類型は変化することになる。この知事の類型化は知事の政策に対する選好を指標化しようとするものである。ここでいう政策選好とは，知事が理想とする政策が何かを意味するのではなく，議会との協調的な関係の維持のためにどのような政策が望ましいかなどの判断も考慮した上で，最終的にどのような政策を知事が実現しようとするかを意味する。選好を前者の意味で捉えれば，同一知事が選挙ごとに「選好」を変化させるのはおかしいということになろうが，筆者らは後者の視点を取るので，上述した処理のしかたが適切だと考える。

　なお，当初は自民党単独支持あるいは民主党単独支持といった類型を設けたが，該当数が非常に少ないため，本文で述べた形に再類型化を行った。
(16)　まず，住民一人あたり県内総生産（単位：百万円），経常収支比率，公債費比率，財政力指数の四つをモデルに投入し，そのうち統計的に有意なものを独立変数として，プーリング OLS 推定，固定効果 GLS 推定，ランダム効果 GLS 推定の三つを行う。次に，前二者の比較を F 検定により，プーリング推定とランダム効果推定の比較を Breusch-Pagan 検定により行

う。どちらにおいてもプーリング推定が棄却された場合，Hausman検定により固定効果推定とランダム効果推定の比較を行った。なお，四つのコントロール変数の平均（標準偏差）は，住民一人あたり県内総生産，3.307719（1.1142）。経常収支比率，.8392287（.0927904）。公債費比率，.1402482（.0393906）。財政力指数，.4701788（.2268168）。

(17) ただし，そもそも従属変数を人口一人あたりの値としているので，人口についてはコントロールを行っているといえる。なお，分析の頑健性を確かめるため，有意なコントロール変数を残してそれらと従属変数のラグを投入したモデルについての推定および，都道府県および年次のダミー変数を投入し，パネル修正標準誤差を用いたPrais-Winsten推定も行ったが，分析結果に大きな違いはなかった。

(18) 地方交付税については，議会地方政党諸派の議席率が1％水準で統計的に有意な関係を持っている。このことを説明する因果関係は想定できないので，これは議会において地方政党勢力が多いところと交付税を多く受けている都道府県に，何らかの共通性があるため生じた擬似相関の結果だと考えられる。

(19) 念のために付言すれば，このことは必ずしも無党派知事の財政規律が強いことを意味するのでもなく，それゆえ彼らが財政運営上望ましい存在だということでもない。現在の交付税による手厚い支援を伴う地方債の発行は，現行制度を前提とする限り，必ずしも地方政府の長期的な財政状況の悪化に直結するとは限らない。

(20) 労働費については，議会革新系政党の比率が5％水準で統計的に有意な負の影響を持っているが，労働費だけは従属変数のラグが負の係数を持ち，モデル全体の説明力も高くない。経済状況の変化に伴う年度間の支出の変動が大きく，他の政策領域に見られるようなインクリメンタルな動きを示さないという点で特異な政策領域であるため，ここでの分析結果の信頼性はあまり高くないことを認めざるを得ない。

(21) 同じことは議会変数についても言える。とりわけ革新系議席率は年々低下しているため，単純な回帰分析では，革新系議席率は，土木費などに正の，福祉関係の費目に負の効果をもつこととなる。計量分析において時系列的な要素を十分にコントロールせず，例えば単純に複数年のデータをプールして分析を行えば，このような結論が導かれる。筆者らが以前に行った分析（Machidori and Soga 2005）では，誤差項の系列相関については考慮したが，やはりこのような結論となった。今回の分析においては，従属変数のラグを入れることでより強く時系列要素をコントロールしたため，このような擬似相関が消滅した。誤差項の独立性の仮定が保たれないという問題とあわせ，時系列分析を行う際には，これらの問題に十分な注意を

払わなければ，適切な分析が行えないという難しさを示す一例である。

参考文献

赤井伸郎・佐藤主光・山下耕治（2003）『地方交付税の経済学』有斐閣。
岡﨑靖典（1999－2000）「地方単独事業における地方交付税の利用：事業費補正を中心として」（上）（中）（下）『自治研究』第75巻10号，76巻3号，8号。
北村亘（2000a）「財政危機の中の地方財政対策 1975－1984年」水口憲人・北原鉄也・秋月謙吾（編）『変化をどう説明するか 地方自治篇』木鐸社。
──（2000b）『中央地方関係の日英比較制度分析』京都大学博士学位論文。
──（2002）「地方税導入の政治過程」『甲南法学』第42巻3／4号。
曽我謙悟（2005）『ゲームとしての官僚制』東京大学出版会。
曽我謙悟・待鳥聡史（2001）「革新自治体の終焉と政策変化」『年報行政研究』第36号。
土居丈朗（編著）（2004）『地方分権改革の経済学』日本評論社。
名取良太（2003）「補助金改革と地方の政治過程」『レヴァイアサン』第33号。
文書事務管理研究会（1996）『地方自治便覧 1995年』地方財務協会。
待鳥聡史（2003）『財政再建と民主主義』有斐閣。
──（2006）「大統領的首相論の可能性と限界」『法学論叢』第158巻5／6号 掲載予定。
村松岐夫（編）（2005）『平成バブル先送りの研究』東洋経済新報社。

Haggard, Stephen and Mathew D. McCubbins. 2001. "Introduction: Political Institutions and the Determinants of Public Policy." In Stephen Haggard and Mathew D. McCubbins, eds., *Presidents, Parliaments, and Policy*. New York: Cambridge University Press.

Machidori, Satoshi and Kengo Soga. 2005. "Between Presidentialism and Parliamentalism." Paper Delivered at the Annual Meeting of the Midwest Political Science Association, Chicago, April 7-10.

Mainwaring, Scott and Matthew Soberg Shugart, eds. 1997. *Presidentialism and Democracy in Latin America*. New York: Cambridge University Press.

政策形成過程における官僚の
民主的統制としての組織規範

金　宗郁

1. はじめに

　公共セクターにおける官僚は、諸刃の剣である。代議制国家において、国民は自分達の代表である議員への委任を通して自らの選好を政策に反映させる。そして、国民の代表である議員が本来、政策を形成すべきところ、近年の政策形成には高度な専門知識や情報が求められるために、実態としてはその多くを官僚に委ねる結果となっている。このように近代国家においては、国民から議員へ、そして議員から官僚へという委任連鎖のシステムが生じている。つまり、国会がすべての政策形成を処理できないために、やむを得ず行政にその役割を委任する結果、近年、行政国家における政府活動の膨張・専門化が増大している。ここで問題となるのが、政治家が選挙という市民による定期的な統制の下に置かれているのと異なり、官僚は国民から直接的かつ公式的な統制を実質的には受けていないことである。このため、国民からみれば、必ずしも官僚を十分に統制することができず、そのことによる社会的損失は国民自身に帰されることになる。

　官僚統制は、従来政治学や行政学における古典的テーマであった。とりわけ、官僚行動に対する多様なアプローチは行政統制・責任論による「規範的研究」と合理的アプローチや組織研究による「実証的研究」が提供してきた。その内、行政統制論と合理的アプローチにおいては、官僚の権力乱用や腐敗をいかに防止するかという行政責任に焦点がおかれていた。その一方で、組織研究においては、組織成果の達成のためにいかに統制するかという組織管理の視点から研究がなされてきた。また最近では、行政活動における効率と公正の両立性の困難さを指摘するアカウンタビリティ・ディレンマ[1]のように、官僚の裁量権を認めた上で、行政活動の成果を重

視しながら如何に民主的統制を行うかに焦点を合わせる「官僚統制に対する研究」が行われている。さらに統制手段に関する最近の研究では，従来の外部統制論と内部統制論の融合がみられる。つまり，外部統制におけるエージェント・コストを最小化するとともに，内部統制における官僚の利己性をいかに克服するかに，問題の所在があると捉えている。

最後に，官僚統制的アプローチとはいささか異なるものの，組織社会学の新制度論における組織研究では，組織の運営やパフォーマンスの相違を「組織の信念体系」から説明しようとしている。このような研究は，組織文化論と関連づけて組織の「共有された信念体系」が組織決定の重要な要因であることを指摘している。このことは，行政統制論における内部統制と密接に関わっており，官僚統制と行政責任・成果を連携する契機を提供するものである。

本稿では，官僚統制における組織規範の存在を確認し，その意味を探ることにしたい。そこで，まず組織規範の定義を行った上で，従来の行政統制論における議論を踏まえながら内部統制としての組織規範を位置づけることにしたい。次に，組織文化研究から提出された競争価値モデルに基づいて，組織文化に影響を与える下位レベルの信念体系としての組織規範を検討することにしたい。最後に，本稿で想定した組織規範が官僚の責任性と組織成果と如何なる関係にあるかを分析することにしたい。本稿における分析対象は，47都道府県の職員であり，分析に用いられるデータは，慶應義塾大学21世紀COE「多文化世界における市民意識の動態」プログラムが2005年に行った調査データである[2]。

2．組織規範の存在

政策決定研究において非合理的モデルを唱えたのが，ハーバート・A・サイモン（Herbert A. Simon）であった。彼は，人間の情報・計算能力には制約があり，人間行動を合理的側面からのみ把握することには限界があるので，管理機能を通して組織特性（合成された組織行動）をコントロールできるようにしなければならないという立場に立って研究を進めた。その結果，サイモンによれば，人間は最適化基準ではなく満足化基準に基づいて意思決定を行うことを明らかにした[3]。したがって，政策形成の各段階において，それを担う組織構成員は自分が所属する組織体の組織行動を

通して，公共政策を形成・実施する。言い換えれば，公共政策過程を「組織的決定」としてとらえることが可能であり，その「組織的決定」は組織内における個人間における意思決定過程でもある。

一方，公共選択論においては，政府による公共支出のアウトプットは官僚の自己効用極大化の産物としてとらえられる。しかし，個人行動の前提である効用極大は，個人の選好として所与とされたものであり，個人の決定行動はあくまでも「個人的」決定であって組織の一員としてなされた「組織的」決定でないことに注目すべきである[4]。つまり，組織の個人は自分が合理的な行動を取ろうとしても様々な制約に直面する。こうした制約は，サイモンの「決定前提」に共通する。サイモンは，「決定前提」を事実前提と価値前提に分けて組織における個人の行動を説明した[5]。まず「事実前提」とは，選択行動により得られる結果が予想できるものであり，法制度などがその例である。一方，「価値前提」とは，選択行動により得られる結果が客観的に測定できないものであり，主観的価値を含んでいる。こうした決定前提は，組織における個人の行動を制約するものであり，その組織の特性を表わしている。

ここで，本稿における組織規範とは，こうした組織の価値や信念を含む組織特性のことである。さらに，組織構成員を強制できるような規範として意味をもつためには，「……すべきである」という文言が含まれていなければならない。ジョージ・C・ホマンズ（George C. Homans）によれば「規範とは，集団の何人かの構成員達によってなされる次のような言明である。すなわち，ある特定の種類の行動やある特定の量の行動が，彼らの現実の行動として，そしてまた彼らが特定する他者がそれに同調することが，価値があるものだということの言明である」とした[6]。すなわち，規範とは私的なものでなく他者にとっても望ましいもので，また，そうするべきものであるということである。

さらに，組織における「規範」は社会における規範とは異なり，組織の機能や目的に従うもので，「他者」の範囲も制限されている。したがって，組織規範の存在は，ある特定の状況下で，組織が目指す価値がその構成員にどの程度，内面化されているのかに依存している。

① 組織規範の特定化（ミクロレベル）

本稿では,「組織規範」として行政組織における運営原理の脱官僚制的要素（組織運営規範）と政策執行における管理主義的要素（政策執行規範）を測定する。また，近年の自治体改革は効率性を強調する一方で，いかに民主性を強化するのかに関わっている。このため，外部（住民）に対する組織規範として住民参加（公共参加規範）を指標としたい。

まず，47都道府県の職員を対象とした調査項目7から，本稿で想定した組織規範を抽出したものが表1である。

主成分分析の結果を見ると，第1成分に受益者負担の原理，アウトソーシングの拡大，市場原理の活用，経済的効率性の重視が，第2成分に責任所在の明確化，裁量権移譲，行政業務における実名性，給与業績主義が重要な要因となっている。さらに，政策形成において直接的な住民参加や住民参加の拡大が第3成分に大きく関わっている。このため，各都道府県が受け入れている組織の規範的価値として，各主成分の内容から第1成分を「政策執行規範」，第2成分を「組織運営規範」，第3成分を「公共参加規範」と名付けることにしたい。

まず「政策執行規範」とは，自治体が新管理主義に基づく価値を重視しながら政策形成ならびに政策執行を行うことである。ここで新管理主義とは，経済的効率性や権限委任，市場原理の導入などに代表されるようなNPMが主張する自律的管理と市場志向管理に重きを置くことである。

次に「組織運営規範」とは，できるかぎり組織における人間性を取り除くことが望ましいと考えられていた従来の公共組織に対する反省から出て

表1　組織規範の抽出（主成分分析）

	第一成分 政策執行規範	第二成分 組織運営規範	第三成分 公共参加規範
受益者負担の原理	.418	.406	−.311
アウトソーシングの拡大	.660	.168	.036
市場原理の活用	.758	.194	.088
経済的効率性の重視	.680	−.052	.115
責任所在の明確化	.288	.633	.033
裁量権委譲	.168	.592	.115
行政業務における実名性	−.120	.734	.073
給与業績主義	.305	.303	.168
直接的な住民参加	−.017	.275	.764
住民参加の拡大	.168	−.023	.804
累積寄与率	18.9%	35.8%	49.7%

きたものである。つまり，そうした組織の形式主義が，責任所在を不明確にし，組織の匿名性をもたらしたと推察できる。そこで，「組織運営規範」では，脱官僚制的志向の価値を重視しながら，通常の業務手続き，ならびに構成員間関係などに関して責任所在の明確化を求めることになる。また，過度なルールや硬直した組織運営によって職員の創造性が損なわれている伝統的官僚制に対して，職員の自主性や自発性を活かすような「脱官僚主義」が進行している。

最後に「公共参加規範」とは，どのような視点から自治体が住民の意向を吸収するのかに関する規範であり，ここでは政策形成と行政活動における住民参加に対する積極性と拡大意志を意味している。

図1　都道府県の主成分得点

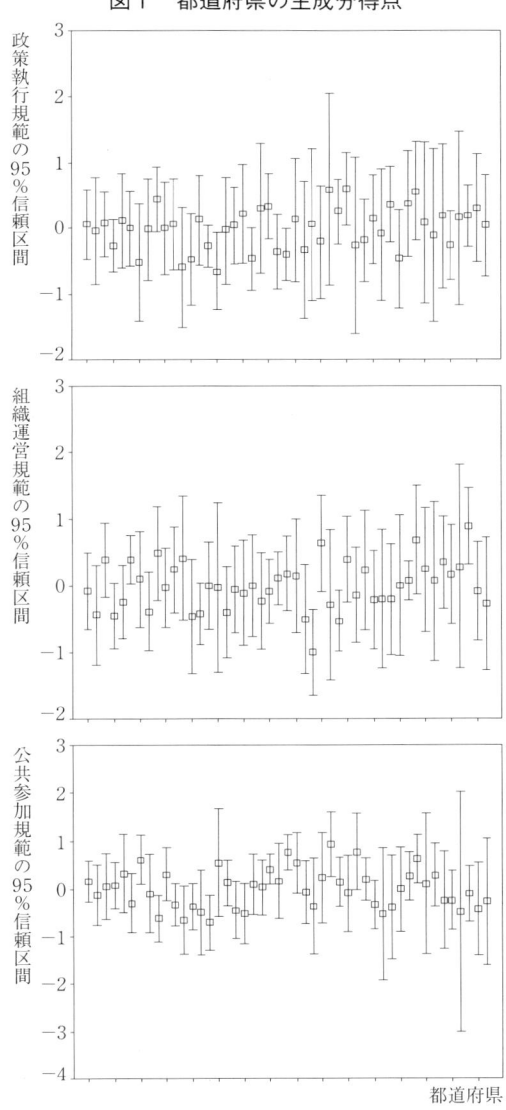

政策執行規範の95％信頼区間

組織運営規範の95％信頼区間

公共参加規範の95％信頼区間

都道府県

② 都道府県における組織規範の存在（マクロレベル）

ミクロレベルの分析から得られた組織規範は，

表2 一元配置分散分析

	N	F値	有意確率
政策執行規範	443	1.034	.417
組織運営規範	443	1.447	.039
公共参加規範	443	1.740	.003

各都道府県の職員個人が行為準則として認知するものである。本稿では，職員個人に関する前述の三つの組織規範の分布の形状を都道府県毎にみることで，各都道府県における組織規範の実態を推定することにしたい。つまり，職員個人の組織規範を示す各主成分値の平均が高く，また分散が小さい都道府県ほど，その地域の組織規範が強いと考えることができよう。

分析の結果，まず各都道府県における主成分値の平均と分散に大きな相違がみられることが明らかになった（図1）。言い換えると，都道府県の間に組織規範が強い地域とそうではない地域があり，また組織規範が同質的な地域とそうではない地域がみられるわけである。

ここで，都道府県間における分散の差を統計的に検証するために一元配置分散分析を行ったところ，組織運営規範と公共参加規範が都道府県間における有意な違いがみられた（表2）。

3. 内部統制としての組織規範

① 従来の行政統制から検討

言うまでもなく，統制（control）という言葉には，肯定的だけなく否定的な意味も含まれている。つまり，行政組織における「統制」は，組織の効率・効果を促進し，かつ権力乱用を防止するという両面性を備えている。そして，従来の行政統制に関する研究では，後者に重点をおいて議論を行ってきた。その代表的な例が，「フリードリッヒvsファイナー論争」である。

具体的には，カール・J・フリードリッヒ（Carl J. Friedrich）[8]は，「行政官僚の正しくない行動を規制する外部統制だけでは，行政責任が確保できない」とした。ここで彼のいう「官僚責任」とは，職務の遂行における個人的な義務に対する内的信念のことである。さらに，行政官僚の責任を判断する基準としては，技術的な知識（technical knowledge）と世論（popular sentiment）があると考えた[9]。これに対してハーマン・ファイナー（Herman Finer）[10]は，「官僚の責任を保証するためには，外部統制が活かされるべきである」とした。彼によると，行政官僚は国民によって選ばれた議員

に対して責任を持つべきであり、議会は技術的にできる限り、より細密に官僚の行動方向を決めておくべきであると主張した。

この「フリードリッヒ vs ファイナー論争」は、主に官僚制に対する統制において「責任の対象」と「統制手段の所在」に関わるものであった。つまり、「官僚は誰に対して責任を果たすべきか」という点において、フリードリッヒは国民であり、ファイナーは議会であるとした。また「いかなる統制が必要なのか」という点においては、フリードリッヒは内部統制であり、ファイナーは外部統制であった。

さらに最近では、ジョン・P・バーク（John P. Burke）とテリー・L・クーパー（Terry L. Cooper）の議論が取上げられる。彼らは、フリードリッヒとファイナーが行った議論をより細分化して、各々、外部統制（バーク）と内部統制（クーパー）を唱えた[11]。

しかし、1960年代以降の行政活動の膨張に伴う官僚の裁量拡大は、どちらか一つだけでは官僚に対する有効な統制をすることができない状況をもたらした。こうして、従来の対立的にとらえられていた外部統制と内部統制が、互いにメリットとデメリットをもっており、相互補完的な関係にあるとみられるようになっていった。

一般的に、組織において外部統制や直接統制を行おうとするとエージェント・コストが高くなり、また構成員による「統制対抗の法則[12]（Law of Counter Control）」が働いて統制の有効性が損なわれることになる。一方、組織において内部統制を行う場合には、官僚のモラルハザードを如何にコントロールするのかが問題となる。したがって、官僚統制においては、制度的統制とともに官僚の内面的責任の強化が要求されることになる。しかも、制度的・形式的統制が強化されても、最終的には官僚の内面的責任が重要な鍵になる。

この問題と関連して、マイケル・M・ハーモン（Michael M. Harmon）[13]は、官僚統制における究極的な統制は内面的（internal）という概念に基づく自律責任であると主張した。彼によると、「市民に対する責任」、「市民の要求に対する応答性」、「議会に対する責任」などが官僚に内面化されていなければ、どのような外部統制を行っても効果が担保されないとした。この「行政官僚における責任の内面化」は、まさにフリードリッヒやクーパーの内部統制によるものであり、行政組織における個人の利己的行動を制

約する共有された信念体系から影響されるものである。さらに，こうした信念体系は，私的なものでなく，行政組織の中で自分と他者が従うべき価値のあるものと考えられていなければならないと言うことができる。

したがって，本稿では，「組織の共有された信念体系としての組織規範が，官僚の責任行動に影響を与える」という仮定に基づいて分析を行うことにしたい。

② 官僚の責任—行政責任論からの検討

行政責任は，行政統制と表裏一体の関係にある。こうした関係は，アカウンタビリティ（accountability）とレスポンシビリティ（responsibility）からとらえることができる。そして，アカウンタビリティとレスポンシビリティの目的は，本人に対する応答性（responsiveness）を確保することである。ここで「アカウンタビリティ」とは，自分の行動に対する説明を意味し，行政官僚や政治家に行政裁量と政策責任を与えることができる根拠を提供する。すなわち，公共に対する官僚の義務である。また「レスポンシビリティ」とは，公共における一連の理想から引き出される行動経路のことであり[14]，行政官僚は，自らの義務に対する適切な定義が求められる。つまり，レスポンシビリティとは，アカウンタビリティ・システムを通じて官僚の行動が評価される義務を定義し，彼らの行動をガイドすることである。したがって，アカウンタビリティ・メカニズムは，官僚が裁量を使用する際の官僚行動の結果に対する統制を行う。一方，レスポンシビリティは，エンパワーメント（empowerment）であるものの，アカウンタビリティから制限される。さらに，アカウンタビリティとレスポンシビリティは，トレード・オフの関係ではなく，同時性を持っている。すなわち，官僚統制が作動するところには，共に存在する統制メカニズムが存在する。

従来の研究においては，官僚統制と官僚責任を同様な意味で用いて分類しながら，官僚の責任類型を特定化した。例えば，バーバラ・S・ロムザック（Barbara S. Romzek）は，官僚に対する期待（責任）と統制所在から行政責任の分類を試みた。図2は，ロムザックによる行政責任の分類を示したものである。

彼によれば，まず「ヒエラルキー的責任」とは，上司－部下の関係，ルールや組織方針を強調するもので，職員の裁量権が低いと想定した。また

図2　行政責任（統制）の分類

```
                        期待の所在
                    内部              外部
            ┌─────────────────┬─────────────────┐
         低 │  ヒエラルキー的  │    法律的       │
            │  (Hierarchical) │    (Legal)      │
  裁量度    ├─────────────────┼─────────────────┤
         高 │   専門職業的    │    政治的       │
            │  (Professional) │   (Political)   │
            └─────────────────┴─────────────────┘
```

出典：Romzek(2000), p.24.

「法律的責任」は，法律に対する職員の責任を意味しており，法律による統制を重視するものであると考えた。そして「専門職業的責任」とは，高い水準の裁量を持ち，政治的責任より内面化された職業的価値を強調するものであるとロムザックは捉えた[15]。これは官僚個人が同僚の目にどう見えるかであり，個人の行動を制約するのである。政治的責任とは，行政官僚が市民，市長，議会といったステーク・ホルダーの期待に応えるものであり，ある程度の裁量権を持っている。近年，行政改革における顧客志向のような官僚行動原理がこれにあたる。

前者の二つは，ファイナーが強調した外部統制を重視しながら，官僚の裁量を最小化しようとするものであり，後者の二つは，フリードリッヒが強調した内部統制を重視しながら，官僚の裁量を認めるものである。近年，NPMのように行政改革における官僚責任は，過程の責任から結果の責任へ，ヒエラルキー・法律的責任から専門職業・政治的責任へ中心が移動しているようにみえる。

本稿では，こうした分類に沿って，都道府県の職員における責任性の程度を測り，組織規範との関係を分析することにしたい。

③　官僚責任性と組織規範

ここで，都道府県における官僚の責任性を測定するために，ロムザックの分類に沿った調査項目[16]を用いた主成分分析を行うことにした。その結果，ロムザックの想定とは異なり，法律的責任と専門職業的責任が同じ主成分（第2主成分）に含まれることになった（表3）。

表3　主成分分析（職員の責任性）

	第一成分 ヒエラルキー的責任	第二成分 法律・専門職業的責任	第三成分 政治的責任
上司の命令・指示を遵守	.696	.261	−.013
内部標準運営規則の遵守	.841	.162	.003
マニュアルの重視・遵守	.816	−.045	.080
専門知識の保有・努力	.011	.700	.155
職業倫理の遵守	.108	.788	.104
法律の承知・遵守	.288	.754	.086
住民ニーズの把握・反映	.130	.301	.804
市民参加の取り入れ	−.051	.043	.907
累積寄与率	24.7%	48.0%	67.9%

　こうしたことを踏まえて，本稿では，都道府県の職員における責任領域の類型でなく各責任に対する職員の行動に問題関心があることから，表3の結果を用いて分析することにしたい。さらに，各主成分については，第1主成分を「ヒエラルキー的責任」，第2主成分を「法律・専門職業的責任」，第3主成分を「政治的責任」と名付け，各主成分と組織規範との関係を明らかにすることにしたい。

　なお，都道府県に職員の責任性に対する組織規範の影響を検討するため，共分散構造を行ったところ，政策執行規範と組織運営規範が法律・専門職業的責任に，公共参加規範が政治的責任に影響を与えていることがわかった（図3）。つまり，新管理主義的価値規範あるいは脱官僚制的価値規範を持つ職員ほど，法律・専門職業的責任を果たしている。このことは，専門知識や公務員の職業倫理と，新たな行政姿勢に対する積極的な態度との相関が高いことを意味している。また，住民参加を強調する規範は，職員が実際に政治的責任を果たす際に影響を与えていることが明らかになった。

　次に，こうした職員個人の規範と組織全体の規範の間における距離が，職員の責任性にどのような影響を与えているのかを検討してみることにしたい。そこで，職員が認識している都道府県庁全体の考えと自分自身の考えとの間の距離[17]を測り，責任性との間の相関関係を求めることにした。

　その結果，各規範に対する個人と組織との距離が小さいほど職員の責任性が高いことがわかった（表4）。つまり，「職員が認識している組織全体の規範と自分が設定している規範との差が小さい」ということは，職員個人に組織との一体感を感じさせ，職員としての責任を果たすにあたって有

図 3 共分散構造分析（組織規範と職員の責任性）

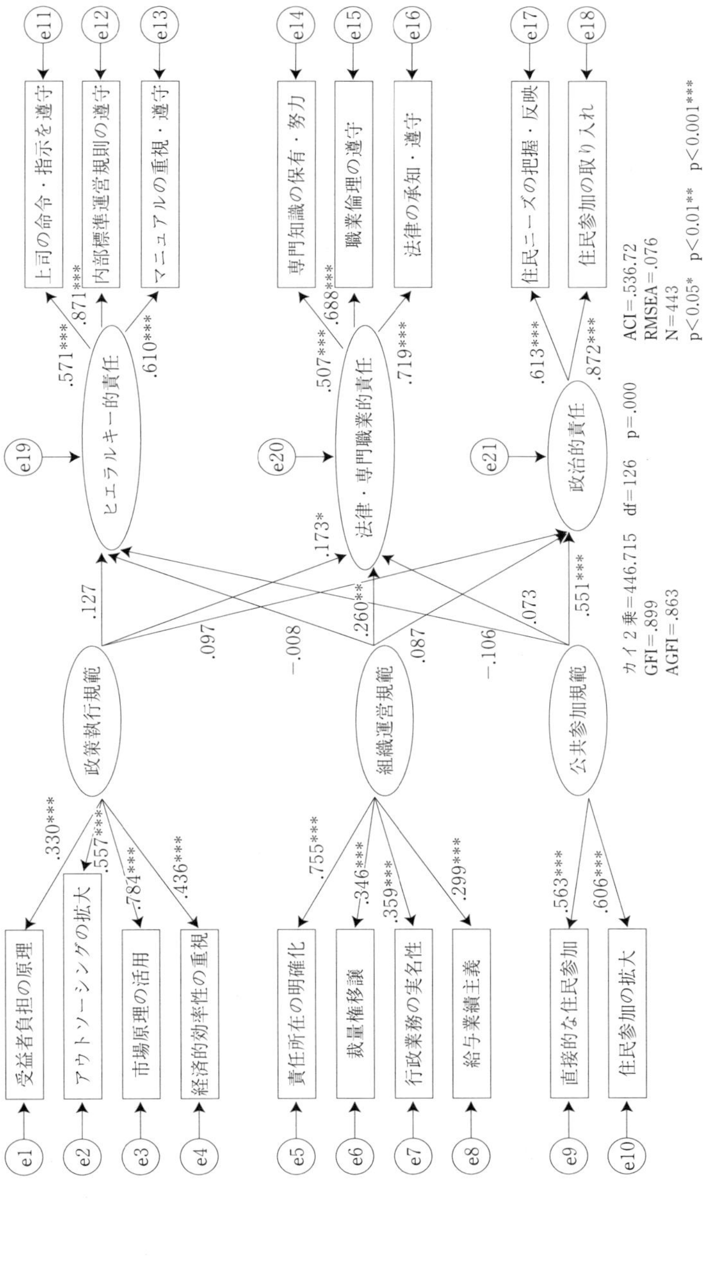

カイ2乗=446.715　df=126　p=.000
GFI=.899
AGFI=.863
ACI=.536.72
RMSEA=.076
N=443
p<0.05*　p<0.01**　p<0.001***

表4　個人と組織の距離と責任性（相関係数）

	政策執行規範距離	組織運営規範距離	公共参加規範距離	ヒエラルキー的責任	法律・専門職業的責任	政治的責任
政策執行規範距離	1.000	.864***	.754***	−.120*	−.021	−.099*
組織運営規範距離		1.000	.756***	−.106*	−.027	−.114*
公共参加規範距離			1.000	−.028	−.097*	−.078
ヒエラルキー的責任				1.000	−.004	−.013
法律・専門職業的責任					1.000	.008
政治的責任						1.000

* $p < 0.05$, ** $p < 0.01$, *** $p < 0.001$

効に作用する要因となっているわけである。

4. 組織文化と組織規範

① 組織文化の下位レベルとしての組織規範

　組織文化研究における主なテーマは「いかなる組織文化が，組織の成果を向上させるのか」であり，その媒介変数として組織コミットメントならびに職務満足を設定してミクロレベルで分析を行ってきた。さらに，組織成果を向上させるために組織文化の役割を強調し，各々の組織には異なる組織文化が存在すると考えられてきた。また，組織文化に関する定義も多様であるが，一般には，典型的行動パターンを生み出す共有された前提と価値体系という定義がなされてきた[18]。このような共有された前提と価値は，本稿において設定した「決定前提」と共通するものである。

　また，従来の組織研究における文化の概念は幅広く，研究者によって概念操作が異なっているが，それでも規範的な属性を持つ共有された価値・信念体系であるという共通認識がみられる。例えば，組織文化によって支配される組織の信念体系に注目したエドガー・H・シャイン[19]は，組織文化を「組織構成員によって共有・作用される当然な基本前提と信念」と定義し，三つの文化水準から説明した。こうしたシャインによる組織文化に従えば，本稿における主な関心である組織規範は，組織文化を構成する下位レベルの第二水準である。つまり，本稿では，組織の象徴となるような人工物である第一水準と組織の構成員が共有している第三水準を排除することで，各々の組織における個人の目的志向的な信念体系がより明確になると考えている。また，こうした目的志向的な信念体系は，組織内の他者

である他の構成員に対する期待でありながら，組織全体における運営原理や期待にもなり得る。さらに，組織における共有された組織運営原理や期待は，行政組織における政策過程に関わる職員の態度と行動に対する規範として作用する統制手段にもなり得ると期待されることになる[20]。

そこで，本稿で設定した組織規範と従来の研究における組織文化との関係を検討することにしたい。なお，組織文化の指標は，組織成果との関係分析において最も幅広く利用される「競争価値モデル（competing values model: CVM）[21]」から類型して用いることにしたい。都道府県の職員から得られたデータ[22]から主成分分析を行ったところ，競争価値モデルの類型である発展的文化，合理的文化，集団的文化，ヒエラルキー文化を確認することができた（表5）。

次に，こうした都道府県に存在する組織文化と本稿で想定した組織規範の関係を検証するために，共分散構造分析を行ったところ，組織運営規範は発展的文化と合理的文化に影響を与えていることがわかった（図4）。

すなわち，都道府県における行政革新の姿勢を内包する発展的文化や合理的文化が，組織運営における脱官僚主義的な志向によってもたらされていることになる。また，合理的文化やヒエラルキー文化が，公共参加規範から影響を受けている。これらの結果は，「行政組織における過度の形式主義や組織安定中心の行政姿勢」と「住民参加に対する積極的な姿勢としての開放的行政」との間には距離があるという近年の行政改革における潮

表5　組織文化（競争価値モデル）

	第一成分 発展的文化	第二成分 合理的文化	第三成分 集団的文化	第四成分 ヒエラルキー文化
アイディアによる組織発展の重視	.732	.313	.078	−.059
新たなサービスの発掘の重視	.762	.220	.042	−.098
刷新と発展による組織結束	.610	−.005	.025	.343
アウトプットとアウトカムの重視	.204	.800	.169	−.052
アウトプットとアウトカムの達成の重視	.121	.838	−.064	.023
アウトプットとアウトカムの達成による組織結束	.207	.562	.108	.259
家庭の延長のような組織	−.062	.155	.772	−.013
お互いに共有するものが多い	−.571	−.017	.693	−.054
忠誠心と誇りによる組織結束	−.015	−.059	.585	.152
業務処理のマニュアルの重視	.004	−.051	−.078	.758
変化より安定重視	.019	.166	.164	.406
公式的規則による組織結束	.092	.058	−.033	.728
累積寄与率	16.1%	31.6%	44.2%	56.6%

60

図 4　組織規範と組織文化（共分散構造分析）

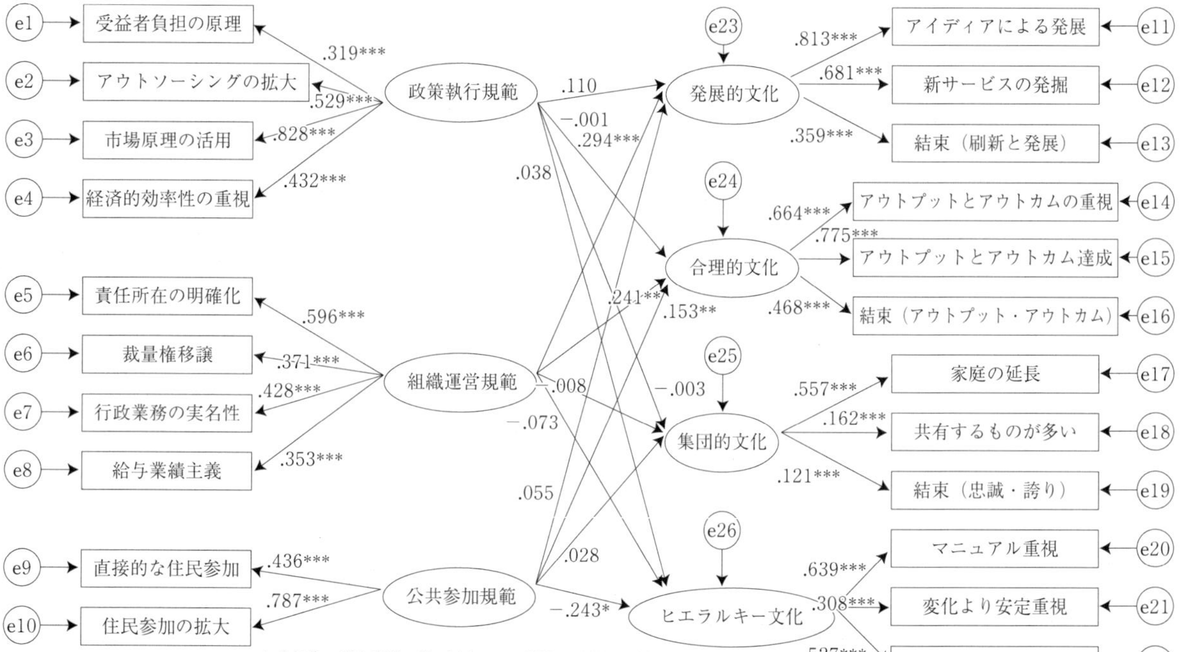

カイ2乗＝662.607　df＝198　p＝.000
GFI＝.883
AGFI＝.850
ACI＝732.607
RMSEA＝.070
N＝443
p＜0.05*　p＜0.01**　p＜0.001***

流を反映している。なお，興味深いのは，新管理主義的な志向である政策執行規範が，どの組織文化に対しても有意な影響をもたらさなかったことである。

② 職員の責任性に対する組織文化と組織規範

　組織文化の概念は多岐にわたって定義されており，組織における個人の価値や信念を反映しながら個人の行動に影響を与えるものである。また，組織間における文化の差異は，主に慣行として現れるものと考えられる[23]。したがって，組織内の価値や信念だけでなく，構成員の選好も，組織文化に反映されるものである。なお，組織における規範は，構成員や個々の選好を意味しているわけではない。例えば，盛山[24]は，「規範とは，選好を超えたものであり，単に自分が欲することの表明ではない」としている。つまり，規範には他者に対する期待が含まれており，それは特定の行動が当該組織において適切であるかどうかに関するものである。また，こうした期待は，それ自体が規範的プレッシャーとなるのである。

　組織決定において重要な要因である行政組織における文化は，概念上，多様な要因から構成されている。したがって，組織決定という目的志向の行動においては，組織文化を構成するどのような要因が制約として作用するのかを見極める必要がある。また組織行動においては，構成員の期待は組織文化として現われる。一方，組織文化そのものは，構成員が抱く期待であるとは限らない。すなわち，組織内における他者に対する期待を含む組織規範は，組織文化の十分条件であるが，必要十分条件であるわけではない。

　また行政組織における職員の責任行動は，当該の組織文化を反映するものであり，組織文化自体が職員の責任行動でもある。この両者の関係は，因果関係というよりも共変動の関係である。つまり，組織文化が職員行動に影響を与える一方，職員行動も慣行のようにある特定の組織文化に繋がることになる。それに対して，行政組織における規範は，組織行動を統制して組織文化を形成しながら職員の責任行動に影響を与えることになる。

　したがって，本稿では，職員の責任行動に対して，組織文化と組織規範を区別して分析することにしたい。具体的には，従来の研究において重要な変数であった組織文化をコントロール変数とし，組織規範が職員の責任

行動に影響を与えているかどうかを分析することにしたい。さらに組織規範に付け加えて，組織規範における個人と組織間の主観的距離がどのような影響力を職員の責任行動に対してもたらすのかを検討することにしたい。

まず，ヒエラルキー的責任を従属変数とする重回帰分析を行ったところ，組織における階統的秩序やマニュアルに対する責任行動において，ヒエラルキー文化のみが影響を与えている（表6左）。次に，法律・専門職業的責任を従属変数とする同様の分析を行ったところ，職員の専門性に対する責任行動においては，合理的文化や政策執行規範，組織運営規範といった変数が影響を与えていることが明らかになった（表6中央）。さらに，政治的責任を従属変数とする分析では，住民に対する政治的責任において発展的文化，合理的文化，組織運営規範，公共参加規範が有意な関係をもっている（表6右）。換言すれば，職員の責任行動を統制するためには，組織文化だけではなく規範的要素が不可欠になる。

なお，ヒエラルキー的責任に対する分析では，ヒエラルキー文化がプラスの方向に影響を与えている。一方，有意確率（5％）を満たさなかったものの，組織運営規範がマイナスの方向に影響を与えている。上記で指摘したように，近年，官僚責任の重点がヒエラルキー・法律的責任から専門職業・政治的責任へと比重が移動していることを考えれば，組織に対する脱官僚主義的な期待は，従来のヒエラルキー的責任を重視せずに，他の責任領域を強調することになっている。また，法律・専門職業的責任や政治

表6 ヒエラルキー的責任，法律・専門職業的責任，政治的責任に対する回帰分析

	ヒエラルキー的責任			法律・専門職業的責任			政治的責任		
	ß	t	p	ß	t	p	ß	t	p
発展的文化	−.028	−.611	.541	.087	1.808	.071	.208	4.588	.000
合理的責任	.074	1.628	.104	.173	3.602	.000	.127	2.817	.005
集団的文化	−.006	−.134	.893	.022	.469	.640	.047	1.044	.297
ヒエラルキー文化	.388	8.550	.000	−.091	−1.880	.061	−.005	−.108	.914
政策執行規範	.046	1.001	.317	.140	2.884	.004	.063	1.385	.167
組織運営規範	−.077	−1.697	.090	.101	2.091	.037	.112	2.471	.014
公共参加規範	−.054	−1.178	.240	−.072	−1.498	.135	.303	6.689	.000
個人―組織距離（政策執行規範）	−.100	−1.056	.291	.101	.999	.319	.009	.090	.928
個人―組織距離（組織運営）	−.097	−1.009	.314	.028	.277	.782	−.170	−1.767	.078
個人―組織距離（公共参加規範）	.099	1.384	.167	−.176	−2.318	.021	.078	1.090	.277
R-sq	.198			.098			.207		
Adj R-sq	.179			.076			.188		
N	443			443			443		

的責任においては，発展的文化や合理的文化に比べ，組織運営規範や公共参加規範が同じかより大きな関連を持っている。さらに，組織の構成員による主観的規範が組織全体における規範とどの程度，合致しているのかによって，職員の責任行動が決まることがわかった。つまり，組織運営規範と公共参加規範に関する個人と組織の間の距離が小さいほど，政治的責任と法律・専門職業的責任を職員が果たしていることになる。

5. 組織成果と組織規範

これまでは，都道府県における職員の組織規範が職員の責任行動にどのような影響を与えるのかを分析した。次に，管理主義研究で検討されてきた「組織成果と組織規範の関係」について都道府県レベルで分析することにしたい。なお，本稿で用いる都道府県の組織成果は，「財政力指数の変化率」である。ここで，2003年を基準として93年から97年までの財政力指数の変化率と組織規範，組織文化の相関係数をみると，財政力指数の変化率と最も関連があるのが，組織運営規範である（表7）。さらに，発展的文化が93年と94年からの変化率に限って関連があるのに対し，組織運営規範は96年まで安定したプラスの関連をみせている。また，都道府県において存在する組織規範と組織文化の強度（集中度）による影響を考慮するために，

表7 財政力指数変化と組織規範・組織文化

	財政力指数変化（2003年基準）				
	93年	94年	95年	96年	97年
政策執行規範	.200	.218	.155	.052	.020
組織運営規範	.318*	.283*	.259*	.279*	.151
公共参加規範	.075	.043	.001	.065	.070
政策執行規範／標準偏差	.214	.250*	.204	.090	.077
組織運営規範／標準偏差	.380**	.336*	.298*	.321*	.204
公共参加規範／標準偏差	.118	.082	.022	.060	.065
発展的文化	.345*	.272*	.098	−.094	−.175
合理的文化	−.210	−.244	−.206	−.115	−.148
集団の文化	−.274	−.236	−.164	−.225	−.168
ヒエラルキー文化	.092	.057	−.039	−.133	−.079
発展的文化／標準偏差	.297*	.215	.065	−.091	−.133
合理的文化／標準偏差	−.199	−.233	−.206	−.114	−.165
集団文化／標準偏差	−.321*	−.287*	−.226	−.289*	−.237
ヒエラルキー文化／標準偏差	.302	.242	.154	.093	.123

* $p < 0.05$, ** $p < 0.01$, *** $p < 0.001$

本稿では,「各規範や文化の数値を標準偏差で割った値」を各組織における規範と文化の強度として用いたところ,組織運営規範の強度が依然として組織成果と関連がみられることが明らかになった。

6. まとめ

これまでみてきたように,本稿では,官僚統制における内部統制としての組織規範を取上げ,職員の責任性ならびに組織成果との間の関連を検討した。さらに,本稿で設定した組織規範の意味を浮き彫りにするために,従来の組織研究で重要な変数と考えられていた組織文化との間の関連も検討した。その結果,職員の責任行動に関しては,組織文化と組織規範の影響を確認することができた。また,組織成果に関しては,組織規範(組織運営規範)のみが一貫した関連をみせ,組織文化は限定的な関連にとどまっていた。つまり,従来,職員の責任行動を規定する要因と想定されてきた組織文化よりも,本稿で設定した組織規範の方が大きな規定力をもつことが明らかになったわけである。

「近年の行政改革は,伝統的官僚制に対する挑戦である」と言っても過言ではない。すなわち,ウェーバーの官僚制では,「インプットがあれば自動的に最も効率的なアウトプットが生じる」はずであった。しかし,現実には,官僚は機械ではなく,常に政治的バイアスに晒されている。また,政策形成を含めた多くの政府活動を行政官僚に委ねることによって,彼らの権限を規制しようとする動きも強まってきた。その結果,過度な規制やルールが生まれて,官僚の自由な発想や柔軟性を奪うことになっていった。したがって,最近の行政改革においては,NPMでみられるように官僚の裁量権を出来る限り保障して,彼らの能力を最大に引き出そうとする狙いがある。さらに,結果(アウトプット,アウトカム)によって官僚の活動を評価するという統制方法を志向している。

しかし,「結果に対する評価」という統制も,ある意味では一つの外部統制であり,それが官僚においてどのように内面化され,彼らの責任行動にいかなる影響を与えているかについては,まだ明確になっていない。そして,ある特定の制度の導入は,当該組織に存在する文化の障壁によって頓挫する場合もあるし,新しい文化への発展をもたらすこともある。このように,本稿における「組織規範」は,職員の責任行動や文化の発展に影響

をもたらすと考えることができるのである。

　本稿の最後に，残された課題について述べることにしたい。まず，本稿では官僚統制における内部統制として組織規範を分析したが，当然ながら外部統制的なアプローチも考慮しなくてはならない。つまり，制度的統制と組織規範との関係も分析の視野に入れなければならない。また，財政力指数を用いて組織成果の分析を試みたが，他にも都道府県全体の成果を表わすような指標を分析に組み入れるべきである。さらに，組織規範の意味を確認しても，組織規範を規定する要因を一層，綿密に検討しなければ，依然としてブラック・ボックスを残すことにもなりかねない。これらの課題については，社会学的新制度主義が理論的ヒントを提供するかもしれない。つまり，地域環境におかれている都道府県（組織）が，合理的計算のみに依存するのではなく地域社会が望む要求（行動の適切さ）に基づいて行動する可能性があるからである。いずれにしろ「政治社会の主体である住民の意思を自治体の施策により反映させるためには，どのようにして官僚を効果的に統制すべきであるのかを明らかにする」という問題意識にしたがって，本稿の分析を試みたものである。

（1）　Behn (2001), p.29.
（2）　本研究の分析に用いた21ＣＯＥ－ＣＣＣ調査データは，平成15～19年度文部科学省21世紀ＣＯＥプログラム「多文化多世代交差世界における政治社会秩序形成－多文化世界における市民意識の動態－」（拠点リーダー・小林良彰：慶應義塾大学教授，事業推進担当者・小此木政夫：慶應義塾大学教授他23名）が行った研究成果である。
　　　調査概要は以下のとおりである。
　　　調査対象は，47都道府県の知事，県議会議員，職員である。調査期間は，2005年8月25日から始めて回収中である。本稿で使われる職員データは，各都道府県の部長級全員と，各都道府県で共通に存在する課レベルの課長級を選び，一都道府県で20－25名にして調査した。現在，全体1065の中で，465が回収された（43.7％）。
（3）　今村（1997），79頁。
（4）　今村（1997），82頁。
（5）　Simon (1997), p.55-71.
（6）　盛山（2004），122頁。
（7）　具体的な調査項目は，以下のとおりである。

受益者負担の原理	現在よりも，受益者負担を進めるべきである
アウトソーシングの拡大	現在よりも，行政サービスのアウトソーシングを積極的に進めるべきである
市場原理の活用	行政サービスにおいて，市場原理をより取り入れるべきである
経済的効率性の重視	行政活動においては，経済的効率性がより重視されるべきである
責任所在の明確化	政策責任の所在は，民間企業のように明らかにすべきである
裁量権委譲	職務遂行の裁量権を，下位レベルの職員まで与えるべきである
行政業務における実名性	公務員の職務関連情報は，職務，氏名を公開すべきである
給与業績主義	公務員の給与制度は，職員の業績評価とリンクされるべきである
直接的な住民参加	政策を形成するには専門的な知識が必要であるため，直接的な住民の参加は望ましくない
住民参加の拡大	市民参加は，できる限り多くの政策領域や部署で採用されるべきである

(8) Friedrich, p.4-13.
(9) しかし，官僚の技術的判断と国民の意思が異なる場合，どうするかという問題が残る。
(10) Finer, p.336.
(11) Harmon (1995), p.51-62.
(12) Downs, p.144.
(13) Harmon (1971), p.179.
(14) Burke (1986), p.9.
(15) Seldon (1999), p.194.
(16) 具体的な調査項目は，以下のとおりである。

上司の命令・指示を遵守	上司の命令及び指示を常に遵守している
内部標準運営規則の遵守	いつも内部標準運営規則を遵守している
マニュアルの重視・遵守	業務において何よりもマニュアルを重視し，遵守している
専門知識の保有・努力	自分の仕事について専門的知識を持っているし，向上させようと努力している
職業倫理の遵守	公務員としての職業倫理を常に守っている
法律の承知・遵守	業務に拘わる法律を承知して常に遵守している
住民ニーズの把握・反映	いつも住民のニーズを把握し，業務に反映している
市民参加の取り入れ	業務上，常に市民参加を取り入れている

(17) 職員個人の考えとして回答した項目と同様に，組織全体に対する考えを回答してもらった。各回答項目ごとに引いて個人－組織の距離を測り，規範ごとに合計したものである。
(18) Gordon (1991), p.397.
(19) Schein (1985), p.79.
(20) O'Reilly (1989), p.9-25.
(21) Cameron and Quinn(1999), 30. 彼らによれば，競争価値モデルは二つの軸により四つのグループから構成される。縦軸は裁量・弾力性－安定・

統制で，横軸は内部志向・統合－外部志向・競争である。詳しくは上記の論文を参照したい。
(22) 具体的な調査項目は，以下のとおりである。

アイディアによる組織発展の重視	我々の組織は，新しいアイディアによる組織全体の発展を重視している
新たなサービスの発掘の重視	我々の組織は，新たな行政サービスの発掘を重視している
刷新と発展による組織結束	組織を結束させるものは，組織全体の刷新と発展である
アウトプットとアウトカムの重視	職員はアウトプットとアウトカムに関心が高い
アウトプットとアウトカムの達成の重視	我々の組織はアウトプットとアウトカムの達成を重視している
アウトプットとアウトカムの達成による組織結束	組織を結束させるものは，アウトプットとアウトカムの達成である
家庭の延長のような組織	我々の組織には人間味があり，家庭の延長のようである
お互いに共有するものが多い	職員の間には互いに共有するものが多い
忠誠心と誇りによる組織結束	組織を結束させるものは，組織に対する忠誠心と誇りである
業務処理のマニュアルの重視	職員は業務処理においてマニュアルを重視している
変化より安定重視	我々の組織は，急変な変化より安定を好む
公式的規則による組織結束	組織を結束させるものは，公式的規則(マニュアル)である

(23) Hofstede (1990), p.263-264.
(24) 盛山 (2004), 123-124頁。

参考文献

今村都南雄（1997）『行政学基礎理論』三嶺書房。
盛山和夫（2004）『制度論の構図』創文社。
Behn, Robert. D. (2001) *Rethinking Democratic Accountability*, Washington: Brookings Institution.
Burke, John. (1986) *Bureaucratic Responsibility*, Johns Hopkins Press.
Cameron, K. S. and Quinn, R. E. (1999) *Diagnosing and Changing Organizational Culture*, New York: Addison Wesley.
Downs, Anthony. (1967) *Inside Bureaucracy*, Waveland Press.
Hofstede, G. H., Neuijen, B, Ohavy, D. Sanders, G. (1990) "Measuring Organizational Cultures: A Qualitive and Quantitative Study Across Twenty Cases," *Administrative Science Quarterly*, June, Vol.35.
Finer, Herman. (1941) "Administrative Responsibility in Democratic Government," *Public Administration Review*, pp.335-338.
Friedrich, C. J. (1940) "Public Policy and the Nature of Administrative Responsibility," *Public Policy I*, Harvard University Press.
Gordon, G. G. (1991) "Industry Determinants of Organizational Culture," *Acad-*

emy of Management Review. 16 (2), pp.397.

Harmon, M. M. (1971) "Normative Theory and Public Administration: Some Suggestions for a Redefinition of Administrative Responsibility," ed. Frank Marini, *Toward a New Public Administration*, Chandler Publishing.

____ (1995) *Responsibility as Paradox: A Critique of Rational Discourse on Government*, SAGE Publications.

O'Reilly, Charls. (1989) "Corporations, Culture, and Commitment: Motivation and Social Control in Organizations," *Califonia Management Review.* 31 (4).

Romzek, Barbara S. (2000) "Dynamics of Public Sector Accountability in an Era of Reform," *International Review of Administrative Sciences*, Vol.66 (1).

Seldon, Sally Coleman, Brewer, Gene A. and Brudney, Jeffrey L. (1999) "Reconciling Competing Values in Public Administration: Understanding the Administrative Role Concept," *Administration and Society* 31 (2).

Schein, E. H. (1985) *Organizational Culture and Leadership*, Jossey-Bass.

Simon, H. A. (1997) *Administrative Behavior: A Study of Dicision-Making Processes in Administrative Organization*, 4rd ed., Free Press.

国民の対外意識に及ぼすマスメディアの影響
——テレビニュースの内容分析とパネル調査から——

河野武司

1. はじめに

　外交において政府が他国との協力や連携を円滑に進めるためには，政治的エリート間の直接的な交渉のあり方も重要であろうが，自国の国民の相手国に対する好悪の感情や信頼感のあり方，さらにはそのような意識に少なからず影響を受けるそもそもの政策への賛否などを無視することはできない。国民の多くが信頼できないとしている国に対して，そのような国民感情を無視してまでも政府・与党が友好的ないしは妥協的な外交政策を形成し交渉することは，政府・与党に対する国民の支持率の低下を招くことにつながりかねない[1]。そこで政府・与党は外交政策の形成において相手国に対して自国の国民がどのようなイメージを抱いているのかを意識せざるを得ない。例えばわが国においても外交政策形成の主役の1つである外務省は国民の意識を知るために様々な世論調査を実施している。それらの調査の目的は「○○に関する国民の意識を調査し，今後の施策の参考とする」ことにある[2]。これはまさに国民の意識が外交政策形成の前提となっていることの証左であろう。

　ではそもそもの問題として，国民は何から情報を得て外国に対するイメージを形成するのであろうか。それはマスメディアに他ならないだろう。クラウス（Ellis S. Krauss）は日米両国の主要なニュース番組における日米関係や両国についての報道を内容分析の手法を用いて実証的に比較した論文の中で，近代のデモクラシー諸国の外交においては，マスメディアが2つの重要な役割を果たしていることを指摘した[3]。第1に，マスメディアは各国の政治的エリート間の重要なチャンネルの1つとしてコミュニケーションプロセスの一部となっていることである。駐在している国の情勢や

政治的エリート達の考えを知るのにテレビや新聞の報道を参考にしない外交官はいないだろう。第2には，一般の国民が他国に対して抱くイメージの形成に大きな影響を及ぼしていることである。独自の情報源を持たない多くの国民は世界各地で起こっている様々な出来事を実際に体験することはほとんどないし，またそれは不可能ですらある。通常は，社会の窓として存在するマスメディアによって取捨選択され，さらにはある視点から編集されて報道される外国のニュースに基づいて他国に対する何らかのイメージを形成することになる[4]。

そこで本稿では，2003年3月19日の米英軍による空爆からイラク戦争に突入し，その後の占領統治に中心的な役割を果たしているアメリカについて，日本のマスメディア，特に多くの国民にとって世界で起こっている出来事に関する主要な情報源となっているテレビニュース番組[5]がどのような報道を行い，その報道のあり方が日本の国民の対米イメージ形成，具体的にはアメリカに対する信頼感にどのような影響を及ぼしているのかという問題を実証的に分析してみたい。

日本はアメリカの要請に応じて，賛否が拮抗する中[6]，2004年の1月から占領統治下にあるイラクのサマーワへ復興支援を目的とした自衛隊派遣を行った。本稿での分析はテレビニュース番組の影響の有無を実証的に明らかにするだけではなく，イラクへの自衛隊派遣という外交政策の行く末を考えるにあたっても重要な視点を提供すると考える。また本稿での分析はこのことは長期的かつ累積的なテレビニュース視聴による影響の有無について1つの知見を加えることにもなるであろう。

これまで各種世論調査で示されているように，日本においては好きな国としてアメリカを挙げる人が比較的多かったし，現在においてもその傾向はあまり変わらない[7]。アメリカンドリームの言葉に見られるように成功の象徴としてのアメリカや，自由世界の指導者としてのアメリカに対する無条件の憧れがそのような好意的イメージの源泉であったことに間違いはないであろう。しかしイラク戦争以後，アメリカは必ずしも輝かしい成功を収めたとはいえない状況が続いている。そこではアメリカ軍の戦闘行為がもたらしたイラクの一般市民への被害，テロによるアメリカ兵や一般市民の死，さらには戦争の大義についての大きな疑義などが生じてきた。それを日々感性に訴えかける映像と共に報道するテレビニュース番組を視聴

することによって，日本の国民はアメリカに対する好意的態度や信頼感を多少なりとも変化させたのであろうか。もし好意的態度や信頼感の低下があれば，アメリカに追随する形でのイラクへの自衛隊派遣に対しては少なからず影響を与えることになるであろう。

本稿では上記のような問題意識から，日本のテレビニュース番組がアメリカに関してどのようなイメージを提示しているのか，さらにはそのイメージに接することによって市民における思考や行動にどのような影響が生じるのかを実証的に明らかにしたい。具体的には，テレビニュース番組の内容分析と，市民の態度の変化を探るパネル調査を通して，上記の問題を分析する[8]。

2. 分析の方法

①分析対象

まずここで受け手の分析として用いるデータは，文部科学省によって2003年にＣＯＥの１つとして選定された慶應義塾大学法学部の「多文化多世代交差世界の政治社会秩序形成—多文化世界における市民意識の動態—(21COE-CCC)」プログラム（拠点リーダー：慶應義塾大学法学部教授・小林良彰，以下，「21COE-CCC」と略す）が，市民の様々な意識の動態を明らかにするために実施した２波にわたるパネル調査の結果である。第１回目の調査が実施されたのは2003年11月であり，第２回目は2004年８月に実施されている[9]。

またここでは前述のようにアメリカに関するイメージの提供者として分析の対象とするのはマスメディアの中でも特にテレビニュース番組である。さらにいえば，21COE-CCC によるパネル調査で明らかにされているテレビニュース番組への接触率を勘案し，夜10時前後からのニュース番組の中でも他と比較して接触率が高く上位２位を占めた公共放送であるＮＨＫの「ニュース10」と民放のニュース番組の中では最も視聴率の高いテレビ朝日の「ニュースステーション・報道ステーション[10]」を内容分析の対象とした。この２つのニュース番組はいずれもメインキャスターを中心として報道が行われる，いわゆるキャスターニュースである。またほぼ夜10時台の同一時間帯に放送されており，チャンネルサーフィンということはあり得

るにしても，同時視聴がほぼ不可能であると想定できることから比較の対象として適している。つまり比較的テレビニュースのダイレクトな影響を，それも視聴している番組単位での影響を抽出できるのではないかと考えている。なお，東京をキー局とするその他のテレビ局も含めた各局・番組に対する接触率は複数回答の結果として得られており以下の通りである。

ＮＨＫ			75.5%
日本テレビ	小栗泉	「きょうの出来事」	8.2%
ＴＢＳ	筑紫哲也	「ニュース23」	34.0%
フジ	松本方哉	「ニュースJAPAN」	5.1%
テレビ朝日	古舘伊知朗	「報道ステーション」[11]	35.1%
テレビ東京	小谷真生子	「ビジネスワールドサテライト」	5.7%

なおＮＨＫに関しては，1日に放送されるニュース番組を特に分けて尋ねていない。またニュース10のメインキャスターは今井環である。ビデオリサーチ社が調べた関東地区における視聴率のデータによると，分析の対象期間の終盤となる2004年8月2日～8月8日までの実際の平均視聴率は13.2%で，報道ステーションの同時期のそれが15.7%であることを考慮すると，21COE-CCCによる調査でのＮＨＫニュース10への接触率は報道ステーションとほぼ同程度と考えてもよいだろう[12]。

②分析の対象とした期間

送り手分析としての内容分析の対象とした期間は，2003年12月1日から2004年8月20日までの計264日間である。これは先に挙げた21COE-CCCによるパネル調査の実施時期に合わせて設定したものである。つまり2003年11月の時点での受け手の態度が，テレビニュースに長期にわたって接触することによってどのような影響を受け，その結果2004年8月の時点においてどのように変化したのかを考察することを前提として設定した。

なお，報道ステーションに合わせてＮＨＫに関しても土・日曜日を分析の対象から除いたこと，また年末年始に休止期間があったことなどから，最終的に分析の対象となった番組の回数は次の通りである。ＮＨＫのニュース10が185回で，テレビ朝日のニュースステーション・報道ステーションは173回である。またテレビ朝日の番組回数がＮＨＫと比較して少ないのは，注11にもあるようにニュースステーションが報道ステーションに切り

替わった関係で，3月27日から4月4日までテレビ朝日においては対応するニュース番組が放送されていなかったことによる。

③内容分析の方法

テレビニュース番組の中で提供されている様々な種類のニュースの中でも，まず外国に関するニュースを抽出する。ここで外国に関するニュースとは，外国で発生したニュース，例えば，イラクでの戦闘の激化を伝えるニュースやイラクのサマーワに派遣された自衛隊の活動等を伝えるニュース，また日本で発生したニュースでも外国人ないしは外国が関係するニュース，例えば，イラクへの自衛隊派遣の国会での承認問題や，日本と他国との間の外交に関わるニュースや，外国人による日本国内での犯罪を伝えるニュースなどである。逆に言えば，日本国内で発生した日本人のみが関係するニュースは分析の対象としていないということである。また分析対象期間の終盤にギリシアで行われたアテネオリンピックに関するニュースをはじめとするスポーツニュースに関しては，その発生源を問わず分析の対象としていない。さらには番組内のスポーツや天気予報のコーナーも分析の対象としていない。

上記のような基準から外国に関するニュースを抽出したが，それらに関して，そのニュースの種類と放送時間，及びそのニュースの中でアメリカのアクションに関する何らかの言及がある場合には，アメリカに関して好意的なイメージをもたらすもの（以下「プラスイメージ報道」と呼ぶ）か，否定的なイメージをもたらすもの（「以下「マイナスイメージ報道」と呼ぶ）か，ないしは好悪のイメージはもたらさない（以下「中立報道」と呼ぶ）ものであるかを学生によるコーダーを用いて判定を行い，それぞれ＋1，－1，0とコードした[13]。

なお，判定は識別された1つのニュースの中で仮に複数回アメリカのアクションが言及されていても，判定は全体として1つだけ付与するようにした。またニュース内にアメリカという言葉が出てきても，例えば経歴詐称疑惑の古賀議員が自身で調査のためにアメリカへ行くといったニュースなどは，アメリカのアクションに関する言及ではないので，アメリカという言葉がでてきても，判定の対象とはせず，アメリカのアクションには言及のない外国に関するニュースという意味で「－」をコードした[14]。

以上のような基準で内容分析を行った結果，まず外国に関するニュースとしては，ＮＨＫニュース10（以下，ＮＨＫと略す）では1,056，テレビ朝日ニュースステーション・報道ステーション（以下，テレビ朝日と略す）では956のニュースが識別された。それぞれ放送時間数でいうと，ＮＨＫは181,523秒（29.8％），テレビ朝日は185,246秒（29.3％）となっている[15]。外国のニュースの放送時間に関して，ここで分析の対象として取りあげた2つのニュース番組には大きな差はないといえるだろう。さらにその中で受け手である市民の対米イメージ形成に影響を及ぼすであろうアメリカのアクション等に関して言及のあったニュースとして判定の対象となったニュースは，ＮＨＫが353（33.4％），テレビ朝日が333（34.8％）個となった。表1は上記の各番組に関する基本的数値をまとめたものである。

表1　各番組の基本的数値

	放送回数	1番組当たり放送時間	外国ニュース数	総時間	判定
ＮＨＫ	185回	3,295秒	1,056個	181,523秒（29.8％）	353個（33.4％）
テレビ朝日	173回	3,650秒	956個	185,246秒（29.3％）	333個（34.8％）

3. 仮説

　本稿では次の仮説を検証するという形で分析を進めていく。すなわちテレビニュース番組が提供するアメリカに関するイメージの方向性と市民の対米意識が連動している，というものである。対米意識としてここでは，21COE-CCCによるパネル調査の中で，アメリカに対する信頼感を尋ねている項目を用い，2時点間での変化を問題とする。すなわち，より具体的に述べれば，「プラスイメージ報道の割合が多い場合には対米信頼感は上昇する。一方でマイナスイメージ報道の割合が多い場合には対米信頼感は低下する。さらには中立の報道が多い場合には，その対米信頼感にあまり変化は生じない」という仮説を検証する。
　もしここで分析の対象とする2つのテレビニュース番組間でアメリカに関する取り上げ方に違いが存在するとすれば，それぞれの番組をもっぱら外国に関する出来事の情報源としているそれぞれの視聴者の対米信頼感の間にも違いが生じることになるのであろうか。

4. 分析の結果

①ニュースの種類と対米イメージ

ここで分析の対象とした2つのニュース番組は，前述したようにそれぞれ分析の対象とした期間中に，NHKでは1,056，テレビ朝日では956のものをニュースとして視聴者に提供していた。表2はそれぞれのニュースをコーダーによる内容の要約に基づきながら筆者自身がニュースの種類の分類を行いまとめたものである[16]。またこれには，それぞれのニュースの種類に関して，コーダーが評価した対米イメージのプラス，中立，マイナスの個数とアメリカの何らかのアクションに関する言及のなかった個数を合計した数値が記載されている。

表2を見ると両ニュース番組においてともに最も多く取りあげられていたのはイラク関係のニュースであり，半数近くを占めている。イラクの情勢，テロ，人質問題，日本による自衛隊派遣等に関するニュースが含まれ，

表2　ニュースの種類と対米イメージ

ニュースの種類	局	プラス	中立	マイナス	言及なし	総計・個数
イラク関係	NHK	0.5	16.7	19.7	63.1	436
	テレビ朝日	0.9	14.1	22.8	62.2	439
北朝鮮関係	NHK	3.2	16.7	1.6	78.5	251
	テレビ朝日	3.6	12.2	2.3	82.0	222
重要個別問題	NHK	1.0	14.3	16.3	68.4	98
	テレビ朝日	0.0	16.2	23.0	60.8	74
その他	NHK	10.3	21.6	7.2	60.8	97
	テレビ朝日	20.7	25.9	6.9	46.6	58
二国間外交	NHK	4.8	26.2	9.5	59.5	42
	テレビ朝日	0.0	15.2	21.2	63.6	33
事件・事故・災害	NHK	0.0	13.2	10.5	76.3	38
	テレビ朝日	0.0	16.4	16.4	67.3	55
政治・政策	NHK	0.0	25.0	22.2	52.8	36
	テレビ朝日	0.0	26.7	26.7	46.7	15
選挙	NHK	2.9	57.1	2.9	37.1	35
	テレビ朝日	7.5	32.5	20.0	40.0	40
テロ	NHK	0.0	4.3	13.0	82.6	23
	テレビ朝日	5.0	10.0	10.0	75.0	20
総計	NHK	2.3	18.6	12.6	66.6	1,056
	テレビ朝日	2.9	15.6	16.3	65.2	956

＊　「プラス」から「言及なし」までの列にある数字は％

NHKで41.3％，テレビ朝日で45.9％となっており，NHKよりもテレビ朝日の方が多い。イラク関係のニュースに続いて多いのは，北朝鮮関係のニュースである。6カ国協議や拉致問題などを含み，NHKで23.8％，テレビ朝日で23.2％となっている。これについてはほとんど差はない。分析の対象とした期間中にわが国の公共放送であるNHKと民放で最も視聴率の高いニュース番組であるテレビ朝日のニュースステーション・報道ステーションは外国に関する報道の約7割前後を上記の2種類のニュースに割り当てていたということが分かる。

　両ニュース番組の外国に関するニュースの中で，アメリカのアクションに言及のあるニュースの割合は前述のように3分の1強である。冷戦以降の今日，世界政治をリードしているアメリカの立場と，日米関係の絆の強さを表す数字ともいえる。しかしその中でプラスイメージのニュースは少なく，NHKで6.8％（＋1，－1，0の評価がなされた353のニュースの中での割合，以下同じ），テレビ朝日で8.4％となっている。それに対してマイナスイメージをもたらすニュースは多い。割合でいうとマイナスイメージ報道が多いのはテレビ朝日であり，46.8％となっている。55.5％と中立的な取り上げ方が最も多いNHKとは対照的である。NHKのマイナスイメージ報道が占める割合は，37.7％であった。テレビ朝日とNHKとの間には9ポイントの差がある。テレビ朝日においては，アメリカに関して何らかの言及を行った場合には，約2に1つはマイナスのイメージを伴うものであったということである。

　細かくみると特徴的なのは，それぞれの番組においてアメリカに対する信頼感を低下させるようなマイナスイメージをもたらすニュースは，NHKで64.7％，テレビ朝日で64.1％とイラク関係のニュースに集中していることである。実際ここでマイナスイメージのニュースの典型例を挙げると，イラクの占領統治における悲惨な映像を伴ったアメリカ軍による誤射・誤爆による子供や女性の犠牲を伝えるニュース，疑義が生じたイラク戦争の大義に関するニュース，BSEの全頭検査を行わないアメリカに関するニュース，アメリカで世界的に有名な歌手の幼児虐待疑惑に関するニュースなどである。番組のキャスターや解説者，ゲスト，さらには取材された人物によるアメリカに対する批判的なコメントによるだけでなく，このようにもともとアメリカに都合の悪い出来事が起こっていることにも起因して

いる。

　これらのプラス・中立・マイナス・言及なしという4つのカテゴリーの総計の比率において2局の間で差があるか否かを同等性の検定を用いて調べたところ，そのχ^2値は8.418であり，正確有意確率（両側）は0.038と統計的にも有意な差があることが確かめられた。また調整済み標準化残差はテレビ朝日でマイナスの部分が2.4，及び中立の部分が−1.8と，NHKと比較してテレビ朝日においてマイナスイメージ報道が多く，中立報道が少ないということが統計的にも明らかとなった。逆にいえばNHKにおいては，テレビ朝日と比較して中立報道が多いということである。なお，他の部分の調整済み標準化残差は，プラスでは0.9，言及なしでは−0.7となっている。

　一方数は少ないが，アメリカにプラスイメージをもたらすニュースの例としては，火星探査や土星探査の成果を伝えるニュースや，6カ国協議において日本の立場を支持するアメリカを描写するニュースなどである。非好意的なニュースの方が好意的なニュースより多いというここでの分析結果は，注8でも紹介した日米共同研究の分析結果と整合している。

②番組接触と対米信頼感の変化

　上記のように代表的なテレビニュース番組であるテレビ朝日の「ニュースステーション・報道ステーション」においてマイナスイメージ報道が多く，「NHKニュース10」においては中立の報道が多いという状況は，受け手である市民の意識や態度にどのような影響を及ぼしているのであろうか。それをここでは「対米信頼度」に関する質問項目を用いて明らかにしてみよう[17]。米国に対するわが国の国民の信頼度のあり方は，政府による対米外交政策の形成に少なからず影響を及ぼす要因の1つといえる。

　分析の対象としたサンプルは，パネル調査である2003年調査と2004年調査においてともに回答した1,147人の中から，TBSのニュース23とテレビ朝日のニュースステーション・報道ステーションを除いてNHKのニュース番組とその他のニュース番組を政治に関する主要な情報源としていると答えた449人を「NHK中心接触者」として抽出し，分析の対象とした。またNHKとニュース23を除いて報道ステーションとその他の番組に接触している60人を「テレビ朝日中心接触者」とした[18]。

これらの2グループの対米信頼度の変化を見るために2003年調査における対米信頼度の回答と2004年調査におけるそれとの回答のクロスをとり，全体像を示したものが，表3である。さらにこれらを基に作成したのが，2グループ間の比較を行った表4と2時点間の比較を行った表5である。
　まずそもそもの出発点である2003年11月の時点で，これら2つのグループ間で対米信頼度に違いがあるか否かを検討してみよう（表4左参照)[19]。

表3　NHK中心接触者とテレビ朝日中心接触者における対米信頼感の変化

2003年	NHK中心 2004年						テレビ朝日中心 2004年					
	かなり信頼	やや信頼	余りしない	殆どしない	DK	計	かなり信頼	やや信頼	余りしない	殆どしない	DK	計
かなり信頼	6	11	3	3	3	26	0	1	1	0	0	2
やや信頼	6	88	36	9	40	179	0	7	16	1	3	27
余りしない	3	36	48	15	18	120	0	4	8	2	2	16
殆どしない	1	5	11	7	5	29	0	0	2	1	1	4
DK	4	24	21	7	39	95	0	2	7	1	1	11
計	20	164	119	41	105	449	0	14	34	5	7	60

表4　2003年11月時点と2004年8月時点の2グループ間の比較

		2003年11月時点					2004年8月時点				
		かなり信頼	やや信頼	余りしない	殆どしない	DK	かなり信頼	やや信頼	余りしない	殆どしない	DK
NHK中心接触者	度数	26	179	120	29	95	20	164	119	41	105
	調整済み標準化残差	0.8	−0.8	0	−0.1	0.5	1.7	2	−4.8	0.2	2.1
テレビ朝日中心接触者	度数	2	27	16	4	11	0	14	34	5	7
	調整済み標準化残差	−0.8	0.8	0	0.1	−0.5	−1.7	−2	4.8	−0.2	−2.1
		ピアソンのχ^2値=1.132 正確有意確率（両側）=0.896					ピアソンのχ^2値=24.667 正確有意確率（両側）=0.000				

表5　NHK中心接触者とテレビ朝日中心接触者の2時点間の比較

		NHK中心接触者					テレビ朝日中心接触者				
		かなり信頼	やや信頼	余りしない	殆どしない	DK	かなり信頼	やや信頼	余りしない	殆どしない	DK
2003年11月時点	度数	26	179	120	29	95	2	27	16	4	11
	調整済み標準化残差	0.9	1	0.1	−1.5	−0.8	1.4	2.5	−3.3	−0.3	1
2004年8月時点	度数	20	164	119	41	105	0	14	34	5	7
	調整済み標準化残差	−0.9	−1	−0.1	1.5	0.8	−1.4	−2.5	3.3	0.3	−1.0
		ピアソンのχ^2値=4.000 正確有意確率（両側）=0.407					ピアソンのχ^2値=13.602 正確有意確率（両側）=0.005				

2004年8月の時点において違いがあるとしても，その違いがそもそも最初の時点の両者の違いを反映していないことを確認するためである。そこで同等性の検定を行ったが，2003年11月の時点においては，「ＮＨＫ中心接触者」と「テレビ朝日中心接触者」との間の「かなり信頼する」，「やや信頼する」，「余り信頼しない」，「殆ど信頼しない」，「ＤＫ」という５つの選択肢に対する回答の比率には，χ^2値は1.132で正確有意確率（両側）は0.896であることから，違いはないといえるだろう。

では2004年8月時点ではどうだろうか（表４右参照）。χ^2値は24.667であり，正確有意確率（両側）は0.000となった。すなわち両者の間には対米信頼度に違いが生じているということである。具体的にはどのような違いが生じているのであろうか。「余り信頼しない」という回答における調整済み標準化残差を計算してみると，「テレビ朝日中心接触者」でプラスの値を示し，その数値は他のセルのどれよりも高く4.8となっている。すなわち「テレビ朝日中心接触者」の対米信頼感は「ＮＨＫ中心接触者」との対比においては，2003年11月の時点と2004年8月の時点を比較すると低下したということがいえるだろう。

次には両者を別々に検討することでその変化の有無をより詳しく分析してみよう。まず，「ＮＨＫ中心接触者」における２時点間の違いの有無をやはり同等性の検定を用いて分析してみる（表５左参照）。χ^2値は4.000であり，正確有意確率（両側）は0.407である。すなわち「ＮＨＫ中心接触者」においては2003年11月時点と2004年8月時点ではほとんど変化していないということである。これはＮＨＫにおいて中立的な報道が多かったという分析結果と整合しているといえよう。

一方，同じ分析を「テレビ朝日中心接触者」に関して行ってみると，χ^2値は13.602で，正確有意確率（両側）は0.005となり，変化が生じていることがわかる（表５右参照）。その変化のあり方を2004年8月の部分の各選択肢に関する調整済み標準化残差で検討してみると，最も大きく変化したのは「余り信頼しない」という選択肢であり，3.3の数値を示しており，増加したことがわかる。次に大きく変化したのは，「やや信頼する」という選択肢で−2.5となった。ここでは減少していることがわかる。以下他の選択肢についていえば，「かなり信頼する」が−1.4，「ＤＫ」が−1.0，「殆ど信頼しない」が0.3となっている。ここでの数値はすべて，テレビ朝日にお

いてマイナスイメージ報道が最も多かったことと対応している。

　以上の分析結果は，ここでの仮説をほぼ支持するものである。テレビニュース番組が提供する情報はその受け手である国民の意識に影響を及ぼしているのである。またその影響の現れ方は，接触するテレビニュース番組の情報提供のあり方と連動している。いずれにしてもどのようなテレビニュース番組に接触するかによってその変化の大きさに違いはあるものの，日本人の対米信頼感は全体としては低下しており，今後の自衛隊派遣の問題を考えるにあたって，より論争が生じることが予想される。

　なお，表3にあるようにすべての人が一様の方向に変化しないのは，情報への選択的接触やそもそもテレビへの接触度や情報の理解度など，メディアの影響を汚染する要因が存在するからに他ならないだろう。

5．おわりに

　本稿は，送り手であるテレビニュース番組が提供している対米イメージがその受け手である国民の対米信頼感にどのような影響を及ぼしているのかを明らかにするために，内容分析と世論調査を組み合わせて分析を行い，その結果を示したものである。2003年3月19日の米英による空爆から始まったイラク戦争とそれ以降の占領期における様々な出来事，それもアメリカに対する信頼感を低下させるような出来事の勃発という点で，メディア報道が国民の対米信頼へもたらす影響を分析するにはある意味で特別な環境におけるマクロな視点からの分析であった。このような状況の下で得られたデータによる分析であるという点で一般化には限界があるかもしれないが，ここでは提示した仮説を支持するような分析結果が得られた。現実の出来事の推移の中で，それを伝えるテレビニュース番組における報道のあり方と，その情報の受け手である国民の意識の変化の方向性はまさに一致していたのである。また番組間の比較から明らかになったが，対米信頼感の低下はある程度，どのようなニュース番組に接触しているかにも左右されているということも指摘できる。よりマイナスイメージをもたらしていたテレビ朝日の視聴者の方がそうではないNHKの視聴者よりもより多く対米信頼感を低下させたのである。このことはマスメディアの影響力を分析するにあたって，送り手と受け手の対応関係をより細かく見ていくことの必要性を示すものでもあるであろう。またテレビはその報道の仕方い

かんによって国民の意識を操作しうるということも示唆している。

いずれにしても国民における対米信頼感の低下は，イラクへの自衛隊派遣など，わが国の政府がアメリカとの協調の下に外交政策を形成していくには大きな阻害要因となるのであろう。実際，ここでの分析結果からも明らかなように，アメリカに対する信頼感を変化させるマイナスイメージをもたらす言及は，わが国の自衛隊派遣に関するニュースを含むイラク関係のニュースの中で多かった[20]。

なお本稿では紙幅の関係でより細かい分析を行うことができなかったが，表3に示したように，同じテレビニュース番組にもっぱら接触しているにもかかわらず，それに影響されて対米信頼度を低下させたグループ，逆にそれにもかかわらず態度をプラス方向へ変化させたグループ，さらには対米信頼感を変化させなかったグループと3つのグループの存在が明らかになっている。すべての人が同じ方向へその態度を変化させているわけではないのである。様々な随伴条件の存在がこれらの違いをもたらしていることに異論の余地はないと思われるが，これらの随伴条件の中でもどの要因が変化の方向性を規定しているのかを探るよりミクロな分析を行うことを今後の筆者の課題の1つとしたい。

* 本稿は，平成15年に文部科学省により選定された「21世紀COEプログラム」の研究教育拠点のひとつである慶應義塾大学法学部の「多文化世界における市民意識の動態」(21COE-CCC) の事業推進に伴う研究成果の一部である。

(1) 小林良彰は1990年にマスメディアが政治意識に及ぼす影響を分析するために行った包括的な実証研究の中で，国内の問題についての報道だけでなく国外で生じる問題についての長期的な報道が，わが国の有権者の政党支持のあり方に影響を及ぼしていることを明らかにしている。小林は1973年4月から1980年12月までの93カ月間を分析の対象として，新聞の外国報道に関する内容分析の結果と世論調査のデータとをパス解析の手法を用いて分析したが，アメリカに対する非好意的な記事量が増えるとアメリカを好きな有権者の割合が減少し，それに対応する形で，自民党支持率が減少するという知見を示した。小林良彰「マスメディアと政治意識」『レヴァイアサン　特集：マス・メディアと政治』第7号所収，1990年10月，木鐸社，97-114頁。

（２）　例えば外務省の次のホームページを参照されたい。http://www.mofa.go.jp/mofaj/gaiko/ah_chosa/　これは2002年3月に実施された「安全保障に関する世論調査」の概要を伝えるものであるが，その調査の目的として，「安全保障に関する国民の意識を調査し，今後の施策の参考とする」と明記されている。

（３）　Ellis S. Krauss, "Media Coverage of U.S.-Japanese Relations," in Susan J. Pharr and Ellis S. Krauss (eds.), *Media and Politics in Japan*, Honolulu: University Hawai'i Press, 1996, pp.243-244.

（４）　フェルドマンはこの点について，「自分が独自の情報源を持たない問題（外交問題など）については，特にマスコミに頼らざるを得ない。ごくあたりまえで明白なことだ。おそらく，距離感のある問題（あるいは知識の少ない問題）についてはマスコミに依存するというだけでなく，マスコミから影響を受けるということがより重要であるといえる」と述べている。オフェル・フェルドマン「政策過程におけるマスコミ─『現実』と現実の形成─」足立幸男・森脇俊雅編『公共政策学』第13章所収，ミネルヴァ書房，2003年，210頁。

（５）　例えば，内閣府が全国の有権者3,000人を対象に行った最近の調査においても，テレビを外国に関する情報の入手手段として挙げる人が最も多く，94.6％（複数回答）となっている。以下，上位5位までを挙げると，新聞の78.8％，ラジオの18.1％，インターネットの14.6％，一般雑誌の13.4％と続いている。同調査は「外交に関する世論調査」として毎年10月に実施されており，上記の数字は2004年10月7日から10月17日に実施された調査の結果である。調査員による個別面接法であり，回収率は68.9％となっている。調査の概要とその結果については，以下のホームページを参照した。http://www8.cao.go.jp/survey/h16/h16-gaikou/index.html

（６）　例えば2004年1月での自衛隊派遣に対する国民の賛否は，朝日新聞による調査では賛成が40％で反対が48％（『朝日新聞』2004年1月19日朝刊），毎日新聞による調査では賛成と反対が同数の47％（『毎日新聞』2004年1月26日朝刊）となっていた。イラクへの自衛隊派遣に関する新聞各社の調査に基づく世論の動向については次の論文において簡潔にまとめられているので参照されたい。大石裕「世論調査と市民意識─イラク戦争と自衛隊派遣（2003～2004年を一事例として）─」『慶應義塾大学メディア・コミュニケーション研究所紀要』No.55所収，2005年3月，49-62頁。

（７）　注5で参照した内閣府の外交に関する世論調査では，アメリカをはじめとした外国に対する親近感も尋ねているが，それによるとやはりアメリカに対して71.8％と他の国や地域と比較すると圧倒的に多い。

（８）　1990年代に日米関係において両国民が相手国に対して抱くイメージ形

成に及ぼすテレビニュースの影響を分析する前提として，日米のテレビ局による対米報道や対日報道を客観的，実証的に比較検討することを目的として行われた日米共同研究においては，本稿における分析の方法とは異なるが，相手国を好意的に伝えるニュースよりは，非好意的に伝えるニュースの方が多いことを明らかにしている。河野謙輔・原由美子・斎藤健作「テレビは相手国をどう伝えているか（2）―日米共同研究結果の概要―」『放送研究と調査』第44巻第7号所収，1994年7月，18-21頁。この共同研究は送り手の内容分析としては非常に大規模で精緻なものといえるが，本稿での分析は単に送り手の内容分析に留まらず，このような送り手における傾向が受け手の対米イメージ形成にどのような影響を及ぼしているかということを明らかにするために，世論調査による効果分析も行っている点がユニークであるといえる。

(9) 層化2段無作為抽出法によって抽出された全国の有権者3,000人を対象とした調査であり，個別面接方式によって実施された。第1波は2003年10月29日から11月8日の間に実施され，第2波は2004年8月21日から9月7日の間に実施された。回収率はそれぞれ65.6%と58.4%である。本稿の分析の主要な目的は，送り手としてのメディアが提供する情報の変化と受け手である市民における意識の変化の連関を探ることであることから，両方の調査にともに回答したサンプルを市民における意識の変化を問題とする場合の分析対象とする。その数は1,147人となる。なお，この1,147人の性別と世代別構成比を参考のために以下にまとめておく。30歳代と40歳代とにおいて女性が多く，一方で60歳代と70歳代で男性が多くなっていることがわかる。

受け手分析の対象としたサンプル1147人の性別と年齢層のクロス表

性別			20代	30代	40代	50代	60代	70以上	合計
性別	男性	度数	31	49	70	103	138	121	512
		性別の%	6.1%	9.6%	13.7%	20.1%	27.0%	23.6%	100.0%
		年齢層の%	49.2%	34.8%	36.8%	42.0%	49.5%	52.8%	44.6%
		総和の%	2.7%	4.3%	6.1%	9.0%	12.0%	10.5%	44.6%
		調整済み残差	0.8	-2.5	-2.4	-0.9	1.9	2.8	
	女性	度数	32	92	120	142	141	108	635
		性別の%	5.0%	14.5%	18.9%	22.4%	22.2%	17.0%	100.0%
		年齢層の%	50.8%	65.2%	63.2%	58.0%	50.5%	47.2%	55.4%
		総和の%	2.8%	8.0%	10.5%	12.4%	12.3%	9.4%	55.4%
		調整済み残差	-0.8	2.5	2.4	0.9	-1.9	-2.8	
	合計	度数	63	141	190	245	279	229	1147
		性別の%	5.5%	12.3%	16.6%	21.4%	24.3%	20.0%	100.0%
		年齢層の%	100.0%	100.0%	100.0%	100.0%	100.0%	100.0%	100.0%
		総和の%	5.5%	12.3%	16.6%	21.4%	24.3%	20.0%	100.0%

(10) テレビ朝日の「ニュースステーション」は1985年の10月7日からそれまで歌番組の司会者などとして知られていた久米宏をキャスターに迎え，放送を開始した。「ニュースステーション」はそれまでのニュース番組がNHKのニュース番組に典型的に見られたように中立的で事実中心のスタイルをとっていたのに対して，ニュースを日常の言葉をもってして視聴者に分かりやすく伝え，必要に応じてコメントも加えるといった「久米スタイル」ともいえる新しいスタイルで開始され，その後のキャスターニュースの作り方に大きな影響を与えた。この「ニュースステーション」は，2004年3月26日をもって番組を終了し，その後継の番組として4月5日から放送が開始されたのが，古舘伊知朗をキャスターとする「報道ステーション」である。本注の記述には以下の文献を参照した。Kristin Kyoko Altman, "Television and Political Turmoil: Japan's Summer of 1993, in Susan J. Pharr and Ellis S. Krauss (eds.), *op. cit.* Ellis S. Krauss, *op. cit.* なお，Altman や Krauss の論文が掲載されている文献は，注8で取りあげた日米共同研究の成果の一つである。

(11) ただし2004年3月26日までは久米宏キャスターによる「ニュースステーション」，「報道ステーション」は4月5日からである。

(12) 実際の平均視聴率については（株）ビデオリサーチ社の次のホームページを参照した。http://www.videor.co.jp/data/ratedata/backnum/2004/vol32.htm

(13) プラス・マイナスの判定にあたってその基本的な基準は，(i)そのニュース自体が報道されることがそもそもアメリカに好意的イメージないしは否定的イメージをもたらすものか否か，(ii)ニュース内の映像の部分においてアメリカに好意的イメージをもたらすものや否定的イメージをもたらすものがあったか否か，さらには(iii)キャスター，アナウンサー，特派員，ゲスト解説者，インタビューの対象などの言説においてアメリカに好意的イメージをもたらすものや否定的イメージをもたらすものがあったか否かといったものである。ニュース内にそのようなものが含まれない場合や，1つのニュースの中にプラスと判定される部分やマイナスと判定される部分が同時にあるような場合は中立報道と判定した。判定の具体的な例を挙げると，(i)に関してはアメリカ軍によるイラク人捕虜の虐待に関するニュース，(ii)に関してはアメリカ軍の誤射・誤爆によって犠牲となったイラク国民の映像，(iii)に関しては例えばあるキャスターがイラク戦争に関して述べた「テロとの戦いだったのか，単なる傲慢な大国による暴力だったのか」というコメントなどであり，これらはいずれもマイナスイメージ報道と分類された。

(14) 内容分析においては同一の判定対象に対して複数のコーダーを用い，

コーダー間のコーディング結果の一致を確保するという手順を通して分析の再現可能性という意味での信頼性を担保するのが通常である。鈴木裕久のようにコーダーが1名だけで行う場合は，厳密な意味では内容分析の名に値しないというような厳しい見方もある。鈴木裕久『マス・コミュニケーションの調査研究法』創風社，1990年，103頁。ある特異なコーダーによる特異なコーディング結果は一般性を持たないということに他ならない。しかしここでの分析では，分析の対象とするニュースが大量であったために，分析対象であるニュース番組をおよそ1カ月単位で分割した上でそれぞれに1人の学生コーダー（筆者のゼミに所属する学部学生）を割り当てて内容分析を行うという方法しかとることができなかった。すなわち各判定結果は1人のコーダーによるものを採用している。そのためいわゆる一致度といった形で算出される信頼度というものは計算できない。そこで本分析において信頼性を確保するためにとった方法は，まず事前に入念なインストラクションと訓練を学生コーダーに施し，なるべくコーダーが主観的に判定しないようにした上で分析を行わせただけでなく，そのプラス・マイナスの判定理由も記録させ，その判定理由を筆者が事後的に確認し，さらに疑義のある場合には筆者自身が分析をやり直すという方法で，コーダー間やコーダー内での信頼性を可能な限り確保するという方法を採用した。このような方法は，ある意味では筆者と学生コーダー間の信頼性を担保したということになるのかもしれない。なお，このような大規模な内容分析においては，日吉昭彦が指摘しているように，あるコーダーないしはコーダーのグループが最初のコーディング作業を行った後，ランダムサンプリングを行って部分サンプルを抽出し，それらを別のコーダーないしはコーダーのグループに分析させ，その結果を比較するという形で信頼性の確認を行うという方法も有用であろう。日吉昭彦「内容分析研究の展開」日本マス・コミュニケーション学会編『マス・コミュニケーション研究』第64号，2004年1月，21頁。

(15) 　ＮＨＫニュース10の1番組あたりの放送時間は時間が延長されない限りは，3,295秒である。また民放であるニュースステーション・報道ステーションにはコマーシャルの部分があるのでそれを除くと1番組あたりの一般的な放送時間は3,650秒になる。本文中での括弧の中の％はここで示した1番組あたりの放送時間に放送回数を掛けたものを分母として計算してある。すなわち放送時間の延長などは考慮していないので，あくまでも概算である。

(16) 　細かくいえば，ＮＨＫでは131の種類が，またテレビ朝日では122の種類が識別された。その中で何らかの形でアメリカのアクションに言及があり，そのイメージについての判定の対象となったのはＮＨＫで46種類，テ

レビ朝日では52種類であった。そのすべてを提示するのは煩雑なので，本文のような形でまとめてある。
(17)　21ＣＯＥ-ＣＣＣの調査における「次にあげるいくつかの機関や組織，制度を，あなたはどの程度信頼しますか」という質問に対して，「かなり信頼する」，「やや信頼する」，「余り信頼しない」，「殆ど信頼しない」，「わからない」という５つの選択肢の中から調査対象が１つだけ回答した結果を用いている。
(18)　このような形でテレビニュースの影響を分析するサンプルを抽出したのは，21ＣＯＥ-ＣＣＣの調査でニュース番組等の接触を尋ねている項目が複数回答になっていることと，ニュース10とニュースステーション・報道ステーションがほぼ同一時間帯に報道されており相互に視聴することによる両者の影響を排除できると考えたからである。またこの受け手分析においてＴＢＳのニュース23の視聴者を除いたのは，本文にあるようにこれを主要な情報源としているサンプルが34.0％とニュースステーション・報道ステーションの35.1％と同程度に多く，ニュース23を視聴することの影響も除きたかったためである。
(19)　なお，ここでの検証の方法は，竹下俊郎がマスメディアの議題設定機能に関する研究で指摘するところの顕出性モデルの測定と同様のものである。竹下は「『顕出性モデル』のような過程が生じるならば，次のような現象を観察することができよう。すなわち，メディアで強調される度合いの高い（すなわち刺激値の高い）争点ほど，それを顕出的だと考える人の割合が多くなるという現象である」と述べているが，ここでも対米イメージ報道の中でも最も割合の高いものほど，それが顕出的だと考える人の割合が多くなると想定しているわけである。竹下俊郎『メディアの議題設定機能―マスコミ効果研究における理論と実証―』学文社，1998年，111-116頁参照。
(20)　このことは，ここでの分析対象期間中に国民がアメリカに対する信頼感を評価するにあたっては，イラクにおけるアメリカの関与のあり方に関する報道が基準になっているかもしれないという，イラク報道によるいわゆるプライミング効果（priming effect）の存在を想定できるのかもしれない。このような形のプライミング効果を想定する点については，池田謙一『コミュニケーション』東京大学出版会，2000年，112-115頁参照。

市民社会におけるインターネットと選挙
――2004年参院選候補者ウェブサイトの分析――

岡本哲和

1. 研究の目的

　市民が主体的に政治に参加し得る社会を構築するためには，市民に対して政治や行政についての十分な情報が提供されねばならない。そのための手段として重要性を増しているのがインターネットである。日本では，政党や議員がインターネットによる情報発信を始めたのは1995年頃のことである（Tkach-kawasaki 2003）。現在では，公職選挙法による制限が課せられながらも，候補者によるウェブサイトの開設も一般的になってきている。著者は，2000年衆院選以降の国政選挙における候補者ウェブサイトについての調査と分析を行ってきた。本稿は2004年7月11日に投票が行われた参院選における候補者ウェブサイトを分析対象としたその研究の一環である。

　ここでは候補者ウェブサイトの内容を数値化して，それに影響を及ぼしている要因を明らかにすることを試みる。主たる目的は，次のとおりである。第1は，インターネットと政治との関係について，近年の研究で提示されてきた2つの仮説，すなわち「平準化仮説」および「通常化仮説」を日本のデータを用いて検証することにある。平準化仮説とは，大政党よりも中小政党，あるいは現職候補よりも新人候補の方が，積極的にインターネットを活用する傾向がある，とするものである（Margolis et al. 1999）。インターネットの特質の一つとして，比較的低いコストで大量の情報を発信できることが挙げられる。このような特質が，動員可能な資金や人員の面で劣位にあるアクターにとって，キャンペーン手段としてのインターネットをより魅力的なものにする，というのが平準化仮説の主たる根拠である。一方，通常化仮説とは，現実の政治の様態がインターネット空間上にも反映されているとの予想である。ウェブ技術が高度化するにつれて，効果的

なウェブサイトを開設し，さらにそれを継続的に運営していくためには高度な技術を身につけた専属のスタッフなどを雇用することが必要になってきている。このことは確固たる財政基盤を有しない小政党や新人候補によるインターネットの積極的利用を制限する作用を及ぼし，結果的に大政党もしくは現職の議員の方が，現実の世界と同じようにサイバースペースにおいても存在感を強めているとするのが通常化仮説の予想である（Margolis et al. 2003）。我が国においては2000年衆院選以降，通常化が進行している可能性が示唆されている（岡本　2001；2002；2005）。このような傾向が2004年参院選においても見出せるかどうかが問題となる。

　第2は，選挙制度が候補者ウェブサイトの利用に及ぼす影響を検証することである。選挙制度が候補者ウェブサイトの利用に及ぼす影響についての研究は，これまでほとんどなされていない。これは，先行研究の多くが，イギリスやアメリカなど単一の選挙制度を採用している国を対象としていることによる。この点で，同じレベルの選挙で異なる選挙制度が併存する日本のケースは，選挙制度の影響を分析するための格好のケースである。

　分析は次のように進められる。まずウェブサイトの調査方法を明らかにして，候補者によるウェブサイトの利用状況を概観する。次にウェブサイトを対象とする内容分析の手法について説明し，データの概観を行う。最後に，それらの内容に影響を及ぼす要因を明らかにするために多変量解析の手法を用いた分析を行って，その結果を検討する。

2．調査方法

　立候補予定者名が政党のウェブサイトなどで発表され始めた2004年6月1日から公示日前日の6月23日までの23日間に，各政党のウェブサイトおよびYahoo! JapanやGoogleなどの代表的な検索サイトを用いて，各候補者がウェブサイトを開設しているかどうかを確認する作業を行った。その結果として，全候補者320名のうち237名がウェブサイトを開設していることが明らかになった。さらに，公職選挙法を考慮してウェブサイト上で告知した上で選挙期間中に閉鎖していた2名（加藤敏幸：比例代表，および竹花邦彦：岩手選挙区），および告知無しで閉鎖していた1名（大石正光：比例代表）を除く234名によるウェブサイトの内容を公示日の6月24日に記録した。

これ以降の開設状況を扱った分析では，特にことわりのない限り上の237名を「ウェブサイトあり」と見なすことにする。また，ウェブサイトの内容については，内容の記録が可能であった234名を対象として分析を行う。

3. 候補者ウェブサイトの開設状況

2004年参院選における候補者ウェブサイトの開設率は，約74.1％となる。この数字を過去のものと比較してみたい。図1から明らかなように，2000年衆院選以降の4回の国政選挙をとおして，開設率は上昇していく傾向にある。我が国におけるインターネットの普及状況に鑑みれば，予想しうる結果である。この時点での公職選挙法による制限にもかかわらず，ウェブサイトの選挙利用は実質的にほぼ解禁状態になりつつあるといってよい。

次に，開設状況を所属政党，候補者の地位，選挙制度の3つの要因ごとに検討してみたい。所属政党については，自民党と民主党がそれぞれ91.4％（81名中74名）および95.9％（74名中71名）と，きわめて高い割合を示している。それに対し，公明党は50.0％（20名中10名），共産党は56.3％（71名中40名），社民党は66.7％（15名中10名），無所属・諸派は54.2％

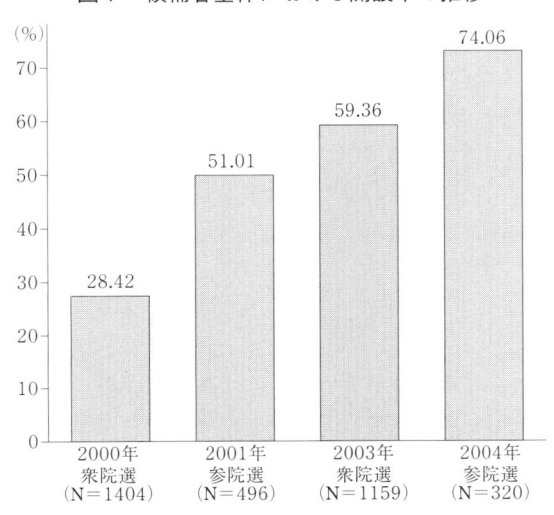

図1　候補者全体における開設率の推移

選挙	開設率(%)
2000年衆院選（N=1404）	28.42
2001年参院選（N=496）	51.01
2003年衆院選（N=1159）	59.36
2004年参院選（N=320）	74.06

（59名中32名）と相対的に低くなっている。候補者の地位については，現職とそれ以外の2つに区分すれば，前者における開設率は94.0%（83名中78名），後者では67.1%（237名中159名）という結果になった。両者の間に差があることは，1％水準においても確かめられる（$\chi^2 = 23.134, p < .000$）。選挙制度に関しては，選挙区からの立候補と比例代表とのそれに候補者を区分してそれぞれの開設率を求めたところ，前者の開設率は77.6%（192名中149名），後者のそれは68.8%（128名中88名）という結果になった。ただし，両者の間の差は，10%水準でかろうじて有意であった（$\chi^2 = 3.314, p = .091$）。選挙区の定員ごとに見れば，1人区における開設率が70.8%（89名中63名），2人区では87.7%（65名中57名），3人区では74.1%（27名中20名），そして4人区では81.8%（11名中9名）となっている。

　自民党と民主党の開設率が他の党と比較して高くなっていることは，2001年参院選および2003年衆院選においてもすでに見られていた傾向である（岡本　2002；2005）。2003年衆院選および2004年参院選の結果は，2大政党時代の到来を期待させるものであったといわれる。ここでの結果は，候補者のインターネット利用においても2大政党化が進みつつある可能性を示唆している。候補者の地位についても，現職の開設率が高い傾向は以前の選挙についての分析から見出されている。一方，選挙制度に関する結果は，2001年参院選とは異なるものとなった。同選挙では，選挙区からの候補者における開設率は85.6%，比例代表では94.2%と，比例代表の方が高くなっていた（$\chi^2 = 9.267, p. < .01$）。（岡本　2002, 90）。また，2001年時では1人区における開設率が94.2%と最も高く，次いで2人区（88.9%），4人区（80.0%），そして3人区（63.2%）という結果になっていた。選挙制度以外の要因について見れば，2004年参院選におけるインターネット利用の傾向は，これまでの選挙におけるパターンに基本的に従ったものといってよい。

4. 候補者ウェブサイトの開設要因

　2004年参院選における候補者ウェブサイトの開設が，どのような要因に規定されているかを多変量解析を用いて明らかにしておきたい。従属変数は，候補者がウェブサイトを開設している場合は1，非開設の場合は0となる2値変数である。分析手法としてはロジスティック回帰分析を用いる。

著者による分析では，所属政党，候補者の地位，立候補タイプ，そして候補者の個人的属性が，これまでの日本の国政選挙における候補者ウェブサイトの開設に影響を及ぼしていたことが明らかになっている（岡本 2001；2003；2005）。ここでは，これらの要因を次のように操作化を行って分析に用いる。候補者の所属政党としては，自民党を参照基準として民主党，公明党，共産党，社民党，無所属・諸派の5つのダミー変数を用いる。候補者の地位については，現職を1，それ以外を0とするダミー変数を用いる。さらに，比例代表での候補者を1，それ以外の候補者を0とするダミー変数を選挙制度の影響を推定するために投入する。以上に加えて，年齢（自然対数変換を施したもの），性別（男性を1，女性を0とするダミー），学歴（大卒以上を1，それ以外を0とするダミー）の，候補者の個人的属性に関わる3つの変数を用いた。

分析の結果は表1に示されている。個人的属性に関わる変数から見れば，学歴のみが有意な正の影響を及ぼしている。政党関連変数では，民主党ダミーを除く4つの変数の係数が負となっており，しかもいずれの変数も有意な影響を及ぼしている（ただし社民党ダミーについては10％水準において有意）。参照基準が自民党であるため，公明党，共産党，社民党，無所属・諸派の候補者は，自民党候補者と比べてウェブサイトを開設している確率が有意に低いことになる。民主党ダミーの係数は正であるが，10％水準でも有意とはなっていない。自民党候補者と民主党候補者の間には，ウェブサイトの開設において差があるとはいえない。候補者のインターネット利用においても2大政党化が進みつつあるという2変数の分析から得られた先述の予想を，改めて裏付ける結果と解釈できる。

このように，現実の世界で有力なアクターがサイバースペースにおいても優位である状況は，現職ダミーが有意な正の影響を及ぼしていることによっても示されている。現職も

表1 ウェブサイトの有無を従属変数とするロジスティック回帰分析の結果　N＝320

独立変数	係数	Wald
民主	.836	1.328
公明	−2.197***	12.061
社民	−1.276*	3.108
共産	−1.900***	13.776
無所属・諸派	−1.819***	12.761
比例での立候補	.474	2.212
現職	1.357**	6.237
年齢（log）	−.346	.211
学歴	.666*	3.226
性別	−.455	1.498
定数	2.900	.905

Nagelkerke R^2 ＝ .330

* $p < .10$,　** $p < .05$,　*** $p < .01$

しくは前職がそれ以外の候補者よりも高い確率でウェブサイトを開設している傾向は，2000年衆院選，2001年参院選，そして2003年衆院選を対象とした分析でも同様に見られたものであった（岡本　2001；2002；2005）。その一方で，比例代表ダミーは有意な影響を及ぼしていない。後述するように，選挙制度は候補者が有権者に対して行う個人アピールへの誘因に影響を及ぼすと予想される。

次章以降では，ここで示されたような傾向が，ウェブサイトの内容を分析対象とした場合でも同様に見出せるかどうかを明らかにしていく。

5. ウェブサイトの内容についての分析

先述のように，我が国においても候補者がウェブサイトを開設することは一般的になってきている。このような状況ではサイトの開設・非開設よりも，サイトがどのような内容であるかがより重要な問題となってくる。実際に，候補者あるいは政党や政治家のサイトの内容を分析対象とする研究は増えつつある（Greer and LaPointe 2004；山本　2004；岡本　2003；2005）。それらの研究は，サイトを対象とする内容分析を行って，その内容を数値化した上でそれに影響を及ぼす要因を明らかにしようとするアプローチを採用している。ここでも同様の方法を用いて，2004年参院選のデータを対象としてウェブサイトの内容についての分析を行う。

内容分析の単位

ウェブサイトを対象とする内容分析の手順と分析データの概要について説明する。

内容分析の記録単位の選択にあたっては，Gibson and Ward（2000）を参考として，ウェブサイトが有する以下の4つの機能に注目する。第1は相互作用性である。これは，ウェブサイトを介して情報の受信者が発信者の側へ即座に何らかのメッセージを送ることを可能とする機能である。第2は情報提供であり，ここでは候補者に関連する何らかの情報がサイト上で提供されていることを意味する。第3はプレゼンテーションである。サイト上では，プレーンな文字テキストだけが用いられている場合よりも，画像や動画，音声などの多様な形態を通じて情報が発信されている方が，情報の受け手に与えるアピール度は高くなるだろう。プレゼンテーションと

は，このように多様な形態の情報発信がウェブサイト上で実現されていることを意味する。そして，第4はアクセスの容易性である。プレゼンテーションで表されるようなサイトの見栄えだけではなく，情報の所在が明確であるか，あるいは環境に関わりなく快適なアクセスが可能かどうかも，ウェブサイトを用いた情報発信においては重要となる。この機能は，情報の受け手に配慮した情報の発信がサイト上で行われていることを指している。

以上の4つの機能に基づいて，ここでは全部で20の記録単位を選択した。相互作用の機能に関わるものは，①候補者自身のメールアドレスへのリンクが張られているかどうか，②所属政党のウェブサイトへのリンクが張られているかどうか，③オンライン献金が可能であるかどうか，④掲示板が設置されているかどうか，⑤個人後援会によるウェブサイトへのリンクが張られているかどうか，の計5つ，情報提供については，⑥候補者のプロフィールが掲載されているかどうか，⑦候補者の顔写真が掲載されているかどうか，⑧メールマガジンの申し込みが可能であるかどうか，⑨個人後援会への入会案内が記載されているかどうか，⑩献金振込先の記載があるかどうか，の計5つである。プレゼンテーションについては，⑪音声情報が提供されているかどうか，⑫動画情報が提供されているかどうか，⑬flashが使用されているかどうかの計3つ，そしてアクセスの容易性に関わるものは，⑭ウェブサイト内に更新情報の紹介があるかどうか，⑮フレーム有り無しの選択ができるかどうか，⑯英語ページが用意されているかどうか，⑰ページ全体に対するリンク付きインデックスが存在しているかどうか，⑱Yahoo! Japanにウェブサイトが登録されているかどうか，⑲ウェブサイト内の検索が可能かどうか，⑳携帯電話対応の専用ページが用意されているかどうか，の計7つとなっている。

表2は，記録単位ごとの度数分布である。各単位において，それがサイト上に存在する場合には1，そうでない場合は0とコード化している。90％以上と特に高い割合を示しているのは，候補者のプロフィール，顔写真，そしてYahoo! Japanへの登録の3つである。プロフィールと顔写真は個人をアピールする際のもっとも基本的な情報であるため，この結果は当然ともいえる。その一方で，フレームの選択やウェブサイト内の検索などのアクセスの容易性に関わる項目では，その割合は低くなっている。同様

表2 ウェブサイトの内容に関わる各変数の度数分布

N＝234

変数	度数	(％)[a]
候補者自身のメールアドレスへのリンク	172	73.54
所属政党のウェブサイトへのリンク	155	66.24
オンライン献金	0	0.00
個人後援会によるウェブサイトへのリンク	40	17.09
掲示板	14	5.98
候補者のプロフィール	230	98.29
候補者の顔写真	232	99.15
メールマガジンの申し込み	36	15.38
個人後援会への入会案内が記載	61	26.07
献金振込先の記載	26	11.11
更新情報の紹介	139	59.40
フレーム有り無しの選択	20	8.55
英語ページが用意	4	1.71
ページ全体に対するリンク付きインデックス	104	44.44
Yahoo! Japan への登録	221	94.44
ウェブサイト内の検索	14	5.98
携帯電話対応	27	11.54
音声情報	18	7.69
動画情報	64	27.35
flash の使用	33	14.10

a：ウェブサイト開設者中の割合

の傾向は，2003年衆院選における候補者ウェブサイトにおいても見出されている（岡本2005）。

次に，先に説明したウェブサイトの4つの機能ごとにデータの概要を示す。ウェブサイトが各機能をどれだけ備えているかを測るために，各機能を構成する項目を候補者ごとに加算してその充実度の指標を作成した。ここでは各項目について，それが存在する場合には1，しない場合には0を与える処理を行っており，各項目の重要性を考慮するための重み付けはなされていない。表3は各指標の平均値である。なお，ここでは著者が2003年衆院選時に実施した同様の調査結果を，比較のために共に示した。2003年衆院選時の保守党候補者は自民党に含めている。差の検定についてはマン・ホイットニーの検定を用いた。

2004年参院選の政党ごとの平均値に注目すれば，4つの機能のいずれにおいても共産党と無所属・諸派で相対的に値が低くなっている。また，前・現職のウェブサイトが，いずれの機能でもそれ以外の候補者のサイトを

表3 サイト機能についての平均得点

	相互作用性		情報提供		プレゼンテーション		アクセスの容易性	
	2003衆	2004参	2003衆	2004参	2003衆	2004参	2003衆	2004参
候補者全体	1.737**	1.457**	2.612	2.500	.359**	.491**	1.807**	2.256**
自民党	1.653*	1.445*	2.532	2.500	.425	.527	1.850**	2.229**
民主党	1.938**	1.565**	2.831	2.695	.354*	.536*	1.805**	2.318**
公明党	2.000	1.700	2.375	2.700	.406*	1.000*	2.062**	2.900*
共産党	1.691	1.425	2.088	2.125	.176	.250	1.647**	2.150**
社民党	1.923	1.444	3.038	2.666	.230	.666	1.615	2.222
無所属・諸派	1.100	1.218	2.720	2.437	.300	.406	1.740	2.125
前・現職	1.781*	1.595*	2.671	2.523	.379*	.583*	1.960**	2.404**
前・現職以外	1.659**	1.380**	2.510	2.486	.323*	.440*	1.538**	2.173**

* p < .05, ** p < .01

上回っていることがわかる。先に示したように，ウェブサイトの開設自体については，2大政党が中小政党に対して，そして前・現職がそれ以外の候補者に対して優位な状況にあった。この結果は，ウェブサイトの内容に着目しても，同様の状況が生じている可能性を示唆するものである。

次に，2003年衆院選との比較を行いたい。候補者全体で見れば，2003年衆院選と比較して相互作用性および情報提供において値が低下している一方で，プレゼンテーションとアクセスの容易性で値は増加している。ただし，情報提供ではその差は有意なものではない。同様の傾向は，政党ごとおよび候補者の地位ごとにも見出せる。情報提供では，すべてのカテゴリーにおいて有意差が見出せなかったことは，顔写真やプロフィールといった情報の提示が，すでに基本的な候補者ウェブサイトの構成要素となっていることを示唆している。プレゼンテーションとアクセスの容易性に関しては，社民党と無所属・諸派，そして共産党を除いて2004年参院選での値が有意な増加を示している。2004年参院選の候補者の方が，ウェブサイトの見栄えやアクセスする側への配慮をより重視する傾向があることになる。この差が，2つの選挙の時間的な差からもたらされたものか，それとも衆院選と参院選という選挙の性質の違いからもたらされたものかは，ここからは一概に判断できない。相互作用性については，無所属・諸派を除いたすべてが2004年参院選では値を低下させている。ここでのデータからは，この理由についても明らかなことはいえない。今後の課題である。

6. 多変量解析を用いた分析

本章では，多変量解析の手法を用いて候補者ウェブサイトの内容を規定する要因を明らかにする。ここでは，ウェブサイトの機能や発信されている情報に注目し，それらに該当する項目に一定のポイントを付与することによってサイトの内容を操作化する。さらに，その内容を従属変数として分析を行う。以下，具体的な手続きについて説明する。

6.1 従属変数および分析手法

先に示した，ウェブサイトにおける4つの機能に関わる20の項目をすべて加算し，それをサイトの充実度を測る指標と見なした上で，従属変数として扱う。ここでの充実度とは，一つのウェブサイトにどれだけ多くの機能が含まれているかを示すものになる。これら20の項目を用いて作成された，相互作用性，情報提供，プレゼンテーション，アクセスの容易性の各指標間には，表4に見られるように一定の正の相関関係が存在している。これは，各項目を加算して一つの指標を作成することへの根拠を与えている。

ここで問題となるのは，いわゆるサンプルセレクションの問題である。ウェブサイトの内容についてのデータは，サイトを開設している候補者からしか得られない。だが，ウェブサイトの内容に影響を及ぼしている要因が，サイトの開設・非開設にも同時に影響を及ぼしている場合には，サイトを開設している候補者のみを対象とする分析の結果にはバイアスが生じてしまう可能性がある（Kennedy 1998, 251）。この問題を回避するための方法としては，Tobit やヘックマンの2段階推定法などがある。あるいは，サイト非開設のケースも含めて内容の充実度をカテゴリー化した上で，順序プロビットを用いる方法も考えられる。

注意すべきは，ウェブサイトの機能に関する20の項目について，それぞ

表4　4つの指標間の相関係数[a]（N = 234）

	相互作用性	情報提供	プレゼンテーション	アクセスの容易性
相互作用性		.654*	.277*	.658*
情報提供	.654*		.356*	.722*
プレゼンテーション	.277*	.356*		.358*
アクセスの容易性	.658*	.722*	.358*	

a：数値はスピアマンの相関係数　* p < .01

れの重要度に応じた重み付けを行う根拠を今のところ持ち合わせていないために、すべてを1ポイントとして加算することによって充実度の指標を作成していることである。すなわち、ここでの従属変数は序数的性質を強く持たざるを得ない。また、順序プロビットを用いる前提としての充実度のカテゴリー化には、主観的な要素が入り込むおそれがある（Martin 1993, 424）。考えられる方法の一つは、ポワソン回帰分析を用いることである。だが、ポワソン回帰モデルは従属変数の分散がその平均に等しいという仮定を設けている。いわゆる過剰分散（overdispersion）の問題が生じる場合には、分析結果にバイアスが生じるおそれがある（Greene 2003, 743）。サイトの充実度における分散は11.98であり、その平均値（4.90）を上回っている。このような理由から、ここでは負の二項分布回帰（negative binomial regression）を用いる[1]。なお、上述の手続きで算出されたサイトの充実度の最低値は1（最大値は12、平均値は6.70）であり、サイト非開設の場合には0ポイントを与えて、それらのケースも分析に含めている。

6.2 独立変数とその影響に関する予想

分析に用いる各独立変数の操作化手順および、その影響についての予想は以下のとおりである。

所属政党

自民党候補を参照基準として、民主党候補、公明党候補、共産党候補、社民党候補、無所属・諸派の5つのダミー変数を用いる。所属政党関連の変数が及ぼす影響の分析は、探索的なものとなる。理由は、ここでの目的が、通常化と平準化のどちらが我が国で進行しつつあるのかを明らかにすることにあるからである。もし自民党や民主党などの大政党からの候補者が、それ以外の候補者よりも充実度の高いウェブサイトを開設している傾向が見られるならば、通常化が進んでいる可能性が高いことになる。逆に、中小政党もしくは無所属候補のウェブサイトが大政党の候補者のそれよりも充実度が高くなっている場合、あるいは両者の充実度に違いがないとの結果が見出せたならば、それは平準化が進行している可能性と解釈できる。2003年衆院選についての分析結果では、自民党候補と民主党候補とではウェブサイトの充実度に差は見出せず、さらにそれら2党の候補者と比較し

て共産党および社民党候補における充実度は低くなっているとの結果が示された（岡本　2005）。これは，通常化仮説を支持するものである。2004年参院選でも同様の結果が示されるならば，我が国における通常化が，より全体的なレベルで進行していることになる。

候補者の地位

　現職を1，それ以外を0とするダミー変数を用いる。この変数についての分析も，所属政党関連の変数と同様に探索的なものとならざるを得ない。現職によるウェブサイトがより充実している傾向があるならば，それは通常化の現れと見なされる。一方で，現職以外の候補者によるウェブサイトの内容が現職候補のそれよりも高くなっている場合，あるいは両者の間に違いがない場合には，それは平準化仮説を支持する結果と見なされる。2000年衆院選，2001年参院選，そして2003年衆院選のいずれにおいても，ウェブサイトの開設率およびサイトの内容に関して，前職もしくは現職がそれ以外の候補者を上回る傾向が示されている（岡本　2001, 2002, 2005）。それゆえ，ここでの関心は，同様の傾向が2004年参院選でも見出せるかどうかということになる。

選挙制度

　従来の研究では，選挙制度が候補者もしくは議員の行動に影響を及ぼす理由は，おおむね次のように説明されてきた。候補者もしくは議員の当選の最大目的は，当選あるいは再選にある。その確率を高めるために，候補者もしくは議員は有権者に対して個人的アピールを行う必要があるが，選挙制度がその誘因の強さを規定する。それゆえ，異なる選挙制度の下では，候補者もしくは議員が有権者に向けて行う活動も変化すると考えられる（Cox, Rosenbluth, and Thies 2000; Heitshusen, Young and Wood 2005）。ウェブサイトを候補者の当選確率を高めるための一手段であると見なすならば，異なる選挙制度の下では，サイトの開設への誘因あるいはサイトの内容も異なってくると予想される。すなわち，個人アピールへの誘因が強く働く制度において立候補する者は，より充実したサイトを開設して有権者を惹き付けようとすると考えられるだろう。

　参議院選挙では，候補者は3つの選挙制度，すなわち小選挙区制（1人

区），中選挙区制（2～4人区），非拘束名簿式比例代表制の下で争う。小選挙区制については，候補者個人よりも政党間の競争が前面に出やすいため，拘束名簿式比例代表とともに個人アピールへの誘因が最も弱くなる制度の一つであると Carey and Shugart（1995）は論じている。中選挙区制および非拘束名簿式については，いずれも個人アピールへの誘因は小選挙区制よりも強くなると予想されるが，両者が候補者に与える誘因はきわめて類似しているといわれる（建林 2004, 213；Norris 2004, 135）[2]。これらの議論に従えば，2～4人区からの候補者によるウェブサイトの充実度は1人区の候補者のそれよりも高くなる傾向にあるが，比例代表候補者のそれとは違いがないとの予想が成り立つ。この予想を検証するため，2～4人区候補者を参照基準として，1人区ダミーおよび比例代表ダミーの2つの変数を投入する。加えて，さらに選挙制度の影響を検証するために，選挙区からの候補者に分析対象を限定した上で，1人区候補者を参照基準として2人区，3人区，4人区の3つのダミー変数を投入して分析を行う。上の議論に従うならば，これら3つの変数はいずれもサイトの充実度に正の影響を及ぼすと予想される。

コントロール変数

　コントロール変数としては，年齢，性別（男性を1，女性を0とするダミー），学歴（大卒以上を1，それ以外を0とするダミー）の3つを分析に投入する。年齢変数については，一般的に若い候補者ほど情報技術への知識および関心が高いと考えられるため，予想される係数の符号は負となる。同様に，学歴が高ければ情報技術への知識および関心も高いと予想されるがゆえに，この変数の係数は正になると予想できる。性別については，その影響の方向は予想できない[3]。

7．分析結果

　分析の結果は，表5に示されている。コントロール変数については，選挙区を対象とするモデルの学歴変数以外は，1％，5％，そして10％水準ですべて有意であり，影響の方向は予想されたとおりである。性別に関しては，双方の分析モデルで符号が負となっている。男性候補者のサイトに比べて，女性候補者によるそれの充実度は相対的に高いことになる。

表5　ウェブサイトの充実度を従属変数とする負の二項分布回帰分析の結果

独立変数	モデル1 (すべての候補者を対象：N=320)			モデル2 (選挙区からの候補者を対象：N=192)		
	係数	(S.E)	充実度の変化[a]	係数	(S.E)	充実度の変化[a]
民主党	.013	(.134)		−.016	(.144)	
公明党	−.493**	(.220)	.610	.170	(.399)	
共産党	−.632***	(.152)	.531	−.563***	(.170)	.569
社民党	−.345	(.251)		−.672**	(.284)	.510
無所属・諸派	−.524***	(.157)	.591	−.545***	(.182)	.579
現職	.341***	(.120)	1.400	.264*	(.139)	1.302
1人区	−.248*	(.127)	.779			
2人区				.251**	(.120)	1.285
3人区				.119	(.164)	
4人区				.451*	(.233)	1.570
比例代表	−.138	(.115)				
年齢	−.008*	(.005)	.991	−.011**	(.005)	.988
学歴	.328**	(.138)	1.388	.259	(.169)	
性別	−.217*	(.124)	.804	−.418***	(.142)	.658
対数尤度	−828.961			−490.075		

a：他のすべての変数を一定にして，変数を1単位増加させた時に期待される充実度の変化
* p < .10,　** p < .05,　*** p < .01

次に，所属政党に目を向けたい。すべての候補者を対象とする分析（モデル1）では，民主党以外の政党ダミー変数の符号はすべて負であり，民主党と社民党以外はすべて5％水準で有意な影響を及ぼしている。選挙区からの候補者を対象とする分析（モデル2）では，民主党および公明ダミーは有意ではないが，それ以外はすべて有意な負の影響を及ぼしている。すなわち，自民党と民主党では候補者のウェブサイトにおける充実度に差はないが，共産党，社民党，無所属・諸派のサイトは，自民党候補のサイトを下回っていることになる。これは通常化仮説を支持する結果である。

同様の結果は，現職の影響に関しても見出せる。どちらの分析モデルでも現職ダミーは有意な影響を及ぼしており（ただし，モデル2では10％水準において），係数の符号は正であった。モデル1では，他の変数をすべて一定の値に置いた時に，現職候補はそれ以外の候補者と比べてサイトの充実度が1.4ポイント高くなることが示されている[4]。

最後に，選挙制度の影響を検討する。これについて，我々の予想はほぼ支持されている。モデル1では，p値が0.051であることに留意せねばならないが，1人区ダミーは有意な影響を及ぼしており，係数の符号は負である。2～4人区での候補者と比べて，他の変数をすべて一定の値に置いた

時に1人区での候補者はサイトの充実度が0.779ポイント低くなっている。一方，比例代表ダミーは有意ではない。2～4人区と比例代表との間では，充実度に差があるとはいえないことになる。モデル2では，2人区ダミーが10％水準においても有意ではないことに留意すべきではあるが，選挙制度に関する3つの変数の符号はすべて予想どおり正という結果となった。

8. 結論

以上の分析から明らかになったことは，次のとおりである。第1に，日本の政治においても通常化が進行している可能性がある。他国に目を向けても，アメリカやイギリス，ドイツなどにおける候補者ウェブサイトの分析で，通常化仮説を支持する分析結果が得られている（Margolis et al. 1999; 2003; Gibson et al. 2003）。同様の結果は2001年参院選以降を対象とする分析において一貫して見出せることから，それは我が国においては一時的な現象ではなくなっている可能性がある。2005年衆院選の分析を含めて，今後さらに検証する必要がある。

第2に，候補者によるウェブサイトの内容に対しては，選挙制度が一定の影響を及ぼしている。これについては，2000年衆院選以降の分析において同様の結果が得られている（岡本 2001；2002；2005）。選挙制度関連変数についての分析が，すべて期待されたとおりの結果を示していないことには留意すべきであるが，選挙制度が議員の情報発信行動に一定の影響を及ぼしていることには注目すべきである。

本稿で示された結果，とりわけ我が国における通常化の進行を示す結果は，市民社会の重要な構築手段としてインターネットを位置付ける人々の期待をいささか裏切るものかもしれない。なぜならば，インターネットは現状を変革するものではなく，むしろそれを補強するような効果を及ぼす可能性が示唆されているからである。しかしながら，ここで示された結果は確定的なものではない。この結果をさらに検証していくためには，たとえば，複数回の選挙を併せたデータを用いた分析が必要になるし，さらに他国との比較分析も欠かせないだろう。方法論的には，サイトの充実度を作成する際の，変数ごとの重み付けの問題がある。ここでは，すべての変数に同一のポイントを与えて充実度の指標を作成しているが，サイトの機能ごとに重要性が異なるとの見方は当然あり得るだろう。適切な重み付け

を行うための根拠ないしは理論が必要である。

　いずれにせよ，インターネットのようなきわめて速いスピードで変化していく技術を分析の対象とするためには，ある程度同じような分析枠組を用いて継続的な調査を行い，そこから一定の傾向を抽出することが重要となってくるのである（Klotz 2001, 188）。

　　付記
　　　本稿は日本政治学会2005年度研究大会（明治大学）分科会9「2004年参院選の総括」における報告論文を基にしている。司会者，討論者，報告者であった谷聖美，平野浩，小林良彰，菅原琢の各氏，ならびに当日の研究会に参加されて貴重なコメントを下さったすべての方々に謝意を表したい。
　　　また，本研究に関わる調査の実施については，関西大学法学部専任講師・石橋章市朗氏，関西大学法学部非常勤講師・脇坂徹氏，関西大学大学院総合情報学研究科博士課程後期課程・田中智和氏の協力を得た。ここに記して感謝したい。なお，本研究は文部科学省の科研費（課題番号16653012）の助成を得た。

（1）　分析にあたっては，Stata Ver.8 を用いた。なお，Tobit モデルおよび順序プロビットを用いた分析も試みたが，結果は負の二項分布回帰分析を用いたものとほぼ同様であった。
（2）　ただし，Norris（2004）は，小選挙区制が個人アピールに及ぼす誘因は，非拘束名簿式および中選挙区制よりも強いと論じている。
（3）　ここで用いる独立変数以外には，前回選挙における接戦度（Ward and Gibson 2003）および選挙区におけるインターネットの普及率がサイトの充実度に影響を及ぼすと予想される。前者については，1998年と2004年の参院選の双方に同じ選挙区から立候補した候補者のみを対象にして，1998年における当該選挙区の最上位落選者の得票数を各候補者の得票数で除したもの（98年参院選で落選している候補者については，その候補者の得票数を最下位当選者の得票数で除したもの）を接戦率として用いた分析を行ったが，有意とはならなかった。この結果については，対象となるケースが67と少なかったことにも留意する必要がある。インターネット普及率については，都市化度と正の相関を持ち，それを介して選挙区の定員とも関連を持つ。そこで，選挙制度関連の変数を除いて，平成16年度『情報通信白書』による都道府県別のインターネット人口普及率を含めた分析を，選挙区からの候補者だけを対象として行ってみた。その結果，同変数の影響の方向は予想通り正であったが，10％水準においても有意ではなかった。

(4) これについては,S・ロングによるSpostを用いた。<http://www.indiana.edu/~jslsoc/spost.htm>

参考文献

岡本哲和 (2001)「2000年衆院総選挙における候補者ホームページの分析」『レヴァイアサン』29号, 141-154頁。

岡本哲和 (2002)「サイバースペースにおける選挙―― 2001年参院選候補者データによる分析――」情報政治制度研究班『IT革命下における制度の構築と変容』研究叢書第128冊 (関西大学経済政治研究所, 3月), 65-95頁。

岡本哲和 (2005)「2003年衆院選における候補者ウェブサイトの分析」『情報研究』第23号, 1-36頁。

建林正彦 (2004)『議員行動の政治経済学――自民党支配の制度分析――』有斐閣。

山本竜大 (2004)「ホームページのコンテンツ分析からみる県議会議員とその政策情報」日本公共政策学会『公共政策研究』第4号, 108-119頁。

Carey, John M., and Matthew S. Shugart. (1995) "Incentives to Cultivate a Personal Vote: a Rank Ordering of Electoral Formulas," *Electoral Studies*, Vol.14, No.4: 417-439.

Cox, Gary W., Frances M. Rosenbluth, and Michael F. Thies. (2000) "Electoral Rules, Career Ambitions, and Party Structure: Comparing Factions in Japan's Upper and Lower Houses," *American Journal of Political Science*, Vol.44, No.1: 115-122.

Gibson, Rachel K., Andrea Römmele, and Stephen Ward. (2003) "German Parties and Internet Campaigning in the 2002 Federal Election," *German Politics*, Vol.12, No.1: 79-108.

Gibson, Rachel, and Stephen Ward. (2000) "A Proposed Methodology for Studying the Function and Effectiveness of Party and Candidate Web Site," *Social Science Computer Review*, Vol.18, No.3 (Fall): 301-319.

Greene, William H. (2003) *Econometric Analysis* (5th ed.), Prentice Hall.

Greer, Jennifer D., and Mark E. LaPointe. (2004) "Cyber-Campaigning Grows up: A Comparative Content Analysis of Websites for US Senate and Gubernatorial Races, 1998-2000," in Rachel K. Gibson, Andrea Römmele, and Stephen J. Ward (eds.), *Electronic Democracy: Mobilization, Organization and Participation via New ICTs*, Routledge: 116-132.

Heitshusen, Valerie, Garry Young, and David M. Wood. (2005) "Electoral Context and MP Constituency Focus in Australia, Canada, Ireland, New Zealand, and the United Kingdom," *American Journal of Political Science*, Vol.49, No.1

(January): 32-45.

Kennedy, Peter. (1998) *Guide to Econometrics* (4th.ed.), The MIT Press.

Klotz, Robert. (2001) "Internet Politics: A Survey of Practices," in Roderick P. Hart and Daron R. Shaw (eds.), *Communication in U.S. Elections: New Agenda*, Rowman & Littlefield Publishers: 185-201.

Margolis, Michael, David Resnick, and Joel D. Wolfe. (1999) "Party Competition on the Internet in the United States and Britain," *Harvard International Journal of Press/Politics*, Vol.4, No.4: 25-47.

Margolis, Michael, David Resnick, and Jonathan Levy. (2003) "Major Parties Dominate, Minor Parties Struggle: US Elections and the Internet," in Rachel Gibson, Paul Nixon and Stephen Ward (eds.), *Political Parties and the Internet: Net Gain?* Roultledge: 53-69.

Martin, Lisa L. (1993) "Credibility, Costs, and Institutions: Cooperation on Economic Sanctions," *World Politics*, Vol.45, No.3: 406-432.

Norris, Pippa. (2004) *Electoral Engineering: Voting Rules and Political Behavior*, Cambridge University Press.

Tkach-Kawasaki, Leslie M. (2003) "POLITICS@JAPAN: Party Competition on the Internet in Japan," *Party Politics*, Vol.9, No.1: 105-123.

Ward, Stephen, and Rachel Gibson. (2003) "On-line and On Message? Candidates Websites in the 2001 General Election," *British Journal of Politics and International Relations*, Vol.5, No.2: 188-205.

イシュー・セイリアンスと政策変化

―― ゲーム理論的パースペクティブの有用性 ――

松田憲忠

　民主主義国家において大規模な政策変化（policy change）は不可能に近く，多くの場合，一般の国民の利益より特殊利益が過度に配慮されることは政治学の通説とされ，その理由をめぐって，これまで活発な議論が行われてきている。しかし，現実には抜本的改革を度々目にする。こうした政策変化の要因の解明は，今日政治学における重要な研究課題の一つである。

　この課題に取組む研究のなかに，「イシュー・セイリアンス（issue salience）」を重視するものがよく見受けられる。簡潔に述べると，イシューが顕在化すれば，政策変化は起こりやすくなるという主張である。しかし，イシュー・セイリアンスと議員の行動との関係や，イシュー・セイリアンスに関する議員の認識等は必ずしも明白ではない。本稿は，イシュー・セイリアンスと政策変化の分析を進めるための糸口を探り，政策変化に関する理解にはゲーム理論的パースペクティブが有用であることを示したい。そこで，政治過程を「不確実性の下でのインターアクション」という視点から捉えることを強調し，ゲーム理論に基づいて，政策変化をめぐる議員間のインターアクションをモデル化する。

　はじめに，租税政策を例に，政策変化を取巻く不確実性を概観する。次に，政策変化をめぐるインターアクションをゲーム理論的パースペクティブからモデル化し，幾つかの仮説を導出する。さらに，これらのモデルや仮説の精緻化や検証方法を議論する。最後に，政策変化の研究におけるゲーム理論的パースペクティブの可能性を総括する。

1. 政策変化を取巻く不確実性

1.1 議員の意思決定

本節は議員の意思決定の考察から始めるが、まず議員が追及する目標を整理しておく。議員の目標として再選、昇進・出世、及び良き政策の実現の三点が一般に指摘されているが（Fenno 1978）、本稿では、建林（2004）に倣い、再選を議員の最優先目標と考える。何故なら、第一に説明の節倹性（parsimony）に寄与し、第二に再選目標は昇進や政策実現といった他の目標の出発点であり且つそれらの目標の達成を容易にすると考えられるからである。

従って、議員の政策スタンスの決定は、純粋に議員が抱く理想の政策ではなく、むしろ再選の可能性を高めるための戦略的問題となる。この戦略的問題に取組むにあたり、再選を追及する議員は多様な支持集団に応えることが求められる（Fenno 1978）。まず議員は、多大な選挙支援をする特殊利益等の核となる支持集団の意向に配慮する必要がある。しかし、特殊利益に対して過度に配慮した政策スタンスを採ると、議員は選挙で国民から反発を受けかねないため、議員は一般有権者の声にも耳を傾けなければならない。即ち議員は、ある特定の集団に利する政策は他の集団からの反発を引起すというトレードオフに直面する。議員は、再選を目指すならば、相容れ難い要求の間で調整を図りながら、戦略的に政策スタンスを決める（Stimson et al. 1994; Jacobs & Shapiro 2000）。

租税特別措置の採用を例に、議員の意思決定を考えてみる。図1は、租税特別措置の量とそれに伴う政治的なコストとベネフィットの大きさを示している。Holcombe（1996）によれば、議員は限界政治的支持（marginal political support: MS）曲線と限界政治的抵抗（marginal political opposition: MO）曲線の交点 Q^* を選択する。即ち議員は租税特別措置への限界的な支持と限界的な抵抗の大きさが等しくなるように、租税特別措置の量を決める。それは議員の合理的な計算の結果であり、政治的に効率的な均

図1　租税特別措置の均衡量

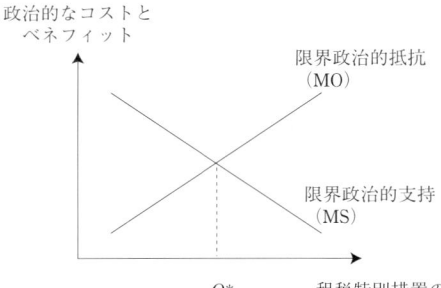

出典：Holcombe 1996.

衡点である（Winer & Hettich 1999）。

　図1で含意されることは，租税特別措置の現状に満足していない集団が常に存在することである。そうした集団はこの状態を変えようと自らの資源を活用して議員に働きかけ（Holcombe 1996），結果はMO曲線の上方シフトとして現れ，均衡租税特別措置の量は減る。同様に，現在の租税特別措置の受益者である集団が，一層有利な政策を求めて議員に働きかければ，MS曲線は上方にシフトし，均衡租税特別措置の量は増える。

　こうした働きかけは租税特別措置の濫発に繋がり，一般の国民の利益が犠牲となる。その要因としてまず，利益集団の政治的経済的影響力の大きさが挙げられる。利益集団の支援は議員や政党の選挙戦略上極めて重要である。従って，経済状況を注視する利益集団の期待に沿うように経済運営を進めることが，議員や政党にとって合理的な戦略であり（Campbell & Allen 1994），その一環としてそれらの集団に配慮した租税特別措置が講じられる。他方，利益集団は租税特別措置をめぐって囚人のジレンマに直面する（Tullock 1988；山之内　1992）。特別措置が全く無い状態がパレート効率的であるにもかかわらず，特別措置を要求するほうが支配戦略であるために，全ての集団は特別措置を求め，結果として特別措置が過剰に講じられることになる[1]。

　租税特別措置濫発のこうした要因は，図1のMS曲線に着目したものに過ぎない。一般納税者のように租税特別措置から不利益を被る集団がいるにもかかわらず，何故MO曲線が上方にシフトし，租税特別措置の均衡点が下がらないのであろうか。この点に関して，政治的戦略として租税特別措置が持つ意味に目を向ける必要がある。再選を目指す議員は，再分配政策に分類される政策を，受益者を明確にして負担者を曖昧にすることで，分配政策への変換を試みる（Hayes 1978）。所得再分配を伴う租税特別措置についても，議員は分配政策への変換を図る。それが可能となる要因として，第一に，予算と税制のアカウンタビリティをめぐる違いがある。再選を狙う議員が支持集団を利する政策を講じるとき，予算を通したものであると，毎年メディアや国民の関心が集中し，その政策の受益者と負担者が明らかになってしまうかもしれない。その半面税制を通した利益供与は，予算のように定期的に国民の目に留まることはないため，議員にとっては有益な戦略である。第二に，租税特別措置は限られた数の集団に便益を齎

すのに対し、そのコストは国民の間で広く分担して負うことになる。従って、大きな恩恵を受ける少数の集団は特別措置を求めてロビーするインセンティブを持つ一方で、国民の側は、一人一人の負担額はさほど大きくないため、組織化のコストを払ってまで特別措置反対のロビーをするインセンティブを有しないことになる（Quirk 1989; Reese 1979）。

　さらに、様々な調査が明らかにしている通り、国民の多くは税制について無知である（Roberts et al. 1994; Obler 1979）。国民の無知により、議員は租税特別措置を国民がある程度支持するように世論を操作することが相対的に容易になる（Jacobs & Shapiro 2000; Herbst 1998; Hansen 1983; Page 1994）。結果的に、租税政策に関する国民の無知は租税特別措置の蔓延に繋がる（Hansen 1983）。

　こうして一般の国民の利益を犠牲にして特殊利益が政策に反映されることになるが、これは殆どの政策領域で見受けられるであろう。しかし選挙権を有するのは国民のみであり、従って国民は議員の意思決定に対して潜在的な影響力を持つ（Smith 1999）。ここで強調すべきは、国民の意向が政策決定において常に軽視されるわけではないことである。政策決定の場で国民の選好の重要性を高める要因の一つとして、「イシュー・セイリアンス」がしばしば指摘される（Monroe 1998; Kingdon 1977; Wade 1980; Bishin 2000）。セイリアンスの高いイシューには国民は強い関心を寄せる（Bowler & Donovan 1995）。そして国民が議員を評価する際、その政策に対する議員の対応が重要な基準となる。結果として、その政策に関して、国民の利害に対する議員の応答性は上がる（Edwards et al. 1995）。図1では、セイリアンスが高くなると、MO曲線は上方にシフトし、租税特別措置の均衡点は下降する。

　イシューが顕在化すると、政治過程は批難回避（blame-avoidance）ゲームの様相を帯び、政策変革の可能性が大きくなる（Weaver 1986）。例えば米国の1986年の税制改革は、公平性や経済効率性を向上させ、低中所得者の利益を重視し、さらに多くの企業の反発に直面しながらも租税特別措置の大幅な削減や撤廃を行ったという点で、政治学の通説とは異なる驚くべき抜本的改革であったと認識されている。この改革を可能にした一要因として税制改革イシューの顕在化がしばしば指摘される。レーガン大統領の税制改革支持や税制に対する国民の不満の高まりは、国民の目を税制改革

に向けさせた。こうして税制改革イシューが顕在化され，議員たちは改革失敗の責任を国民から問われることを恐れ，分割政府の下で両党の議員は揃って改革を支持し，国民からの批難を回避しようとしたと説明される[2]。

1.2 政策変化を取巻く不確実性

イシューが顕在化すると，議員は国民の利益に目を向けるようになり，政策変革の可能性は高まる。しかしイシュー・セイリアンスと政策変化との関係は必ずしも明白ではない。イシュー・セイリアンスが高いときに，必ずしも期待されるような抜本的改革が行われるとは限らない。ここから含意されることは，イシュー・セイリアンスと政策変化とを繋ぐ媒介変数の存在である（図2）。その媒介変数として，議員のイシュー・セイリアンスについての認知が考えられる。イシュー・セイリアンスや国民の関心の高さは必ずしも客観的に明確ではなく，むしろ主観的に認識されるであろう。即ちイシュー・セイリアンスの認識には大きな不確実性が伴う。そこで議員は，国民の関心の高さについての主観的で不確実な見積りに基づいて，政策スタンスを決める。いわば議員は不確実性の下で意思決定を行うのである[3]。

政策変化を取巻く不確実性として，第一に，政策手段の社会・経済的影響に関する不確実性がある。ある政策手段の社会・経済的効果の予測について合意が存在することは稀であり（Smith 1999），従って，政策実施後の国民や利益集団等の反応も予測し難い（Gretschmann & Kenis 1990）。

議員が直面する不確実性の二つ目は，国民の選好に関するものである。例えば租税政策の場合，国民の多くは混乱していたり，殆ど知識を持っていなかったり，曖昧な態度であったりする（Hansen 1983; Stimson et al. 1994; Wade 1980）。あるイシューをめぐって特定の政策に対する選好を表すための十分な関心を持っていないのである。こうした無関心は，政策に対して具体的な態度が表明されない状態（nonattitude）に繋がり易い（Stim-

図2　イシュー・セイリアンスと政策変化

イシュー・セイリアンス → 議員の認知 → 政策変化 / 現行政策維持

son et al. 1994; Brady & Ansolabehere 1989)。こうして議員は，自らの政策スタンスが国民の選好に沿ったものであるのか確信を持てない状況に陥る。さらに議員にとって大きな問題は，政策実施後のその政策に対する国民の反応についても不確かであることである。国民が態度を表明していないことは決して無差別（indifference）を意味するわけではない。政策に対する国民の選好は，その政策が実施された後の段階で現れてくるのであり，そこで表明される国民の態度を議員が予測することは難しい[4]。

このように議員は，国民の関心の度合を認識する際，大きな不確実性に直面する。議員は政策スタンスを決めるにあたり，国民の選好や自らの決定に対する国民の反応についての十分な情報を持っておらず，このことは議員自身の利得に関する不確実性を意味する。

不確実性の存在に加えて，政策変化をめぐる議員の意思決定の考察には，多様な議員が政治過程に関わることに注意を払うことが求められる。そこでは議員間の妥協やコンフリクトが生じることが予想され，こうした議員たちのインターアクションを考慮に入れる必要がある。

従って，目を向けるべきは「不確実性の下でのインターアクション」にほかならず，この種の研究にはゲーム理論が有用である（Gates & Humes 1997）。次節で，シンプルなゲーム理論モデルを提示し，政策変化をめぐる議員の意思決定に関する研究を進めるための糸口を探る。ゲーム理論的パースペクティブに基づくモデルや仮説は，イシュー・セイリアンスと政策変化に関する従来の研究の精緻化に貢献することを明らかにしたい。

2. 政策変化をめぐるインターアクション

2.1 モデル提示

まず，政策変化をめぐって意思決定を行う議員が一人しかいないケース，即ちインターアクションが無いケースを考察する（図3）。第一に，議員には国民の関心の高さは明らかでないことから，自然（Nature: N）が国民の関心が高さ（H, L）を決める。議員は自らの信念（belief）に従って，今自分がいる状況を判断する。第二に，議員には二つの選択肢がある。即ち，国民のための政策変化への支持（R）及び不支持（$\sim R$）である。第三に，議員には，自分の選択に対する国民の反応は予測し難い。このことは，議

員の利得は外生的に与えられるのではなく，自らの主観的な見積りに基づくことを意味する（Hansen 1983）。議員iの利得は，特殊利益からの選挙支援の主観的見積り（ES_i）と国民からの選挙支援の主観的見積り（EP_i）の関数となると考えられる。ある行動aの議員iの利得は，簡潔に示せば，以下のようになろう。

$$u_i(a) = ES_i + EP_i$$

国民の関心が低いとき（L），議員は政策変化不支持（~R）を選択するであろう。国民のための政策変化（R）は，国民が高い関心を寄せていないため，国民からの積極的な賞賛は期待できない一方で，従来の政策から多くの便益を享受している集団からの反対が大きい。~Rを選ぶと特殊利益からの支持を獲得でき，また，国民の関心が低いために，~Rを選択しても国民から大きな反発は生じない。従って，国民の関心が低いときはRの利得よりも~Rの利得の方が大きいと予想される（c＜d）。他方，国民が高い関心を寄せているときは（H），国民は問題となっている政策の行方を注視しており，議員にとっては自らの選択に対する国民の反応は大きな意味を持つ。この場合，Rは国民からの大きな賛同を集め，おそらくこの国民の支持は，結果として生じる特殊利益からの反発以上に議員の再選には重要であろう。また，国民の関心が高いとき，Rに反対した議員は国民から厳しい批難を受ける。従って，国民の関心が高いとき，議員は~RよりRの方が大きな利得を齎すと計算し（a＞b），Rを選択するであろう。

こうした考察は，従来のイシュー・セイリアンスと政策変化との関係に着眼した研究と相通ずる。しかしここで問題となるのが，議員が直面する

図3　不確実性の下での意思決定

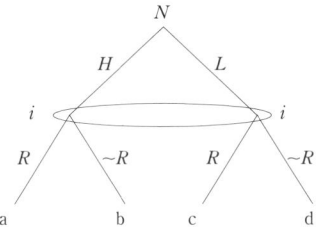

H：国民の関心が高い
L：国民の関心が低い
R：政策変化支持
~R：政策変革不支持，政策維持支持
議員i：a＞b; c＜d

国民の関心の高さに関する不確実性である。議員は，この不確実性を低減させ大きな利得を齎すような意思決定を行えるように，様々な情報の収集に努めるであろう。例えば，多様な世論調査に目を向けたり，新聞やテレビの報道を調べたり，選挙区に戻って有権者の選好を探ったりするかもしれない。このように，国民の関心の高さが議員には正確に認識できないため，イシュー・セイリアンスに関するこれまでの研究の一般的な指摘とは異なり，議員は必ずしも H と R，L と $\sim R$ を結び付けることはできないのである。

次に，議員が二人いるケースを取上げる（図4）。政策変革は二人の議員の双方が支持した場合のみ起こり，一人でも反対すれば現行の政策が維持される。議員 i は政策変革を提案できる立場にあり，この変革に積極的な態度を表明している。この議員は比較的安定した選挙基盤を持ち，政策変革の成功は国民からの支持を拡大させる一方で，特殊利益からの支援の深刻な減少には繋がらない。こうした議員には，政党の指導者等が含まれると思われる（加藤 1997；Weatherford 1994）。議員 i にとっては，国民の関心の高さに関係なく，政策変革が最大の利得（a）を齎す。次善の結果は，国民の関心が低いときに政策変化が起きない場合（b）であり，最悪は国民が強い関心を示しているときに現行の政策が維持される場合（b − c）である。

他方，議員 j は競争の激しい選挙区の出身であり，未だ安定した選挙基盤が確保できない若手議員等が該当する。即ち，再選のためには選挙支援

図4　不確実性の下でのインターアクション（1）

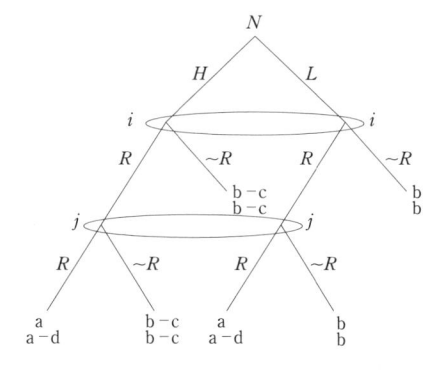

H：国民の関心が高い
L：国民の関心が低い
R：政策変化支持
$\sim R$：政策変化不支持，政策維持支持
c：国民からの反対
d：特殊利益からの反対
議員 i：a>b>(b−c)
議員 j：b>(a−d)>(b−c)

図5　不確実性の下でのインターアクション（2）

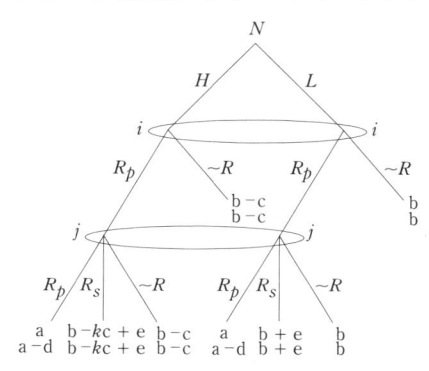

H：国民の関心が高い
L：国民の関心が低い
R_p：国民に利する政策変化への支持
R_s：特殊利益に利する政策変化への支持
$\sim R$：政策変化不支持，政策維持支持
c：国民からの反対
d：特殊利益からの反対
e：特殊利益からの支援
kc：国民からの一層厳しい批難
議員i：$a>(b+e)>b>(b-c)>(b-kc+e)$
議員j：$(b+e)>b>(a-d)>(b-c)>(b-kc+e)$

団体の要求に応える必要がある一方で，世論の動向にも大きく左右される。このような議員にとっては，国民の関心が低く現行の政策が維持される結果が最大の利得（b）を齎す。しかし国民の関心が高いときは事情は異なる。この場合，世論に応えようとして政策変革を支持する方が，この議員には望ましい（$(a-d)>(b-c)$）[5]。

　図4のモデルは，議員間のインターアクションの結果を政策変化（R）と現行政策の維持（$\sim R$）の二つしか想定していない。しかしながら，Goetz (1980) が税制改革に関連して述べているように，ゲームの根本的問題は「政策変革が行われるか否か」ではなく，「政策変革の結果，誰が得をし，誰が損をするか」にある。そこで図5では政策変化に関して，特殊利益のための政策変化という結果（骨抜きの改革や既得権益への過度の配慮等）もゲームに加える。即ち，国民のための政策変化（R_P），特殊利益に配慮した政策変化（R_S）及び現行政策の維持（$\sim R$）の三つの結果を想定する。図4と同様に，議員iは二つの選択肢を持ち，政策変革を提言できる。議員jは，図4とは異なり，議員iの提案を修正することが許され，結果として三つの選択肢——R_P, R_S, $\sim R$——を持つ。結果がR_Sの場合，それにより恩恵を受ける集団は議員iにも議員jにも更なる支援（e）を与える。しかし，このとき国民が高い関心を示していると，両議員には益々厳しい批難（kc）が国民から向けられる。各議員の利得は図5のように表される。

2.2　仮説導出

図5のモデルを基に，議員間のインターアクションに関する仮説を提示し，これらの仮説が従来の研究より明確であることを示したい。まず議員 j が国民のための政策変化（R_P）を支持する条件を考察する。議員 j が R_P を支持するためには，議員 j の R_P の期待効用が R_S や $\sim R$ の期待効用よりも大きくなければならない。国民の関心は現在高い状況にある（H）という議員 j の信念を ρ と表すと（$0 \leq \rho \leq 1$），議員 j の各選択肢の期待効用は次のように算出される。

$$EU_j(R_P) = \rho \cdot (a-d) + (1-\rho) \cdot (a-d) = a-d$$
$$EU_j(R_S) = \rho \cdot (b-kc+e) + (1-\rho) \cdot (b+e)$$
$$EU_j(\sim R) = \rho \cdot (b-c) + (1-\rho) \cdot b$$

議員 j が R_P を支持するには，以下の条件を満たす必要がある。

$$EU_j(R_P) \geq EU_j(R_S)$$
$$EU_j(R_P) \geq EU_j(\sim R)$$
$$\therefore \rho \geq \frac{b-(a-d)}{c} = \omega_1$$
$$\rho \geq \frac{(b+e)-(a-d)}{kc} = \omega_2$$

これらの式から，ρ の上昇及び／または ω_1 の減少及び／または ω_2 の減少は，議員 j の R_P に対する支持を高めるということが理解される。議員 j の R_P への支持を望む議員 i は，ρ や ω_1 や ω_2 に関する議員 j の認識が変わるように，様々な働きかけを議員 j に対して行うであろう。

直接的なインターアクション

不確実性の下で自らの概算や信念に基づいて意思決定を行う議員は，直面している不確実性が低減されるように，他の議員と様々なインターアクションを繰広げるであろう。例えば，より多くの同調者を得たい議員は，議論されているイシューに関して異なる立場にある他の議員に対して何らかの直接的な働きかけを行うと予想される。その一つが説得であり，説得が他者の行動を変え得ることは広く認識されている（Austen-Smith 1992;

Mansbridge 1994; Quirk 1989)。

　あるイシューに関して共通の解釈枠組が存在することは稀である。むしろ，イシューは多様に解釈され，各政策手段のインパクトに関する予測も政策研究者や政策決定者によって異なり，重要と思われる基準の全てを満たすような政策手段は存在しないことが多い（加藤　1997；山之内　1992；Smith 1999）。共通の解釈枠組がないとき，議員間の協同の可能性は高まる（Weatherford 1994; Lertzman et al. 1996）。

　こうした状況では，それぞれの政策手段が特殊利益からの選挙支援や国民からの支持に及ぼす影響は議員には分からない。そこで，各政策手段のインパクトに関する知識や情報に乏しい議員は，他の議員の意見や情報に影響され易くなるであろう。他方，特定の政策手段を強く主張する議員には，スタンスの異なる他の議員を説得して，自らと同じ考えを持たせようとするインセンティブが生まれる。例えば，国民の関心の高さに関係なくR_Pを可決させたい議員iはR_Pのメリットを強調し，R_Sの危険性を指摘して，R_Pを支持するように議員jを説得するかもしれない。この説得が成功すれば，議員jのR_Pの利得は高まり，R_Sの利得は低くなる。即ち議員jはa－dをb＋eより大きく見積るのである。結果として，R_Pは可決される。

　こうした説得は，それぞれのアウトカムから得られる利得をめぐる不確実性に焦点を当て，他の議員の利得の見積りを変えさせることを目的としている。他方，現在の状況（国民の関心の高さ）をめぐる不確実性に着目して，議員は説得を通じて，現在の状況に関する他の議員の信念（ρ）を変えようとすることも予想される。例えば，与党がある政策の改革を提唱している最中に，内閣支持に関する世論調査が実施され，また国政選挙が行われたとしよう。もし世論調査で高い内閣支持率が示され，選挙が与党勝利に終ったならば，与党幹部iは自分が提案している改革に対する世論の支持を強調し，現在国民の高い関心がこの政策論議に向けられていると議員jを説得するかもしれない。

　ここでは議員iによる議員jへの説得を論じたが，議員jが議員iを説得して，議員iにR_P支持を控えさせようとすることも考えられる。このとき説得の内容は異なるが，しかしその前提は先述のケースと同じである。即ち議員が直面する政策手段のインパクトに関する不確実性及び現在の国民の関心の高さに関する不確実性である。

政党の指導者等には、説得以外の働きかけの手段も存在する。指導者は、一般議員の利得に関する認識を変更させるために妥協や脅しを活用できる。指導者 i は一般議員 j に対して、R_P に賛成した場合の何らかの補償を約束するかもしれない。即ち、指導者は「追跡の鎖 (traceability chain)」を弱めようと努力する (Arnold 1991)。この戦略には一括法案策定、非公開協議、政治的影響が最も小さい者への委託、記名投票の不採用、限定ルールの採用等が含まれる。議員 i からのこうした提案により、議員 j は、R_P 支持に起因する支援団体からの反発をより小さく認識しなおすことになろう。即ち図5のdが減少し、結果としてa－dの方がb＋eより大きくなるのである。さらに、指導者 i は、政党からの選挙支援の削減を武器にして、議員 j を脅すことも考えられる。もしこの脅しが機能すれば、議員 j は R_S の利得を下方修正するであろう。

間接的なインターアクション

政策変化をめぐる議員間のインターアクションには、直接的なものだけでなく間接的なものも含まれる。議員は、世論に訴えたり、世論を操作したりすることで、現在の状況（国民の関心の高さ）や、少なくとも現在の状況に関する他の議員の認識を変えることを試みるであろう。議員 i は国民に直接訴えること (going public) によって、イシュー・セイリアンスを高め、改革への支持を集めようとする (Kernell 1997)。例えば、米国では大統領が議会を国民の方に向けさせたいとき、国民への直接的訴えは有効な手段であることを論証した研究がある (Canes-Wrone 2001)。また、テレビ・パフォーマンスに長けた指導者は、テレビを通じて国民に訴えることで、利益集団によるレント・シーキングを抑制し得るとも指摘されている (West 1991)。

国民への直接の訴えは、ρ（現在の国民の関心は高いという信念）の上昇に寄与する。この場合、議員 j は R_P に賛成する強いインセンティブを持つ。何故なら議員 j は、現状が H である可能性は高くなったと認識するからである。

世論操作も有効な手段である。問題となっているイシューを如何に定義するかによって、そのイシューに対する国民の態度は大きく変わり得る (Kahneman & Tversky 1984; Brady & Ansolebehere 1989; Hawthorne &

Jackson 1987; McGraw 1990)。議員 i は R_P への国民の支持を求めて，自らの主張する改革を集合的価値（collective values）と結び付ける努力をするであろう（Hawthorne & Jackson 1987）。他方，議員 j は，支持集団からの支援を獲得しつつ国民からの批難を回避するため，「手の込んだトーク（crafted talk）」によって世論を操作するかもしれない（Jacobs & Shapiro 2000）。即ち議員 j は，イシューに対して曖昧なスタンスを採り，自分の態度を正当化する情報のみを明らかにするのである（McGraw 1990; Weaver 1986）。議員は，国民からの支持獲得・批難回避に寄与する「基準点（reference point）」（Kahneman & Tversky 1984）を戦略的に設定する。

世論操作は，国民の関心に対する他の議員の信念（ρ）や，国民の反発についての他の議員の見積り（c, k）に影響を与え得る。議員 j による世論操作は，国民の関心を低く抑え，国民の反発を抑制できるかもしれない。これは ρ，c や k を小さくすることを意味し，この場合，議員は R_S を求める強いインセンティブを持つにちがいない。こうした戦略は，自らの利得を増大させるのみならず，他の議員の行動をも変える可能性を持つ。

不確実性をめぐって

イシュー・セイリアンスと政策変化の関係について，本稿は政策変化を取巻く不確実性に着眼しているが，不確実性以外の要因を重視する議論もある。そこで，両者を対比するかたちで仮説を提示したい。本稿の主張は，政策変化とその要因の一つとされるイシュー・セイリアンスとの間には議員の認知という媒介変数が存在するというものである。従って次のような仮説が設定される。

> 仮説Ⅰ：政策変化が起こる重要な要因の一つは，政策変化を取巻く不確実性に対する議員たちの対処である。具体的には，国民の関心の高さに関する不確実性と，政策変化が起きた後の国民の反応についての不確実性である。

不確実性に関する予想される議員の対処として，本稿は直接的なインターアクションと間接的なインターアクションに着目する。

他方，Kingdon（1995）は国民の関心の高さ——彼の言葉では「国民のムード（national mood）」——を強調する。本稿の議論に従えば，国民のムードは重要な要因ではあるが，しかしそれは，議員には不確実で曖昧なも

のであり、それ故国民のムードをめぐる不確実性に関する議員の対処が重視される。これに対して Kingdon は、国民のムードへの対応は政策の流れ（policy stream）によるところが大きいと主張する。この議論では、本稿の政策変化モデルにおける国民の関心の高さに関する情報集合（information set）が存在しないと言えよう。そこで対抗仮説は、例えば次のようになる。

　　仮説Ⅱ：政策変化が起こる重要な要因の一つは、政策変化を支持するような国民のムードと政策の流れ（及び問題の流れ）との合流である。ここで重要なのは、不確実な国民のムードに関する理解よりも、むしろ国民のムードと現在の政策問題への政策アイディアの関連付けである。

このように本稿は、ゲーム理論的視点を組入れて、政策変化をめぐる議員の意思決定やインターアクションに関するモデルを提示し、対抗仮説を含めて幾つかの仮説や予想を立てた。技術的には初歩のレベルではあっても、ゲーム理論的パースペクティブは、イシュー・セイリアンスと政策変化に関する従来の議論の精緻化や明確な仮説の設定に寄与することが、本稿で示されたと考えられる。

2.3　今後の課題

　本稿の主たる目的は、イシュー・セイリアンスと政策変化に関する研究の今後の方向性を示唆することにある。従って本節で提示されたモデル・仮説の検証は本稿の範囲外であるが、本節の締め括りとして、これらのモデルの展開と仮説の検証に関わる課題の幾つかに言及したい。

モデル展開

　モデルの改善に向けて考慮すべき第一の点は、リーダーシップの捉え方である。図5では、指導者である議員 i は、改革を提案しなかった場合でも提案しながら議員 j に拒否された場合でも、結果が現行政策維持（$\sim R$）である限り同じ利得を得る（H では $b-c$、L では b）。しかし、議員 i の再選に自分のリーダーシップの強さ・有効性が影響するとしたら、改革案が議員 j から拒絶されたときの議員 i の利得はより小さいであろう。何故なら議員 j の拒絶は議員 i のリーダーシップの弱さを示すものであり、議員 i の再選の可能性が低くなるからである。こうした想定に基づけば、議員 i

の利得にこのようなリーダーシップの有効性を反映させることは検討されるべきであろう。

第二は，議員間の情報の非対称性である。図5のモデルは，国民の関心の高さに関する不確実性の程度（情報の量）は議員間で同じぐらいと仮定している。しかし，議員によって保有する国民の関心の高さに関する情報は大きく異なるであろう。例えば，指導者は国レベルのような広域での世論の動向には精通しているかもしれないが，一般議員は自分の選挙区での有権者の意見分布に関する情報を多く入手できるかもしれない。持っている知識や情報が違えば，例えば有効な説得方法は異なるであろう。つまり，議員の戦略や行動は，その議員が持つ知識・情報に大きく左右される。このような議員間の情報の非対称性をモデルに組入れることにより，より精緻なモデルの構築が期待できる。

第三に，イシュー・セイリアンスの概念的問題がある。本稿ではイシュー・セイリアンスと国民の関心の高さをほぼ同義のものとして扱ってきた。しかし，国民が着目するのは，顕在化したイシューのどの側面なのか（イシューの社会的・集団的影響，個人的利害への影響等）を考慮していない（Miller et al. 2003）。

本稿では，国民の関心が高ければ，国民の利益にかなう改革（R_P）を国民は強く支持すると想定している。しかし，「国民の利益」と「国民の選好」は必ずしも一致しない。政策研究者が考案する国民全体の利益を増進させる改革は，国民一人一人の選好に沿うとは限らない。国民の関心の高さとR_Pとの関係及び国民の関心の高さに関する自然の選択の考究は，更なるモデル展開には不可欠であろう。

第四の問題は，個々の政策手段の持つ政治的意味である。税制を例に挙げると，議論の対象となる税が異なれば，そこに関わる利害も大きく異なる（田中 1986；Holcombe 1999）。一般に，個人所得税や付加価値税は，それらの直接的インパクトが広範囲に及ぶため，多くの人の関心を引きつける。他方，個別消費税等には国民全体が関心を寄せることはあまりない。ここから含意されることは，税制改革が如何なる税を伴うかによって，その改革に対する国民の関心の高さは大きく変わり得るのであり，従って各議員の利得にも影響してくるということである。このような個々の政策手段の違いは，政策変化の要因に関する分析では，着目されなければならな

い。

　第五に，モデルをより精緻なものにするのであれば，ゲームのルールである立法手続きに目を向け，モデルに組込むことが求められる。議題設定，採決，委員会制度等のルールは，各アクターの選択可能な政策手段や，採用される政策に大きな影響を持つからである (Cox 2000)。本稿で提示したモデルでは，改革案可決に議員 i と j の両者の賛成が求められるという点で，全員一致に近いルールを想定しているが，多数決の下では議員間のインターアクションも変わってくるであろう。

仮説検証

　本稿で導出された仮説を検証する際，最も重大な問題は「不確実性」の操作化 (operationalization) であろう。本稿の仮説における重要な独立変数の一つは不確実性である。独立変数の操作化は，従属変数から独立したかたちで行われる必要があり，さもないとトートロジーに陥る。ここでは従属変数である議員の行動から独立したかたちで，不確実性を操作することが求められる。

　一つの方法として，政策作成者へのインタビューや，メディアによる政策作成者へのインタビューの活用が考えられる (Patterson & Monroe 1998; Reeher 1996)。そのインタビューから「不確実性」や「国民の関心の高さ」等のキーワードを抽出し，内容分析手法や質的分析手法を採用して，仮説を検証するのである。

3. ゲーム理論的パースペクティブの有用性

　本稿は，抜本的な政策変化の可能性を高める要因の一つであるイシュー・セイリアンスに関する分析の今後の方向性を，特にゲーム理論的パースペクティブに基づいて，提示している。以下に，本稿の議論から示唆されるゲーム理論的パースペクティブの有用性を整理したい。

　第一に，実証分析への貢献が挙げられる。本稿はゲーム理論を活用して，政策変化をめぐる議員間のインターアクションをモデル化した（図5）。政策変化をめぐる不確実性の問題や，不確実性の下での議員の働きかけ・インターアクション等の分析に対してゲーム理論は有用な視点を提供する。ゲーム理論モデルから導出された仮説は，これまでの研究ではブラックボ

ックスとなっていたイシュー・セイリアンスと政策変化との関係の厳密な分析を可能にするような，より検証し易いものであると思われる。

ゲーム理論に基づく研究では，高度な数学的手法を活用して演繹的分析を進めることが可能となり，これはゲーム理論の強みの一つである。本稿のモデルも，技術的な議論を推し進めることで，一層精緻なものとなるであろう。上述のモデル展開に関する課題の多くは，より高度な手法を取入れることで解決に近づくことができる。従って，それらの課題はゲーム理論的分析の限界を示すものではなく，逆にゲーム理論の可能性を示唆していると言えよう。

しかし，本稿で強調したいことはむしろ，高度な数学的手法を用いず，ゲーム理論のパースペクティブを取入れるだけでも，実証分析は大きく発展する可能性があるということである。それは計量的，質的といった手法の違いを問わない。政策変化をめぐる議員の認識を探る研究は従来記述的な傾向がある。しかし，ゲーム理論的パースペクティブを取入れて明確な仮説を設定することにより，内容分析等の計量的手法による一層厳密な分析が可能となる。他方，質的分析では，ゲーム理論的パースペクティブに基づいた厳密な議論及び仮説設定を通して，着目すべきキーワードないし変数が明示される。このように，ゲーム理論的パースペクティブは実証分析に大きく貢献する。

第二に，ゲーム理論モデルは，政策の改革を目指す研究者にとっても示唆に富む。ゲーム理論に基づく分析は，アクターの意思決定において重視されるファクターを明確にし，こうしたファクターの重要性を踏まえて，アクターの利得を考察する。さらに，制度等のゲームのルールや不確実性等のゲームの環境を考慮して，アクター間のインターアクションのモデルを構築し，仮説を導出する。

モデルや仮説は検証されることになるが，もし実証されれば，そのモデルの現実性や妥当性は高められる。ある特定の政策の実現を主張する研究者には，こうして実証されたモデルの持つ意味は大きい。モデルに組込まれている制度や意思決定のファクターが変更されれば，アウトカムもまた変わってくる。従って，制度やファクターの操作を通じて，特定のアウトカムが生まれるかもしれない。図5のモデルを例に採ると，議員は多様な不確実性を克服するために様々な情報等を収集しようとすることが予想さ

れる。R_Pの成立を願う研究者には，議員 j が R_P に賛成するように，国民の関心の高さや R_P のインパクトについて多様な情報を提供するという戦略が示唆される。また地域のフォーラムやメディア等への研究者の参加を通じて，人々の興味を喚起するという方策も考えられる。こうして議員 j は R_P の支持へと促されるであろう。

勿論，制度や環境を外部（研究者側）から操作することは困難であろう。しかし，Dixit (1996) が主張するように，政策研究者の役割に，単なる情報提供に加えて政策過程への積極的な参加も含まれるのならば，研究者の参加のあり方を示唆するゲーム理論モデルは極めて有益であろう。

一般に政策決定では特殊利益が過度に反映され，一般の国民の利益は軽視される傾向があるという通説がある。イシュー・セイリアンスはこの通説を覆し得る要因の一つであると言われ，従ってイシュー・セイリアンスと政策変化との関係を解明する意義は極めて大きい。この解明に向けて，ゲーム理論が齎す貢献は重要である。それは高度な数学的・演繹的手法を注入するという点だけではない。本稿で示されたように，ゲーム理論は，技術的貢献に加えて，厳密な議論を可能にするパースペクティブを提供する。計量的，質的を問わず，実証分析においてゲーム理論的パースペクティブは明確な仮説の設定に寄与する。さらに，ゲーム理論は改革志向の研究者にとっても示唆に富む。ゲーム理論モデルは，研究者が望ましいと考える政策の実現のために如何に貢献できるかを教示する。このように，ゲーム理論は様々な分析にも多様な研究者にも有益なものであり，イシュー・セイリアンスと政策変化に関する研究におけるゲーム理論の可能性は限りなく大きいと言えよう。

（1）ある経済問題に対して完璧な解答（経済政策）を提示する経済理論は存在しない（加藤 1997）。このことは逆に，殆どの租税特別措置が何らかの基準で正当化できることを意味する。利益集団が自らの望む租税特別措置を「公益性のヴェール」（山之内 1992）に包み隠して，その特別措置に期待される社会的に望ましい効果を強調することによって，それらの措置は社会的に受容される。

（2）1986年の米国税制改革の政治過程に関する諸研究については，松田 (2003) を参照されたい。イシュー・セイリアンスを強調した他の事例研究としては，Overby et al. (1992) や Hutchings (1998) 等がある。

（3） 政策変化をめぐる不確実性が政策変化の可能性に影響を与えることを論じたものに Rose（1985）の税制分析がある。Rose は，先進民主主義国家では大規模な税制改革は行われず，現行の税体系を維持しつつ財源確保を行うことを指摘し，その主たる要因として税制改革における不確実性を重視している。

（4） シミュレーション分析では，政策実施後の状況をかなり正確に予測できるかもしれない。しかし，そこで示されるものの多くは，政策の経済や社会全般に及ぼす影響であり，その政策に対する国民一人一人の認知ではない。再選を目指す議員にとって重要なのは後者であり，その意味で議員は，政策実施後の国民の反応に関する不確実性を抱えながら，意思決定を行うのである。

（5） このような政党指導者と若手議員との違いは，例えば最近の消費税率引上げをめぐる姿勢にも見受けられる（『朝日新聞』2005年3月17日朝刊参照）。指導者は，増税に反対する国民への配慮よりも，今後の政党内での立場の強化のために「改革路線」を表明することに重きを置いている。他方，若手議員は，世論の動向に敏感となり，増税に賛成することが難しい状況にある。消費税率引上げは，本稿での議論とは異なり，必ずしも「国民のための」改革とは言えないかもしれないが，しかし，政党指導者と若手議員との間で世論の動向への配慮に相違が見られる点で，本稿の分析には示唆に富む事例と思われる。

文献一覧

Arnold, R. D. 1991. The politics of tax reform in the United States. In D. F. Bradford & K. E. Calder (eds.), *Tax reform in the United States and Japan: Comparative political and economic perspectives*. Princeton: Center of International Studies, Princeton University.

Austen-Smith, D. 1992. Strategic models of talk in political decision making. *International Political Science Review* 13: 45-58.

Bishin, B. G. 2000. Constituency influence in Congress: Does subconstituency matter? *Legislative Studies Quarterly* 25: 389-415.

Bowler, S. & T. Donovan 1995. Popular responsiveness to taxation. *Political Research Quarterly* 48: 79-99.

Brady, H. E. & S. Ansolabehere 1989. The nature of utility function in mass publics. *American Political Science Review* 83: 143-63.

Campbell, J. L. & M. P. Allen 1994. The political economy of revenue extraction in the modern state: A time-series analysis of U. S. income taxes, 1916-1986. *Social Forces* 72: 643-69.

Canes-Wrone, B. 2001. A theory of presidents' public agenda setting. *Journal of Theoretical Politics* 13: 163-208.

Cox, G. W. 2000. On the effects of legislative rules. *Legislative Studies Quarterly* 25: 169-92.

Dixit, A. K. 1996. *The making of economic policy: A transaction-cost politics perspective*. Cambridge: MIT Press.

Edwards, G. C. et al. 1995. Explaining presidential approval: The significance of issue salience. *American Journal of Political Science* 39: 108-34.

Fenno, R. F. 1978. *Home style: House members in their districts*. New York: Harper Collins Publishers.

Gates, S. & B. D. Humes 1997. *Games, information, and politics: Applying game theoretic models to political science*. Ann Arbor: University of Michigan Press.

Goetz, M. L. 1980. The normative bases of tax reform: A constitutional perspective. In W. J. Samuels & L. L. Wade (eds.), *Taxing and spending policy*. Lexington: Lexington Books.

Gretschmann, K. & P. Kenis 1990. Political exchange: A theoretical reconsideration and some empirical evidence from taxation. In B. Marin (ed.), *Governance and generalized exchange: Self-organizing policy networks in action*. Boulder: Westview Press.

Hansen, S. B. 1983. *The politics of taxation: Revenue without representation*. Westport: Praeger.

Hawthorne, M. R. & J. E. Jackson 1987. The individual political economy of federal tax policy. *American Political Science Review* 81: 757-74.

Hayes, M. T. 1978. The semi-sovereign pressure groups: A critique of current theory and an alternative typology. *Journal of Politics* 40: 134-61.

Herbst, S. 1998. *Reading public opinion: How political actors view the democratic process*. Chicago: University of Chicago Press.

Holcombe, R. G. 1996. *Public finance: Government revenues and expenditures in the United States economy*. Minneapolis/St. Paul: West Publishing Company.

Holcombe, R. G. 1999. Tax policy from a public choice perspective. In J. Slemrod (ed.), *Tax policy in the real world*. New York: Cambridge University Press.

Hutchings, V. L. 1998. Issue salience and support for Civil Rights legislation among Southern Democrats. *Legislative Studies Quarterly* 23: 521-44.

Jacobs, L. R. & R. Y. Shapiro 2000. *Politicians don't pander: Political manipulation and the loss of democratic responsiveness*. Chicago: University of Chicago Press.

Kahneman, D. & A. Tversky 1984. Choices, values, and frames. *American Psy-*

chologist 39: 341-50.

加藤淳子　1997.『税制改革と官僚制』　東京大学出版会。

Kernell, S. 1997. *Going public: New strategies of presidential leadership*, 3rd ed. Washington: CQ Press.

Kingdon, J. W. 1977. Models of legislative voting. *Journal of Politics* 39: 563-95.

Kingdon, J. W. 1995. *Agendas, alternative, and public policies*, 2nd ed. New York: Harper Collins Publishers.

Lertzman, K. et al. 1996. Learning and change in the British Columbia forest policy sector: A consideration of Sabatier's Advocacy Coalition Framework. *Canadian Journal of Political Science* 29: 111-33.

Mansbridge, J. J. 1994. Politics as persuasion. In L. C. Dodd & C. Jillison (eds.), *The dynamics of American politics: Approaches and interpretations*. Boulder: Westview Press.

松田憲忠　2003.「1980年代以降の税制改革―政治学における税制改革研究―」『早稲田政治公法研究』74：161-86。

McGraw, K. M. 1990. Avoiding blame: An experimental investigation of political excuse and justifications. *British Journal of Political Science* 20: 119-31.

Miller, J. M. et al. 2003. The origins of policy issue salience: Sociotropic importance for the nation or personal importance to the citizen? Paper for the 2003 Annual Meeting of the American Political Science Association.

Monroe, A. D. 1998. Public opinion and public policy, 1980-1993. *Public Opinion Quarterly* 62: 6-28.

Obler, J. 1979. The odd compartmentalization: Public opinion, aggregate data, and policy analysis. *Policy Studies Journal* 7: 524-40.

Overby, L. M. et al. 1992. Courting constituents? An analysis of the Senate confirmation vote on Justice Clarence Thomas. *American Political Science Review* 86: 997-1003.

Page, B. I. 1994. Democratic responsiveness? Understanding the links between public opinion and policy. *PS: Political Science & Politics* 27: 25-9.

Patterson, M. & K. R. Monroe 1998. Narrative in political science. *Annual Review of Political Science* 1: 315-31.

Quirk, P. J. 1989. The cooperative resolution of policy conflict. *American Political Science Review* 83: 905-21.

Reeher, G. 1996. *Narratives of Justice: Legislators' beliefs about distributive fairness*. Ann Arbor: University of Michigan Press.

Reese, T. J. 1979. The politics of tax reform. *National Tax Journal* 32: 248-54.

Roberts, M. L. et al. 1994. Understanding attitudes toward progressive taxation.

Public Opinion Quarterly 58: 165-90.

Rose, R. 1985. Maximizing revenues while minimizing political costs. *Journal of Public Policy* 5: 289-320.

Smith, M. A. 1999. Public opinion, elections, and representation within a market economy: Does the structural power of business undermine popular sovereignty? *American Journal of Political Science* 43: 842-63.

Stimson, J. A. et al. 1994. Opinion and policy: A global view. *PS: Political Science & Politics* 27: 29-35.

建林正彦　2004.『議員行動の政治経済学―自民党支配の制度分析―』有斐閣。

田中善一郎　1986.「税制改革の政治学」『ジュリスト』874：15-20。

Tullock, G. 1988. Rent seeking and tax reform. *Contemporary Policy Issues* 6: 37-47.

Wade, L. L. 1980. The political theory of public finance. In W. J. Samuels & L. L. Wade (eds.), *Taxing and spending policy*. Lexington: Lexington Books.

Weatherford, M. S. 1994. Responsiveness and deliberation in divided government: Presidential leadership in tax policy making. *British Journal of Political Science* 24: 1-31.

Weaver, R. K. 1986. The politics of blame avoidance. *Journal of Public Policy* 6: 371-98.

West, D. M. 1991. Television and presidential popularity in America. *British Journal of Political Science* 21: 199-214.

Winer, S. L. & W. Hettich 1999. What is missed if we leave out collective choice in the analysis of taxation. In J. Slemrod (ed.), *Tax policy in the real world*. New York: Cambridge University Press.

山之内光躬　1992.『財政過程―利益集団の財政論―』成文堂。

アメリカン・システムの時代における連邦制の実態

櫛田久代

はじめに

　アメリカ合衆国の連邦制は中央政府と州政府との二重の主権構造に大きな特色があり，連邦制の実態は時代とともに変容している[1]。例えば，南北戦争前，合衆国憲法に明確な規定のない銀行は，州政府が認可した銀行と競合し，第一次および第二次合衆国銀行はともに特許期間終了後廃止された。この連邦金融政策の挫折は，現代よりもはるかに州権の強かった19世紀アメリカ連邦制を象徴している。その一方で，ダニエル・J．エラザーが指摘したように，アメリカでは建国以来，政策遂行の面で連邦政府と州政府との協力関係は存在していた[2]。20世紀以降の行政国家の規模とは比べものにならないとはいえ，合衆国の領土拡大とともに州境を越える政策領域が増加し，連邦政府と州政府との間で相互に協力していく事例は19世紀においても少なくなかった。これらの代表的なものの一つが国内交通網の整備，通称，内陸開発（internal improvement）政策である。連邦政府の政策を個別に検討していくと，アメリカの連邦制は，時代ごとに理念的な特徴がある一方で，連邦政府と州政府は争点ごとに競合的とも協力的ともいえる関係を呈している[3]。

　さて，1812年米英戦争後のナショナリズムの一つの表れとして外国に依存しない経済体制を連邦政府主導で形成しようとした1820年代のアメリカン・システム政策には，連邦政府による国内交通網の開発支援事業も組み込まれていた。州権の強かった時代に連邦政府がどのような政策を通して，州内交通路の開発事業を支援していったのかについては，個別の開発事業，州，連邦レベルの観点から政治経済史分野で豊かな研究蓄積があり，民間資本が不十分であった初期アメリカの交通網の発展が地方・州・連邦政府

の法的財政的支援によって推進されてきたことは明らかにされている。ちなみに，この連邦政府の開発支援には，陸軍工兵隊の技術協力も含まれていた4。ところが，アメリカン・システムは，連邦助成面で注目されるものの，同政策が国内交通網の発達を主導したと位置づけられてはいない。しかも，アメリカン・システムを推進したジェイムズ・モンロー，ジョン・Q．アダムズの後にアメリカン・システム批判派のアンドルー・ジャクソンが大統領に就任したことで，国内交通網の開発事業は州政府の管轄領域として州主導で発達したことが定説化している。政治経済史家のカーター・グッドリッチは，南北戦争前の政府による内陸開発支援額に関して，地方・州政府が連邦政府をはるかに上回っていたことを明らかにし，ジャクソン政権以降，開発主体としての連邦政府の役割が低下していく原因は当時の連邦構造にあったと指摘した5。

しかしながら，ジャクソン政権以降地方および州政府が内陸開発政策を担ったという見方は，計量分析的手法を取り入れた歴史研究の分野から，見直しが図られている。経済史家のチャールズ・F．ホルトは州ならびに連邦政府の財務報告書や公文書等の丹念な調査から，1860年以前の州の開発支出総額はグッドリッチの総計値を大幅に下回ることを明らかにした6。ホルトの研究を連邦レベルで補強したのがローレンス・J．マローンである7。その結果，グッドリッチの定説は覆されつつある。

連邦政府の財政支援規模の実態についての見直しが図られているとはいえ，南北戦争前の国内交通網の発達が，個別の開発会社や州主導で行われてきたという定説そのものは揺らいではいない。例えば，南北戦争前の連邦および州政府の内陸開発政策史を包括的に論じたジョン・L．ラーソンの研究は，ジャクソン政権以後の連邦政策の後退，州政府の体系的な開発政策の失敗，および市場の発達によって，政府が内陸開発事業の担い手から離脱していく過程を明らかにしている8。ラーソンの著作の中で，アメリカン・システムはどのように位置づけられているのか。同書において，アメリカン・システムという言葉が章や節に表われないことが図らずも象徴するように，連邦主導の開発政策としてのアメリカン・システムの影は薄い。それは，ひとえにアメリカン・システム下の内陸開発政策の実態と理念とが乖離する傾向があったからに他ならない。

本稿では，1820年代に提唱されたアメリカン・システム時代の国内交通

網の開発政策を検討するとともに，それによって，分権構造の強い政治制度をもつアメリカ合衆国の初期連邦制の実態について考察する。ところで，この連邦制という分析概念は行政学の観点から，あいまいであるとの批判にさらされており，近年では政府間関係が広く用いられている[9]。そのような中で，ここでは，あえて連邦制にこだわっている。というのは，第一に，連邦政府と州政府との管轄権という憲法問題が政策形成および展開を大きく左右していること，第二に，本稿で取り上げる1820年代後半から30年代は，州権論の立場から連邦政策に対する無効宣言理論，さらには，連邦離脱論が登場しており，連邦制が堅固とはいえない時代だからである。そこで，具体的には，1824年に成立した全体調査法とその後の政策展開を通して，どのような条件の下で，連邦政府と州政府との協力関係が生まれたのか，また，瓦解するのかについて分析し，アメリカン・システムの時代の連邦制の特徴について考察したい。

一 アメリカン・システムとその前史

ケンタッキー州選出のヘンリー・クレイが最初にアメリカン・システムという言葉を用いたのは，1820年5月10日の連邦下院であったとされ，対外構想としてこの言葉を用いた[10]。とはいえ，一般にアメリカン・システムとして理解されているのは，保護関税を基礎としたアメリカ経済システム論である。それは，1824年3月末の連邦下院において，クレイが保護関税法案を擁護した演説が発端とされる[11]。このとき，クレイは，大西洋沿岸北部だけでなく中部を含む広い意味での東部の製造業，西部ならびに南部の農業という地域の産業特性を生かした国内分業を前提に，国内市場を整備し外国に依存しない経済体制の発展を目指したアメリカン・システムを提唱した。これは，連邦政府の助力によって国内経済の自立的発展を目指す経済ナショナリズムとして知られるものである。

当初アメリカ外交の方向性を意図してアメリカン・システムという言葉を用いたクレイは一時政界から引退し，その間に，モンロー政権の国務長官J．Q．アダムズの下で，アメリカ合衆国を取り巻く国際環境は大きく変化した。独立以来，アメリカ最大の対外的脅威であったイギリスとの緊張関係は，カナダ植民地との間の国境線が確定したことでひとまず収束した。フロリダの領有をめぐって対立していたスペインとの関係も，1819年

アダムズ＝オニス条約の締結でフロリダの購入が決定しただけでなく，スペイン領メキシコとの国境線も確定した。その結果，アメリカ合衆国は国境の南北を接するヨーロッパの強国との間で平和を確立した。しかも，1818年から1822年にかけて，ラテン・アメリカの植民地が，相次いで宗主国であるスペインあるいはポルトガルから独立を宣言し，アメリカがその独立を承認するという新たな国際環境が生まれた。こうした中南米諸国の動きに対して1823年には，南米におけるヨーロッパ諸国からの干渉を共同で阻止しようという提案がイギリスから持ちかけられた。これへのアメリカ政府の返答がモンロー宣言であった[12]。

1823年12月初めに出されたモンロー大統領の第七回年次教書は，モンロー宣言として知られる有名な外交方針を提唱した。同宣言はヨーロッパによる西半球の植民地化を終わらせ，西半球の独立国への干渉はアメリカへの脅威とみなすとの警告であった[13]。外交政策におけるアメリカのヨーロッパ離れは，経済政策においても顕著に見られた。既にマディソン政権末期から顕在化しつつあったが，国内の製造業の育成と保護を目的とする保護関税政策と国内市場の形成という経済政策は，1812年戦争後の，さらには，ヨーロッパ諸国との友好関係の確立と1820年代初めの西半球における新興独立国の続出によって強化された。しかも，1819年の経済不況を脱し，奴隷制度をめぐる南部と北部との対立と均衡の狭間で増大する西部諸州の存在が政治的にも経済的にもアメリカ合衆国内で徐々に大きな存在になりつつあった。

第五代大統領に就任したモンローは，まさにアメリカ連邦が拡大する時代の大統領であった。1817年の大統領就任時に19州で構成されたアメリカ合衆国は，就任後3年の間にミシシッピー州，イリノイ州，アラバマ州を連邦に加えた。しかも，奴隷州であるミズーリの連邦加盟をめぐる争いに端を発するミズーリの妥協からマサチューセッツ州から分離したメインが自由州として連邦に加盟し，結局，彼の退任時には合衆国を構成する州の数は24州にまで増大した。

広大な領土を抱えるアメリカ合衆国では，政治的，経済的，軍事的な観点から運河と道路，河川を利用した内陸交通網の必要性が痛感されていた。19世紀初期には大西洋沿岸地域を中心に道路網は広がっていたが，内陸に延びる航行網の発達は遅れていた。各州で州政府の支援を受けた開発会社

が河川改修や運河の建設を計画し事業化してきたとはいえ，資金不足や建設技術の問題，土木技術者の不足から事業そのものが中断している場合が多かった。内陸部に膨張を続けるアメリカにおいて，拡大する西部を大西洋沿岸諸州に結びつける航行路や道路の開発は，連邦全体の結びつきを深めるという政治的観点からはもちろんのこと，人の移動や生産物の輸送経費の削減と時間の短縮の観点から，ますます重要な政策課題となっていた。そのため，国内交通網開発の問題は，連邦全体の問題であると同時に，それぞれの州の問題でもあった。

モンロー大統領の第七回年次教書は，外国に依存しない経済体制の確立との関連で，製造業を振興するために関税の見直しを促しただけでなかった。同教書を機に，これまで憲法問題から，連邦政府による国内交通網の開発政策に対して慎重だったモンロー大統領が方針転換をはかることになる。

ところで，内陸開発権限は合衆国憲法で列挙された権限に含まれていなかったことから，これまでも連邦政府が政策的に国内交通網の開発に乗り出せるかどうかはしばしば議論されてきた。この論争は，1787年の憲法制定会議にさかのぼるほど古い。しかしながら，フェデラリスト政権期に始まった灯台等の港湾整備事業，そして，オハイオ準州の州昇格に端を発するカンバーランド国道事業を含むジェファソン政権期の内陸開発諸政策は，連邦政府による内陸開発政策に新たな指針を与えた[14]。1806年のカンバーランド国道建設法によって具体化したこの国道事業は，公有地の売却益の2％を原資とした道路基金を基に，関係各州の同意を得て，メリーランド州のカンバーランドからヴァージニア州のホイーリング（現ウェストヴァージニア州内）までの東部と西部とを結ぶ道路を建設する連邦事業であった。当時，連邦政府の管轄領域である準州およびワシントン特別区における交通手段の整備は行われていたが，ジェファソン大統領の時代に，連邦政府の内陸開発政策は大きく前進した。州の同意を得て連邦政策を実施するカンバーランド国道事業が作り出した法的枠組みは，各州内に及ぶ連邦政府の政策可能性の範囲を広げた。1808年には「道路と運河に関する報告書」が財務長官アルバート・ギャラティンによって提出され，全国規模での交通網の整備計画が具体的な政策として検討されるようになった[15]。同報告書は，既存の道路や運河の開発計画および事業を活用し，資金不足を

連邦助成で補う形で，合衆国内に体系的な交通網を整備することを構想した。しかも，合衆国憲法において可能な連邦助成方法として連邦政府が各州の同意を得て，連邦資金で開発事業を行うという従来の方式のほかに，民間会社に対して資金の貸付，あるいはその株式に出資するという二つの方法を示した。その結果，資金不足に悩む開発事業からの財政支援要請が連邦議会に殺到した。しかしながら，連邦政府の内陸開発政策構想は，イギリスとの間で起こった1812年戦争によって中断せざるをえなかった。とはいえ，戦争中，軍隊の速やかな移動や軍需物資の輸送のために，連邦政府によって軍用道路が建設され，要塞建設や地形調査を任務とする陸軍管轄の工兵課（the Engineer Department）の技官が，国内の交通路の開発に従事する機会が広がっていった。

　ギャラティンの報告書が提出されて以降1812年戦争をはさみつつ連邦議会において，包括的な内陸開発法案が提案され審議されることはあったものの，上下両院で可決されることはなかった。また，経済的にも軍事的にも重要であると思われる国内の運河建設事業に対する連邦助成も実現しなかった[16]。こうした中で，連邦議会で可決された唯一の例外が，ボーナス法案である。マディソン政権末期，サウスカロライナ州選出の連邦下院議員ジョン・C．カルフーンが提出した内陸開発法案，いわゆる，ボーナス法案は，第二次合衆国銀行設立認可の見返りとしての特別配当金の総額150万ドルを国内の道路と運河の開発基金とするものであった。しかし，当時のマディソン大統領は，ボーナス法案に対して1817年3月に拒否権を発動し，連邦政府が開発政策を行うには，合衆国憲法を修正して，道路や運河を開発する権限を付与すべきであるとの考えを示した[17]。このマディソンの拒否権は，モンロー政権の内陸開発政策に少なからぬ影響を与えた。

　内陸開発政策に対するモンローの慎重姿勢は，ジェファソン政権下で始まったカンバーランド国道の維持管理で厄介な問題をもたらすことになった。当初計画されたカンバーランドからホイーリング区間が1818年に開通し，さらなる西方への延伸が，インディアナ準州，イリノイ準州，ミズーリ準州の州昇格とともに決定した。しかし，その一方で，開通区間の道路は交通量が多かったため，道路の維持補修が新たな問題としてのしかかっていた。モンロー大統領は，既存の連邦事業を存続発展させる方針を堅持してきたにも拘わらず，1822年5月に，通行料を徴収してカンバーランド

国道の維持補修にあてるという法案が連邦議会で可決されたとき，拒否権を発動して法案成立を阻止した。

カンバーランド国道事業はモンロー大統領の拒否権によって思わぬ障害につきあたったが，他方で，カルフーン陸軍長官の下で陸軍省管轄の工兵隊が，沿岸警備に関連した港湾の整備や要塞建設だけでなく，各地の内陸開発事業の事前調査に協力する事例が増え始めていた。カルフーンは，1819年1月に平時における軍隊の利用を見越して，防衛的な観点から工兵隊 (the Corps of Engineers) および軍隊を活用した全国規模の交通網開発構想を報告書にまとめ提出していた[18]。この提案そのものはすぐに法制化されることはなかったが，前述したように，実際には工兵隊は州内で進められている運河の開発計画調査等で重要な役割を果たすようになっていた。

このような背景の下で，1823年のモンロー大統領の第七回年次教書は画期的であった。公式には連邦政府が合衆国内の交通網の整備に乗り出すという方針を示していなかったモンロー政権が，国内交通網の開発に言及したからである。内陸開発政策に関して教書で示された方針転換は二つある。一つはカンバーランド国道の維持補修方式の見直しであり，もう一つは，陸軍の工兵将校，技官が内陸開発事業の事前調査を行い，その報告書提出を提案するものであった。後者の提案は，既に一部の地域で行われていた陸軍工兵隊による開発事業への技術協力を制度化する試みであった。モンロー大統領の施政方針の転換で始まった第18連邦議会では，一時期引退していたヘンリー・クレイの政界復帰と呼応して，本格的にアメリカン・システムが議論されていくことになる。

二　全体調査法の成立

第18連邦議会では，モンローが求めた工兵隊を活用した調査法案が，1824年4月末に「道路と運河に関して必要な調査，計画，ならびに概算を行う法」として成立した[19]。通称，全体調査法である。これは，同時期に成立した1824年の保護関税法と並んで，アメリカン・システムの柱として知られる内陸開発関連法であった。

全体調査法は，1808年のギャラティンの「道路と運河に関する報告書」が提出されて以降，これまで幾度となく審議されてきた内陸開発法案と比較すると，その性格と趣旨が著しく異なる。大きな違いは，連邦政府に与

えられた役割が開発計画策定の事前調査のみに限定されており，開発財源を規定したものではないこと，そして，これまで重視されてきた全国規模の体系的な交通網の整備という視点がなかったことである。しかし，「通商的ないし軍事的観点，あるいは郵便配達に必要な観点において，大統領が国家的な重要性をもつと考える道路や運河のルートに関して，必要な調査，計画，ならびに概算を行う」ために，工兵隊の活用が正式に認められた。

全体調査法の審議では，当然のことながら，憲法問題が取りざたされた。クレイは強硬な反対派を説得するには至らなかったが，全体調査法案そのものは，2月10日に連邦下院において賛成115，反対86で，4月24日に連邦上院において賛成24，反対18で可決された。ニューイングランド，中部大西洋沿岸，南部大西洋沿岸，西部の地域ごとの連邦下院における投票結果を基に作成したものが図1である[20]。

可決した法案の議決を見ると，地域および州により顕著な傾向が見られる。地域ごとに，反対派が賛成派を上回るのは，ニューイングランド，南部大西洋沿岸の2地域で，それ以外の地域は賛成した議員のほうが多い。しかも，下院議長クレイを擁する西部では，反対した議員が一人もいない。一方，州ごとに見ていくと，中部大西洋沿岸地域は賛成派が多い中で，ニューヨーク州は，唯一反対派が上回るだけでなく，合衆国の中で最大の反対派勢力を形成していた。この地域別議決結果は，上院もほぼ同様な傾向を示していた。この連邦下院の議決結果を1817年のボーナス法案と比較すると，どのよ

図1　第18連邦議会第1会期
　　　全体調査法の地域別議決結果

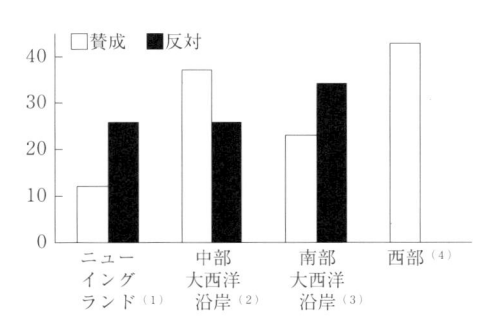

【注】（1）：ニューハンプシャー，ヴァーモント，マサチューセッツ，ロードアイランド，コネチカット。
　　　（2）：ニューヨーク，ニュージャージー，ペンシルヴェニア，デラウェア。
　　　（3）：メリーランド，ヴァージニア，ノースカロライナ，サウスカロライナ，ジョージア。
　　　（4）：オハイオ，インディアナ，イリノイ，ケンタッキー，テネシー，ミシシッピー，ルイジアナ，ミズーリ。

うな相違・共通点が見られるだろうか。

7年前のボーナス法案は，合衆国内の道路，運河，河川改修のための開発財源を明記し，その開発基金の配分方法までも規定したものであった。全体調査法とボーナス法案とはその政策内容が異なるため単純な比較はできない。しかし，それを承知の上で，両法案に対する議決結果を地域別に比較してみよう。ボーナス法案に対する第14連邦議会の地域別議決結果を基に作成したのが図2である[21]。

図2　第14連邦議会第2会期
　　　ボーナス法案の地域別議決結果

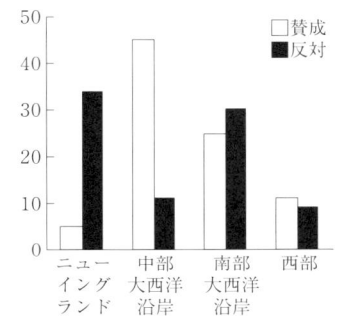

【注】1）第14連邦議会時，西部はオハイオ，ケンタッキー，テネシー，ルイジアナ，インディアナのみ。
　　　2）州数は第14連邦議会時19州，第18連邦議会時24州に増加。新州はニューイングランドのメインを除いて全て西部地域。

両法案の議決結果を見ると，地域としての全体的な投票傾向は同じであるが，州別では大きな相違が見られる。それは，第一に，ボーナス法案に対しては最大の支持勢力であったニューヨーク州が，今回は最大の反対派勢力に転じたこと。第二に，ボーナス法案に反対する議員が多かった西部から，今回は反対投票をした者が一人もいなかったこと。そして，第三に，ボーナス法案に比べ，南部において反対派が増加したことである。両法案の投票行動の違いは，法案の政策内容の違いと，ボーナス法案の不成立から7年の間に進んだ各州間の内陸開発事業の格差によってある程度説明できる。

政策内容の相違に関していえば，ボーナス法案は，各州の連邦下院議員数に比例した開発基金の配分を規定していたため，人口数の少ない州に不利で，多い州には有利な連邦助成制度を作り出すものだった。連邦政府による内陸開発政策を支持していても，基金の配分比重が小さくなる小州や西部の新州にとってボーナス法案は必ずしも好ましい法案ではなかった。しかし，全体調査法案の場合は，調査対象に関して州別の量的規制はなかった。

また，7年間の歳月に関しては，ニューヨーク州の議員の投票が示唆的である。ボーナス法案が不成立に終わった1817年3月，連邦助成がすぐに

は期待できない状況の中で、同州は、当時のアメリカとしては最大規模の運河事業であったエリー運河建設に独自に着手した。全体調査法案が審議されていた頃は、既に全航路の開通が目前に迫っていた。連邦政府の支援を受けることなく巨大事業を成し遂げつつあったニューヨーク州にとって、連邦政府による内陸開発政策の必要性が弱まっていた。一方、中部大西洋沿岸地域のペンシルヴェニア州は、エリー運河に対抗して州内でエリー湖とフィラデルフィアを結ぶ大規模な航行網の開発に取り組み始めていた。幾つもの事業を抱え財源不足が懸念されるペンシルヴェニア州は、技術的にも財政的にも連邦支援を必要としていた。この状況の違いが、全体調査法案の議決に如実に表れていた。

各州の思惑が異なる中で成立した全体調査法は、まさにモンロー大統領が第七回年次教書で言及した内容そのものだった。そして、カルフーン陸軍長官の下で進められていた軍隊の平時活用が法制化されたのである。全体調査法を実施するために、モンロー大統領は1824年5月31日に内陸開発工兵委員会 (the Board of Engineer for Internal Improvement) の人事を発令した。委員会は以後多忙な調査任務に当たることになった[22]。

三 アメリカン・システムの実態

全体調査法の成立と同時期、アメリカン・システムの柱ともいえる、保護関税法が成立した。モンロー政権において、関税引き上げ法案が真剣に検討されるようになったのは、1819年不況後のことであった。1824年の保護関税法案の議決結果は、連邦下院では先の全体調査法と同様な傾向が見られた。ニューイングランドおよび南部諸州は法案への反対票が多く、西部や中部大西洋沿岸諸州は賛成票が大幅に上回っていた。しかし、圧倒的かつ強固な反対勢力はなんと言っても南部諸州であった[23]。棒鉄の関税引き上げは大西洋沿岸の製造業者にとっては有利であったが、主要輸出産品である綿花を栽培する南部のプランターにとっては不利に働いた。地域利害の対立をはらみながらも、法案の成立によって国内製造業の育成と保護を目的とした保護貿易政策が動き出した。

第二次合衆国銀行、1824年に成立した保護関税法と全体調査法によって、アメリカン・システムの三つの柱が動き出した。全体調査法は、国家的な見地からの交通網の体系的開発を保証せず、開発財源を規定するものでも

なく，その政策範囲が調査に限定されていたが，民間の技術者が不足していた時代，土木事業の専門家である工兵隊は各地の交通路建設事業において地形調査，開発計画の策定，開発路線の選定といった重要な役割を担った。当初工兵隊の調査対象は，運河，道路，河川改修が念頭にあったが，まもなく鉄道ルートの調査にも及んだ。そして，工兵隊は国家的な意義のある事業かどうかに拘らず，殺到する調査依頼を引き受けたため，その活動は多忙を極めていった。

調査協力が制度化されたことが呼び水となって連邦政府の内陸開発政策の対象は飛躍的に増大した。全体調査法成立と同時期の連邦議会では，軍隊を利用した道路建設法案が成立した。一つは，テネシー州とアーカンソー準州を結ぶ道路であり，もう一つは，オハイオ州とミシガン準州デトロイトを結ぶ道路である。また，内陸部の航行を円滑にするために，西部と南部の重要な通商航路であるミシシッピー川とオハイオ川の河川改修法も成立した。さらに，ワバシュ川とエリー湖のマイアミとを公有地を通って結ぶ運河の建設も条件付で認められ，第18連邦議会第1会期には，連邦政府による各地の河川改修，道路建設を技術的かつ財政的に支援する多種多様な内陸開発関連法案が成立した。しかも，1825年には，工兵隊の技術調査協力を得て運河建設ルートの再調査を行っていたチェサピーク＆デラウェア運河会社に対して，連邦政府が1,500株（30万ドル）出資する法案が成立した[24]。同運河会社はJ．Q．アダムズ政権末期の1829年3月にも15万ドルの追加増資を受け，同年10月17日に，ペンシルヴェニア，デラウェア，メリーランドの関係する3州で会社が設立されてから約30年後，念願の運河が開通した[25]。同様な措置がヴァージニア州とノースカロライナ州にまたがるディズマール・スォンプ運河会社に対してもとられた。

一方，カンバーランド国道事業は，1825年3月に成立したカンバーランド国道延長法で，道路基金から15万ドルを拠出し，オハイオ州内の一部の区間の道路を建設することが承認された。また，5年前のカンバーランド国道関連法に基づいて，ミズーリ州の州都にまでカンバーランド国道が延伸するための調査を行うことにも言及された[26]。

全体調査法は，J．Q．アダムズ大統領によっても引き継がれ，最初の4年間で，工兵隊は約100ヶ所の調査を実施した。その調査の内訳は，運河34ヶ所，道路18ヶ所，河川および港湾44ヶ所だった[27]。しかも，陸軍工

兵課は調査業務だけでなく，開発事業の工程管理や工事そのものに従事する場合もあった。また，先述したように重要な開発事業に対しては連邦助成も実施された。1828年の陸軍長官の年次報告書に添付された工兵課の活動報告書によると，議会で成立した個別の開発事業法や全体調査法に基づいた事業調査を除いて，民生分野の道路建設，河川改修，港湾建設への従事は37ヶ所に上り，その対象地域は，オハイオ州，ニューヨーク州，マサチューセッツ州が多かったが，ほぼ全国各地にわたった。また，全体調査法に基づき20ヶ所もの事業地域の調査が行われたことも報告されている。河川航行ないし改修，道路・運河・鉄道建設のための調査対象域は首都から北部の大西洋沿岸諸州のものであった。先の民生用工事がほぼ国内全域にわたっていたのに比べると，地域的な偏りが見られた[28]。

表1は経済史家マローンが膨大な財務文書を調査しまとめた南北戦争前の連邦内陸開発助成拠出額一覧を基に1826年から28年までの3年間の州別拠出額を抽出し，助成額の多い州から順に上位10州を並べ直したものである[29]。助成額の多い地域はマサチューセッツ州を例外として，全体的に，ニューイングランドを除く大西洋沿岸地域と，カンバーランド国道の通過する地域に集中していた。

国家的意義のある重要な開発事業の調査は最初の3，4年間にほぼ終わり，工兵隊はより小規模で地方的な色彩の強い開発事業に従事するようになる中で，アダムズ政権末期，増加する技術支援に対して一部制限するようになった[30]。1831年になると，内陸開発工兵委員会は廃止され，全体調

表1　1826年-1828年　州別の連邦内陸開発助成拠出額（単位：ドル）

州	1826年	1827年	1828年	州別　計
オハイオ	21,621	201,298	222,106	445,025
ニューヨーク	18,823	39,945	76,696	135,464
メリーランド	54,164	28,816	33,839	116,819
ノースカロライナ	87,833	12,773	9,163	109,769
ヴァージニア	75,637	7,111	25,287	108,035
デラウェア	53,925	31,300	15,377	100,602
マサチューセッツ	46,007	17,918	28,047	91,972
インディアナ	22,177	24,153	25,088	71,418
ケンタッキー	16,600	19,472	20,960	57,032
ペンシルヴェニア	10,723	28,095	14,616	53,434

（出所）　Laurence J. Malone, *Opening The West* (Westport: Greenwood, 1998), Appendix A より抜粋

査法の下での調査は工兵課から分離した地形調査局（the Topographical Bureau）が続行した[31]。1832年の同局の報告書を見ると，その年22ヶ所の事業調査実施を報告している[32]。しかしながら，陸軍内部では調査協力に対する不満が蓄積しつつあった。1831年1月，ジャクソン政権の陸軍長官ジョン・H・イートンは，地形調査局が民間の重要な事業調査を担っており，それが戦時に軍事的な重要性を持ちうることを認識しつつも，地形調査局の第一の任務は要塞，未開地の防衛拠点，沿岸部，軍用道路のための軍事的調査であるとの見解を示した[33]。陸軍における軍務の見直しとともに，民間の技術者が育ってきたことで，全体調査法は1838年に実質的に廃止されるに至った[34]。

全体調査法の成立によって連邦政府が諸州の内陸開発事業を技術的に財政的に支援する道が開かれたとはいえ，その内実は国家的あるいは連邦全体の目的を追求する連邦政府の政策意図が政治的に州政府および民間の開発事業主に利用されていたといえる。というのも，1825年に開通したニューヨーク州のエリー運河の成功により，アメリカの交通は運河の時代を迎えていたが，その直後から，都市部の一部で鉄道が建設され始めていた。このような中，アメリカ各地の水陸交通網の開発事業の増大は，連邦議会の場で連邦助成を求める議員たちのポーク・バレル（利益誘導）を招く結果となった[35]。内陸開発史家のラーソンは，連邦助成をめぐって議員たちのポーク・バレルが横行し，連邦政府の内陸開発政策が国家的な体系性を失ったアダムズ政権下の実態を揶揄して，アダムズ政権下の内陸開発政策を「腐敗した内陸開発」（spoiling internal improvement）と総称する[36]。アメリカン・システムの呼び声とともに始まった連邦政府の内陸開発政策は，連邦政府と州政府との相互補完的な協力体制を生み出したが，結果的には諸州間の競合を激化させた点は否定できない。

おわりに

そもそもアメリカン・システムという言葉はヘンリー・クレイが最初に用いたわけではない。しかも，その内容は歴史的にみれば決して目新しいものではなかった。アメリカン・システムという言葉は，既にアレグザンダー・ハミルトンが『ザ・フェデラリスト』の第11篇で用いていた。そこでは，アメリカの13ステイトが一緒になって堅固で揺ぎない連邦を形成し，

新世界において旧世界のヨーロッパ列強から干渉を受けない政治経済体制を築くことを意味していた[37]。その後，ワシントン政権の財務長官となるハミルトンは幼稚産業である国内の製造業を育成する政策を推進した。それは，経済ナショナリズムとしてのアメリカン・システムの先駆けだった[38]。

　基本的に農本主義および自由貿易主義を支持したジェファソンは1801年に大統領に就任し，ルイジアナ地域を購入して後の二期目に入ると，製造業の振興，国内交通網の開発を通じた国内市場の形成と国内経済の発展を見据えた経済政策の必要性を認識するようになった。しかも，政権末期には出港禁止法を制定し，従来の自由貿易システムを実質的に見直した。マディソン政権に入ると，外交関係の修復が進まなかったイギリスとの間で戦争が勃発した。第二の独立戦争といわれる1812年戦争は，ヨーロッパとの通商関係が途絶えた中で，アメリカ国内の綿工業を中心とした製造業が発展する契機となった。マディソン大統領は，1812年戦争後の年次教書で，戦後復興と国内経済の自立的発展を目指す一連の政策を提唱した。そこでは，保護関税，第二次合衆国銀行の認可，製造業の振興，内陸開発の推進といった後のアメリカン・システムを構成する諸政策が具体的な政策課題となった。

　マディソン政権末期の1816年に保護関税法が成立しただけでなく，第二次合衆国銀行も20年の特許期間の条件付で設立された。しかし，前述したように，包括的な内陸開発法案であるボーナス法案はマディソン大統領最後の拒否権発動にあい成立しなかった。この時期，アメリカン・システムという名称こそなかったが，実質的にアメリカン・システムの時代に入っていたといえる。その意味で，クレイの演説が行われた1824年当時，アメリカン・システム論それ自体は必ずしも目新しい政策論ではなかった。

　クレイとともに語られるアメリカン・システムであるが，下院議長として，連邦下院の審議をリードしたクレイの功績は決して小さくないとはいえ，こと連邦政府の内陸開発政策に限っていえば，陸軍工兵隊を活用した全体調査法を基盤とする連邦政府の政策体系を実質的に形成したのはカルフーンだった。しかし，皮肉なことに，カルフーンは，1828年の保護関税法への南部の激しい反発から次第に州権論者へと立場を変え，1832年の保護関税法に公然と反対した。その後，地元であるサウスカロライナ州を基

盤とする州権論の理論的リーダーとして，州の立場から連邦法を違憲無効と宣言する理論を展開してアメリカン・システムの強力な批判派となっていった。

1816年から1833年までの関税法案と1824年の全体調査法案に関する連邦下院における地域ごとの議決は示唆的である。下院議員の関税法に対する議決結果は，議員個人の政治信条だけでなく，関税法の内容そのものが同じ製造業とはいえ業種間で対立している場合もあり，地域利害をそのまま反映しているとはいえないが，連邦全体で見たときのおおよその地域的傾向はわかる。全体調査法の地域別議決結果とともに概観すると，中部大西洋沿岸地域と北西部地域との共通利害が1820年代のアメリカン・システムの諸政策を成立させていたといえる[39]。実際，クレイのナショナリズムは西部のセクショナリズムと表裏一体であった。クレイは地元が長年懇請していたルイスヴィル＆ポートランド運河への連邦助成実現に尽力しただけでなく，1830年5月にジャクソン大統領が拒否権を発動したケンタッキー州内のメイスヴィル有料道路の出資法案にも熱心で，彼の国家的な主張にはしばしば州の利害，西部利害の代表者としての側面が共存していた。

モンロー政権末期，アメリカン・システムが本格化したが，保護関税の下で国内の製造業の発展を図り，国内経済市場を整備するという連邦主導の経済政策は，地域利害と深く結びついていた。しかも，全体調査法ならびにその後の連邦助成政策を見ると，連邦政府の内陸開発政策は，政策意図とは裏腹にアメリカ連邦制の属性である分権構造の中で政策が機能せざるをえなかったともいえる。しかも，アメリカン・システムの時代は政党の再編期にあたった。連邦レベルで民主党形成の核となる1828年大統領選挙におけるジャクソンの勝利は，連邦政策の縮小と州政府への政策権限の移譲を引き起こした。例えば，連邦政府によって建設されたカンバーランド国道は，ジャクソン政権時代に，国道の維持管理の問題からメリーランド，ペンシルヴェニア，ヴァージニア各州内の道路を連邦政府から州政府へ移管し，州が有料道路として運営する方式に変更した[40]。これは第二次合衆国銀行の更新法案に対してジャクソン大統領が1832年に拒否権を発動し，1836年の特許期間終了を待たずに連邦資金の引き揚げが行われ，銀行が機能停止状態に追い込まれた構造と通ずる。

アメリカの連邦制を構成する州は，言語，宗教，民族を基盤とする政治

的単位ではないが，州の政治的自律性の高さを基盤とする分権構造は，19世紀のとりわけ南北戦争前，国家的な連邦政策の実施を阻んできた。連邦政府による開発助成の枠組みを生み出した全体調査法とその後の展開を概観すると，開発事業主を含めて州側が開発調査を申請し，連邦政府が調査と時には開発資金をも供給するという連邦政府と州政府との関係は対立的ではなく相互補完的である。しかも，ひとたび制度化されると，連邦議会における諸州間の競合は，連邦の供給資源の拡大をもたらした。

しかし，この相互補完的な連邦政府と州政府との協力関係は，連邦政府への求心力を生み出したわけではなかった。逆に，連邦権限が集権的に働いた保護関税法の場合，南部の高関税に対する南部の反発に見るように，地域利害に不公平な連邦政策への不満が一部の州の急進化と諸州間の対立，さらには連邦制の動揺を招く結果にもなった。国家主義的なあるいは集権的な政策を志向したアメリカン・システムの時代であっても，連邦制は連邦政府と州政府との二重主権構造を維持しており，産業構造の地域性が高まる中で，連邦政策は諸州間の競合と対立だけでなく地域間のセクショナリズムを強める契機となりえたといえるのではなかろうか。

（1） 19世紀の連邦制の捉え方として古典的なものに，連邦政府と州政府との政策領域と権限が厳格に区別される二重連邦主義があるが，建国の初期から連邦政府は州の政策領域にかかわっており，理念的なものにすぎない。尚，行政学者のデイル・S．ライトは1930年代までの政府間関係を対立型と特徴付けている。

　　Joseph F. Zimmerman, *Contemporary American Federalism: The Growth of National Power* (Westport: Praeger, 1992), ch. 1; Deil S. Wright, *Understanding Intergovernmental Relations*, 2nd ed. (Monterey: Books/Cole Publishing Company, 1982), ch.3.

（2） Daniel J. Elazar, *The American Partnership* (Chicago: University of Chicago Press, 1962).

（3） 政策ごとに政府関係が変化する連邦制（ないし政府間関係）の理解としては，例えば，エラザーが示したマトリクス型やライトの重複権限型がある。Daniel J. Elazar, Exploring Federalism (Tuscaloosa: The University of Alabama Press, 1987), pp. 34-38; Wright, *Understanding Intergovernmental Relations*, pp. 29, 38-40.

（4） F. G. Hill, *Roads, Rails, & Waterways: The Army Engineers and Early*

　　　　Transportation (Norman: University of Oklahoma Press, 1957).
（5）　Carter Goodrich, *Government Promotion of American Canals and Railroads, 1800-1890* (New York: The Colombia University Press, 1960).
（6）　Charles Frank Holt, *The Role of State Government in the Nineteenth Century American Economy, 1820-1902: A Quantitative Study* (New York: Arno Press, 1977).
（7）　Laurence J. Malone, *Opening The West: Federal Internal Improvements Before 1869* (Westport: Greenwood Press, 1998).
（8）　John L. Larson, *Internal Improvement: National Public Works and the Promise of Popular Government in the Early United States* (Chapel Hill: The University of North Carolina Press, 2001).
（9）　Wright, *Understanding Intergovernmental Relation, ch.1*; Elazar, *Exploring Federalism*, pp. 14-18.
（10）　中嶋啓雄『モンロー・ドクトリンとアメリカ外交の基盤』（ミネルヴァ書房，2002年），89-90頁。
（11）　この点に関しては，以下参照のこと。Mourice G. Baxter, *Henry Clay and the American System* (Lexington: University of Kentucky, 1995), p. 27.
（12）　アダムズ国務長官が起草したモンロー宣言の形成過程については以下参照。Harry Ammon, *James Monroe: The Quest for National Identity* (Charlottesville: University of Virginia Press, 1990), ch. 27. 中嶋前掲書。
（13）　Seventh Annual Message, December 2, 1823, *A Compilation of the Messages and Papers of the Presidents*, (New York: Bureau of National Literature, 1897-1917), 20 vols., 2: 786-87.
（14）　櫛田久代「ジェファソン政権における内陸開発の諸問題（1）（2）」『北大法学論集』第47巻第3，4号（平成8年），916-62，1154-1200頁。
（15）　*Report of the Secretary of the Treasury on the Subject of Public Roads & Canals* (Washington: R. C. Washington, 1808; reprint ed., New York: Augustus M. Kelley, 1968).
（16）　櫛田久代「米連邦下院議員P・B・ポーターの内陸開発政策」『敬愛大学国際研究』第8号，1-30頁。
（17）　Veto Message, March 3, 1817, Jack N. Rakove ed., *James Madison, Writings* (New York: Library of Classics of the United States, 1999), p. 718.
（18）　*American State Papers*（以後 *ASP*）(Washington: Gales and Seaton, 1832-1861; reprinted ed., Buffalo: William S. Hein, 1998) : *Miscellaneous*, 2 vols., 2: 533-37.
（19）　Appendix to *Annals of Congress*（以後 *AC*）, 18th Cong., 1st Sess., p. 3217.
（20）　*AC*, 18th Cong., 1st Sess., pp. 1468-69. 連邦下院議員の州別投票行動表作

成に当たっては，以下を参考にした。Larson, *Internal Improvements*, p. 146.
(21) *AC*, 14th Cong., 2nd Sess., p. 934.
(22) Hill, *Roads*, pp. 49-50.
(23) Gerald M. Capers, *John C. Calhoun, Opportunist: A Reappraisal* (Gainesville: The University of Florida, 1960; reprinted ed., Chicago: Quadrangle Books, 1969), p. 94. 宮野啓二『アメリカ国民経済の形成――「アメリカン・システム」研究序説』（御茶の水書房，1971年），第1－2章参照。
(24) Appendix to *AC*, 18th Cong., 2nd Sess., p. 99.
(25) Ralph D. Gray, *The National Waterway: A History of the Chesapeake and Delaware Canal, 1769-1985*, 3rd ed. (Urbana: University of Illinois Press, 1989). 1769-1985, 3rd ed. (Urbana: University of Illinois Press, 1989); Hisayo Kushida, "Searching for Federal Aid: The Petitioning Activities of the Chesapeake and Delaware Canal Company," *The Japanese Journal of American studies*, No. 14(2003), pp. 87-103.
(26) Appendix to *AC*, 16th Cong., 1st Sess., pp. 2617-18; *AC*, 1^{8th} Cong., 2nd Sess., pp. 110-11.
(27) Hill, *Roads*, pp. 58-59.
(28) *ASP: Military*, 7 vols., 4: 14-16, 594-596.
(29) Malone, *Opening the West*, Appendix Aより関係各州のデータを抽出し作成。
(30) Hill, *Roads*, pp. 74-5, 112.
(31) *Ibid*., p. 78; *ASP: Military*, 4: 710, 732.
(32) *ASP: Military*, 5: 62-64.
(33) *Ibid*., 4: 631.
(34) Hill, *Roads*, pp. 89-91.
(35) Mary W. M. Hargreaves, *The Presidency of John Quincy Adams* (Lawrence: Kansas, 1985), pp. 174-80.
(36) Larson, *Internal Improvement*, pp. 149-50.
(37) James Madison, Alexander Hamilton, and John Jay, *The Federalist Papers* (New York: Penguin Books, 1987), pp. 128-34. 斎藤眞・中野勝郎訳『ザ・フェデラリスト』（岩波文庫，1999年），67-78頁。
(38) ハミルトンの経済政策に関しては以下参照。中野勝郎『アメリカ連邦体制の確立――ハミルトンと共和政』（東京大学出版会，1993年）；田島恵児『ハミルトン体制研究序説――建国初期アメリカ合衆国の経済史』（勁草書房，1984年）。
(39) Capers, *Calhoun*, p. 94. 1824年保護関税に関して連邦上院では，ニューイングランドは賛成派だった。

(40) アメリカ連邦交通所道路局編，別所正彦・河合恭平訳『アメリカ道路史』（原書房，1981年），49頁。

民主制と独裁制の生存条件
―― 離散時間型生存分析による体制別危険因子の再検証 ――

三上　了

はじめに

　政治変動が，いつ，なぜ生じるのかという問いは古くから存在するが，それに関する諸説を，統計学的に検証した研究が現れたのは比較的最近である[1]。とはいえ，その研究成果の蓄積スピードたるや目覚しく，例えば経済発展レベルが高いことは民主制にとって好条件であることのように，既にほとんどの分析において結果が一致し，ある程度のコンセンサスが形成されている命題もあれば，経済的パフォーマンスの影響のように，分析ごとに結果が異なり，ゆえに論争が続いている命題もある。

　このような研究状況をふまえ，さらに何らかの新たな要因の影響を検討するというのが，まず考えられる一つの方向性である。しかし他方で，統計的な分析結果というものが，結局は分析者による従属変数や独立変数の操作化方法に少なからず影響されうることを考えれば，既存の研究成果を「科学的根拠がある」としてただ無批判的に受け入れるのではなく，分析枠組みを厳密に再検討して，同じ問題をもう一度別の角度から再検証することもまた，一つの重要な作業ではないだろうか。実際，政治変動の発生に関する既存研究の従属変数の設定方法は，研究者ごとの問題関心の微妙な差異を反映して一様ではない一方，共通した盲点として，従来の枠組みでは民主化や独裁化など体制変更のみを基準として変動を選定しているがゆえに，革命やクーデタのような，体制変更は必ずしも伴わないが意味合いとしては等しく重要な政治変動が捨象されており，また変動が「点」として概念化されているために，変動の開始，つまり既存状態の崩壊という問題と，変動の帰結という問題が，混同されている。

　この点に注目し，本稿では「崩壊」を「帰結」と区別したうえで前者の

問題を再検討することを目的とする。以下では，まず既存研究における従属変数の設定上の問題点を指摘したうえで，崩壊に関する諸仮説を，構造的差異と状況的変化という二種類に整理する。そしてそれらの要因の影響を，分析枠組みに合致させた独自のデータと，離散時間型生存分析という手法を用いて検証する。その際，特に民主制と独裁制という対照的なシステムの存続あるいは崩壊が，共通の要因の影響を受けているのか，それとも正反対の因果関係によって支配されているのか，という点に注目して分析を進めていく。

1. 先行研究の問題点

政治変動に関する昨今の統計学的実証研究は，その従属変数の設定において次に挙げる二つの特徴を共有している。まず第一点は，変動の選定基準が政治体制の変更に限定されていることである。つまり政治体制を民主制と非民主制に二分し，あるいはその中間にグレーゾーン（「部分的自由」や「準民主制」など）を入れて三分して，そのカテゴリー間のいずれかの方向への移動があった場合のみを，被説明変数としての変動の発生と考えている。

しかしその結果として，多くの有名な，そして「政治変動」という名に値する現象が，分析から漏れることとなる。例えばメキシコ革命，ロシア革命，キューバ革命，イエメン革命，エチオピア革命，イラン革命，ニカラグア革命，ソ連解体，ドイツ再統一，チェコスロバキア分裂，イエメン統一，ソマリア内戦，ルワンダ内戦などである。これらの革命や，国家そのものの崩壊，あるいはその枠組みの変更という現象においては，その前後で政治体制（中央政府の形成手続き原則）が変化することは必然ではない[2]。しかし，その本質である中央政府の権威の崩壊や国家の単位の変更は，「政治変動の分析」と銘打った研究から捨象するには無理のあるマクロ政治現象である。よってこれらを不自然に分析から排除すべきでないならば，まず，選定基準として政治体制の変更だけでなく，多重権力状態の有無や政治ユニットの変更という次元も加えられねばならない[3]。

既存研究の第二の特徴は，第一の特徴の論理的帰結として，変動が「点」として概念化されており，その始まりと終わりが区別されていないことである。つまり民主体制から非民主体制へ，あるいはその逆方向への変化の

みが変動として選定される以上，変動は転換点以上の幅を論理的にも時間的にも持ち得ない[4]。

このような「点」としての変動の概念化は，変動が，ある国の歴史上で一定の間隔をあけて生じているならば十分機能するが，連続して継起するような場合は個々の現象を変動として区別するのは困難となり，またそのようなつかの間の結果しかもたらさない「変動」にその原因を探求するほどの価値があるかどうかは疑わしい。例えばボイッシュ，ゴールダー，プシェヴォルスキらのデータセット（Boix 2003, Golder 2004, Przeworski et al. 2000）を眺めると，スリナムで1990年，ペルーとアルゼンチンで1962年に民主制から非民主制へ転換があった翌年に非民主制から民主制への逆転換が，韓国で1960年，ホンジュラスで1971年にはその逆のパターンの連続転換が翌年にかけて生じており，さらにパナマでは1950年に非民主制から民主制，翌年にその逆，そして翌々年に再度非民主制から民主制への転換があったとされている。このように体制変更のみで選定しても連続する変化があるのだから，まして上述のように選定基準とする変化の次元を追加するならば，「点」が密集するケースはさらに増えることは想像に難くない。よって一定期間内に連続して発生した「点」としての現象は，統廃合して「線」として一つの変動と捉えたほうが効率的かつ有意義である。

以上のような形で従来の変動の概念化方法に修正を加えるならば，変動には「期間」として始まりと終わりのあるケースが出てくることになり，また，民主制の崩壊は必ずしも独裁化ではなく再び民主的システムに帰結する場合もあり[5]，独裁制の崩壊も必ずしも民主化ではなく新たな独裁的システムの発足かもしれず，変動の初期状態と帰結のバリエーションが多様化することになる。すると明らかにされるべき問題とその答えも，従来のままではありえなくなる。つまり既存研究では，変動の選定基準は体制変更のみで，かつその変動はその転換点として概念化されていたため，論理必然的に民主制崩壊の原因と独裁化の原因，そして独裁制崩壊の原因と民主化の原因は，それぞれ同義であり，帰結問題を解明すれば崩壊問題は省略することができた。しかし，本稿のように変動概念を修正するならば，変動の始まりと終わり，つまり既存状態の崩壊と変動の帰結は，時間的にずれる可能性がでてくるだけでなく，論理的にも表裏一体ではなくなるので，それぞれの原因も別個に論じられねばならない。ゆえに本稿では①な

ぜ，いつ，民主制は崩壊するのか，②なぜ，いつ，独裁制は崩壊するのか，という問題を，その変動の帰結とは切り離した形で，分析する[6]。

2. 仮説の整理

　民主制と独裁制は，システムが対照的であるがゆえに，それぞれの崩壊も同じ要因の正反対の影響で説明できるのだろうか。それとも崩壊を促進する因子はむしろ体制横断的なのだろうか。このような「崩壊」問題に関する問いに対し，既存研究は，既に論じたとおり，その概念化方法ゆえに，「帰結」問題のミラー・イメージとして統合してしまっている。しかし，その論理付けの部分まで丹念に追えば，その仮説がどちらの疑問に対応しているのか判別することができる場合もある。具体的に言えば，原因とされる要因が既存の状態からの離脱を促すものとして描かれている場合は「崩壊」を，他方で，原因とされる要因が，何らかの選択が迫られた状態のなかで，その選択結果を左右するものとして描かれている場合は「帰結」を説明する論理と考えられる。

　このような基準で既存議論を整理すると，最も重視されており無視できないのは，やはり経済・社会的構造における差異の影響である。すなわち，経済発展レベルが低いほど，天然資源に依存しているほど，経済的に不平等であるほど，および宗教・言語・人種などにおいて異質な集団から社会が構成されているほど，民主的システムは危いといわれる（Przeworski & Limongi 1997: 165; Przeworski et al. 2000: 98-101, 106, 120, 123, 125; Gasiorowski & Power 1998: 744; Jensen & Wantchekon 2004: 817; Boix 2005:7）。その論拠として挙げられているのは次のような点である。まず発展レベルが低ければ，どのプレーヤーにとっても民主制を放棄し，暴力に訴えてでも利益を総取りする効用は大きく，またそれに伴う破壊からの回復も早いので，民主制が崩壊する確率は発展レベルが低いほど高い。他方，天然資源に依存したいわゆる不労所得国家では，政治の争点がイデオロギーではなくレント・シーキングに偏りがちで，現職者は収益配分における裁量権を権力維持に役立てる一方，反対派や野党は，非憲法的手段に訴えざるを得なくなる。それを先読みした現職者は，反対派を弾圧するか吸収しようとする。この悪循環により民主的ルールからの逸脱が生じやすいとされる。そして社会が不平等であるならば，「持たざるもの」による民主制を通じた

政治的権利の行使が平等主義的な結果に結びつくとき,「持てるもの」にとっては民主制ルールを犯し, 権威主義的手段でそれを封じ込めようとする誘因は大きい。最後に, 社会的な異質性は, 共有される価値観が少ないことを意味し, ゆえに民主制を通じた合意形成がより困難になるとされる (Przeworski & Limongi 1997: 165-166; Przeworski et al. 2000: 117, 125; Jensen & Wantchekon 2004: 818-822)。

では, 独裁的政治システムの崩壊確率に対しては, これらの構造的差異はどのように影響するといわれているのだろうか。まず, 経済発展レベルに関しては, 民主制の場合とは反対に, 高い場合に崩壊を促すという議論がある。その論拠としては, 高い経済発展レベルでは, 社会構造の分化・特化が進んでおり, 政治的自由を制限して管理・統制することは困難であるという点が挙げられている (Burkhart & Lewis-Beck 1994: 903; Gasiorowski 1995: 882; Przeworski & Limongi 1997: 157-158; Boix & Stokes 2003)。ただし, この説に対しては, 本稿とは従属変数の定義が異なる分析ではあるが, 否定的な結果もあり, 発展レベルと崩壊確率の関係は, 線形ではなくむしろ釣鐘型, つまり中度の発展レベルにおいてその確率が最も高まるという見解もある (Przeworski et al. 2000: 92, 94)。次に, 天然資源に依存した経済の影響については, 特に論じられてはいないが, 経済発展レベルの場合と同様に正反対の影響, つまり依存しているほど独裁制が安定するという関係を類推することはできよう。論理としては資源輸出からの利益は, 反対派懐柔の手段として利用できるという点が挙げられる。第三に, 経済的不平等については, それが反乱の大きな誘因を形成するという意味で, 結果的に民主制の場合と同様に独裁制の崩壊確率を上げるといわれているが, 既存の分析結果はその仮説を支持しておらず, 他方で社会的異質性については, そのメカニズムは解明されていないものの, 多元的システムと同様に, 独裁制の崩壊を促進する傾向のあることが指摘されている (Przeworski et al. 2000: 120, 125)。

さらに, 民主制の崩壊という観点からでは指摘されていなかったもう一つの構造的要因として, 世界経済システムにおける周辺的地位の持つ影響が挙げられる。すなわち, 周辺に位置している場合は, 独裁制の崩壊は生じにくく, たとえ経済発展レベルが高くても, その崩壊を促進する効果は相殺されると言われる。これはまず中心のエリートと周辺のエリートの同

盟によって周辺ではブルジョワジーの台頭が阻まれるからであり，たとえ台頭しても周辺のブルジョワジーは，既存エリートに挑戦するより，むしろそれと協同し，現状維持を図る傾向があるからだとされる。また準周辺では，中心の支配を克服するために必要な「強い国家」が，国内に対しても抑圧的となることが，経済発展の影響をそぐ原因だと考えられている (Bollen 1983: 470; Burkhart & Lewis-Beck 1994: 903)。ここから翻って，世界システムにおける周辺性が，民主制の崩壊確率を高めるという仮説を設定することもできるだろう。

　ところでこれまでに挙げた要因は，いずれも比較的静的な構造的差異であるが，同じ社会・経済的な条件の中でも，より短期的に変化しやすい状況的変化，すなわち，マイナスないし低経済成長率とインフレなどの経済危機も，従来から指摘されてきた要因の一つである。しかしこれらが，民主制と独裁制のどちらの崩壊を促進する効果があるのか，あるいは両方の崩壊の確率を高めるのか，という点に関しては論争が続いている。政治エリートが経済危機の解決と民主制は両立しないと考えるとするならば民主制の崩壊のみに影響するはずだが，インフレやマイナス成長は，すべての政治体制の有効性を失墜させるとするならば，独裁制の崩壊もまた促進するはずである (Gasiorowski 1995: 884)。いくつかの分析結果によれば，マイナスないし低経済成長率が民主制崩壊確率を高める影響力は，経済発展レベルが低いほど，あるいは民主化後間もない時期（具体的には3回目の選挙までの間）で強いとも言われ，他方で独裁制の崩壊に対しては，低成長率の影響は民主制の崩壊に対するほど強くはなく，また経済発展レベルが高いほど大きい，と言われる (Przeworski et al. 2000: 109-112 ; Bernhard et al. 2003: 424-426)。インフレに関しては，それが独裁制崩壊を促進する影響を持ったのは比較的最近（1980年以後）のことであり，以前（1950年代から70年代初頭）はむしろ崩壊を抑制（つまり存続を幇助）しており，そして民主制の崩壊に対しては，1970年代初頭以降はそのポジティブな影響力は失われたとされる (Gasiorowski 1995: 888-890)。このように，インフレや成長率の影響に関しては，構造的差異の影響の場合とは違って，議論が錯綜しているが，存在する検証結果は，いずれも本稿とは従属変数の設定が異なる分析によるものなので，あらためてこの要因を分析する意義は大きいであろう。

3. 変数の操作化

　以上整理した，既存研究における諸仮説の再検証と，一部，探索的な意味をこめて，本稿では次の要因の，民主制および独裁制の崩壊確率に対する影響を分析する。すなわち，構造的差異としては，①経済発展レベル，②資源依存度，③経済的平等，④社会的異質性，⑤世界システムにおける地位，そして状況的変化としては⑥インフレーションと⑦経済成長率である。

　これらの要因の具体的な指標としては，まず経済発展レベルにはマディソンおよびペン・ワールド・テーブル（PWT）が公開している，国民一人当たりの国内総生産（GDP1, GDP2）を用いる[7]。資源依存度の指標としては，世銀データの燃料・鉱物・金属輸出の全輸出に占める割合の前年の合計値（RD）を用いる[8]。つまりこれらの値は高いほど国家が不労所得的であることを意味する。ただしこれのみではサンプル数が少ないので，天然資源の相対的な安定性に鑑み，この値の国別平均（RDA）も用いる。そして経済的平等にはヴァンハネンの農業経済資源分散度（FF）と[9]，ロイヴェニー＆リー算出のジニ係数の国別平均（GINICA）を用いる[10]。前者は値が高いほどより平等であることを，後者は逆に値が高いほどより不平等であることを示す。社会的異質性には，レーダーやアレジナらのデータから，いわゆる破片化指数（EF, LF, RF, ELF）を用いる[11]。これは，一国内において無作為に抽出された二名が民族・言語・宗教などにおいて異なる集団に属する確率である。世界システムにおける地位は，ブルクハート＆ルイスベックに依拠する（中心＝1，準周辺＝2，周辺＝3の順序尺度）[12]。なお，破片化指数も世界システムにおける地位も，時系列変化は無視して国別に一定の値を適用する。最後に，インフレと成長率の指標には，前者は世銀のデータを，後者はマディソンおよびPWTのGDPデータから算出した値を用いるが，いずれの変数も影響の時間差を考慮し，その前年値を適用する。

　他方，従属変数は，中央政府の形成手続き（政治体制）の変更，多重権力状態の有無，そして政治ユニットの変更，という三つの次元におけるいずれかの変化，もしくはその集合体として概念化されるマクロ政治変動の「始まり」であり，逆に言えば，それに先行してユニットとして存在してい

た民主制あるいは独裁制の生存期間の「終わり」である。なお，以下においては民主制と独裁制という言葉を「多元的システム」と「一元的システム」に置き換えて議論する。これは，本稿での分類基準がいわゆる「手続き的定義」での「民主制」と「非民主制」の二分法を踏襲し，手続き以上の価値を体制分類に含んでいない点を強調するためである。ただし，手続き的定義といっても，厳密には基準は多様なので，以下若干補足しておく。まず，政府形成方法として必ずしも競争的選挙のみにはこだわらない。なぜならここで「多元的」とは，政策決定過程へ関与する機会が原則的に均等であることを意味しており，「競争」はあくまでそれを実現するための方法の一つにすぎないと考えるからである。よって国民による直接選挙の結果からはある程度隔離されているという意味で，悪く言えばエリート談合的であるが，しかし複数の社会勢力に権力へのアクセスが保障されているという意味で，よく言えば多極共存的な権力分有も，それが公式で，かつ対称的であるならば，一つの多元的な政府形成方法とみなす。つまり，多元的システムとみなされるためには，①自由公正な競争的選挙によって政府が形成されているか，あるいは②公式で，かつ対称的な権力分有によって政府が形成されるか，のいずれかの十分条件が満たされればよい。逆に一元的システムとみなされるための必要条件は，このどちらの十分条件にも該当しないことである。なお，プシェヴォルスキらのような遡及的判定方法（Przeworski et al. 2000: 23-28）はとらず，本稿では，権力形成時点が「多元的」であったならば，その後の権力再編成で「一元的」となっても，少なくともその逸脱までの期間は「多元的」であったとみなし，逸脱（つまり変動）後を「一元的」と分類する[13]。1901年から2000年までの全世界の主権国家におけるマクロ政治変動は555件であり，ここから，変動が観察開始年の1901年にあった場合，変動期間が主権と非主権の時期にまたがるケースで独立達成と変動時期が符合する場合，そして例外的に変動前の状態が分類不能な場合を除いて，変動に先行する期間を上述した体制別に整理すると，多元的システムに該当する期間は合計4299カントリー・イヤー，一元的システムのそれは4718カントリー・イヤーであった[14]。このうち，外国政府により直接崩壊させられた39件や編入ないし統一によって存続期間が終了した18件はここで扱う問題とは異質な文脈であるので「打ち切り」に切り替えると，最終的に分析で用いられるカントリー・イヤーは表1の

表1 多元的システムと一元的システムの存続期間（t時の存続数と

存続年数	多元的システム				一元的システム			
	観測数	存続／打ち切り	崩壊	条件付崩壊確率	観測数	存続／打ち切り	崩壊	条件付崩壊確率
3	264	244	20	7.58%	338	312	26	7.69%
4	243	222	21	8.64%	305	290	15	4.92%
5	219	203	16	7.31%	278	257	21	7.55%
6	200	191	9	4.50%	248	234	14	5.65%
7	188	184	4	2.13%	228	218	10	4.39%
8	178	176	2	1.12%	216	200	16	7.41%
9	166	156	10	6.02%	198	189	9	4.55%
10	139	133	6	4.32%	186	175	11	5.91%
11	122	114	8	6.56%	171	158	13	7.60%
12	111	110	1	0.90%	157	153	4	2.55%
13	109	106	3	2.75%	150	142	8	5.33%
14	105	99	6	5.71%	139	132	7	5.04%
15	97	95	2	2.06%	129	126	3	2.33%
16	91	89	2	2.20%	125	119	6	4.80%
17	87	83	4	4.60%	115	108	7	6.09%
18	81	80	1	1.23%	108	104	4	3.70%
19	77	75	2	2.60%	102	93	9	8.82%
20	75	73	2	2.67%	92	90	2	2.17%
21	72	70	2	2.78%	87	85	2	2.30%
22	69	69	0	0.00%	82	80	2	2.44%
23	63	62	1	1.59%	78	75	3	3.85%
24	59	56	3	5.08%	75	74	1	1.33%
25	55	55	0	0.00%	73	71	2	2.74%
26	54	53	1	1.85%	69	66	3	4.35%
27	51	51	0	0.00%	65	62	3	4.62%
28	50	49	1	2.00%	61	58	3	4.92%
29	48	48	0	0.00%	58	58	0	0.00%
30	48	45	3	6.25%	57	56	1	1.75%
31	45	43	2	4.44%	52	48	4	7.69%
32	43	43	0	0.00%	45	42	3	6.67%
33	43	43	0	0.00%	40	39	1	2.50%
34	41	41	0	0.00%	38	37	1	2.63%
35	41	41	0	0.00%	37	36	1	2.70%
36	38	38	0	0.00%	35	35	0	0.00%
37	37	37	0	0.00%	35	34	1	2.86%
38	37	36	1	2.70%	33	31	2	6.06%
39	34	34	0	0.00%	31	30	1	3.23%
40	34	34	0	0.00%	28	27	1	3.57%
41	32	31	1	3.13%	27	27	0	0.00%
42	30	30	0	0.00%	26	24	2	7.69%
43	29	29	0	0.00%	23	23	0	0.00%
44	28	28	0	0.00%	23	20	3	13.04%
45	28	28	0	0.00%	19	17	2	10.53%
46	28	28	0	0.00%	16	16	0	0.00%
47	27	26	1	3.70%	16	15	1	6.25%
48	25	25	0	0.00%	15	13	2	13.33%
49	25	25	0	0.00%	13	13	0	0.00%
50	24	24	0	0.00%	13	12	1	7.69%
51	24	24	0	0.00%	12	12	0	0.00%

t＋1時の観測数にみられる不一致は打ち切りによるもの）

存続年数	多元的システム				一元的システム			
	観測数	存続／打ち切り	崩壊	条件付崩壊確率	観測数	存続／打ち切り	崩壊	条件付崩壊確率
52	23	23	0	0.00%	12	11	1	8.33%
53	23	23	0	0.00%	10	10	0	0.00%
54	21	21	0	0.00%	10	9	1	10.00%
55	21	21	0	0.00%	9	8	1	11.11%
56	17	17	0	0.00%	6	6	0	0.00%
57	13	13	0	0.00%	5	5	0	0.00%
58	12	12	0	0.00%	5	5	0	0.00%
59	12	12	0	0.00%	5	5	0	0.00%
60	12	12	0	0.00%	5	5	0	0.00%
61	12	12	0	0.00%	5	5	0	0.00%
62	12	12	0	0.00%	5	5	0	0.00%
63	12	12	0	0.00%	5	5	0	0.00%
64	12	12	0	0.00%	5	5	0	0.00%
65	12	12	0	0.00%	5	5	0	0.00%
66	12	12	0	0.00%	5	5	0	0.00%
67	12	12	0	0.00%	5	5	0	0.00%
68	12	12	0	0.00%	5	4	1	20.00%
69	12	12	0	0.00%	4	3	1	25.00%
70	12	12	0	0.00%	3	2	1	33.33%
71	12	12	0	0.00%	2	2	0	0.00%
72	12	12	0	0.00%	2	2	0	0.00%
73	12	11	1	8.33%	2	2	0	0.00%
74	11	11	0	0.00%	2	2	0	0.00%
75	11	11	0	0.00%	2	2	0	0.00%
76	8	8	0	0.00%	2	2	0	0.00%
77	8	8	0	0.00%	2	1	1	50.00%
78	8	8	0	0.00%	1	1	0	0.00%
79	7	7	0	0.00%	1	1	0	0.00%
80	7	6	1	14.29%	1	1	0	0.00%
81	6	6	0	0.00%	1	1	0	0.00%
82	6	6	0	0.00%	1	1	0	0.00%
83	6	6	0	0.00%	1	1	0	0.00%
84	6	6	0	0.00%	1	1	0	0.00%
85	6	6	0	0.00%	1	1	0	0.00%
86	6	6	0	0.00%	1	1	0	0.00%
87	6	6	0	0.00%	1	1	0	0.00%
88	6	6	0	0.00%	1	1	0	0.00%
89	6	6	0	0.00%	1	1	0	0.00%
90	6	6	0	0.00%	1	1	0	0.00%
91	6	6	0	0.00%	1	1	0	0.00%
92	6	6	0	0.00%	1	1	0	0.00%
93	6	6	0	0.00%	1	1	0	0.00%
94	6	6	0	0.00%	1	1	0	0.00%
95	6	6	0	0.00%	1	1	0	0.00%
96	5	5	0	0.00%	1	1	0	0.00%
97	5	5	0	0.00%	1	1	0	0.00%
98	5	5	0	0.00%	1	1	0	0.00%
99	5	5	0	0.00%	1	1	0	0.00%
100	5	5	0	0.00%	1	1	0	0.00%
計	4299	4162	137	3.19%	4718	4480	238	5.04%

ように整理される[15]。

4. 分析

手始めに，簡単な二変数分析によって各要因の崩壊確率に対する影響を検討してみる。表2はそれぞれ多元的システムと一元的システムの崩壊確率が，各変数の高低によってどれだけ異なるかを示している。すると，確率の差に大小はあるにしても，発展レベル，経済的平等性，社会的異質性，世界経済における周辺性，インフレ，そして成長率の影響は，体制横断的に共通しており，資源依存度のみは体制のちがいにより正反対の影響があることがみてとれる。

すなわち，まず構造的差異のうち発展レベルの影響は，多元的システムの崩壊に対しては仮説どおりの影響が確認できるが，一元的システムの崩壊に対しては，仮説とは逆の影響が確認される。つまり，発展レベルの高さは，どちらのタイプのシステムに対しても，その存続を助けるようである。次に，天然資源依存経済の影響については，仮説が全面的に支持される結果がみられる。よって不労所得国家であることは，多元的システムの存続には脅威であるが，一元的システムの存続には好都合であるとまずは考えられる。第三に，経済的平等に関しては，どちらも不平等であるほど崩壊しやすいという，仮説と全面的に一致する影響がみられる。他方で，

表2 各要因の高低にみる崩壊確率の違い（それぞれ上段が中央値より大の場合，ただしWSPは上段が周辺で

多元的システムの崩壊

発展レベル		資源依存度		経済的平等性		社会的	
GDP 1	GDP 2	RD	RDA	FF	GINICA	EF	LF
(4319.179)	(7067.254)	(7.176412)	(7.142006)	(45)	(36.44)	(.306598)	(.1870761)
0.87%	0.25%	3.60%	4.35%	1.61%	4.44%	4.09%	4.02%
(14/1603)	(3 /1222)	(31/861)	(82/1884)	(29/1804)	(53/1193)	(86/2105)	(81/2017)
6.05%	5.57%	1.74%	2.41%	5.01%	1.01%	2.19%	2.26%
(97/1603)	(68/1221)	(15/860)	(48/1989)	(91/1816)	(14/1381)	(46/2096)	(43/1900)

一元的システムの崩壊

GDP 1	GDP 2	RD	RDA	FF	GINICA	EF	LF
(1829.669)	(2258.446)	(19.10484)	(15.36694)	(30)	(42.9)	(.513862)	(.3782248)
4.44%	5.03%	3.53%	4.15%	5.48%	5.95%	5.29%	4.69%
(78/1757)	(53/1054)	(27/765)	(89/2146)	(109/1989)	(64/1075)	(117/2211)	(98/2090)
6.71%	7.87%	6.14%	6.23%	5.57%	5.39%	4.90%	5.36%
(118/1758)	(83/1055)	(47/765)	(134/2152)	(117/2100)	(51/947)	(106/2162)	(114/2126)

体制ごとに異なると予想された世界システムにおける地位の影響は，一元的システムに関しては仮説とは食い違い，周辺に位置するほどどちらのシステムも不安定化している[16]。最後に，先行研究では意見の分かれていた状況的変化の影響は，インフレが高いほど，あるいは成長率が低いほど，どちらのシステムも崩壊しやすいという体制横断的な傾向が一見うかがえる。なお社会的異質性は高いほど多元的システムが崩壊する確率は高いが，一元的システムへの影響には一貫性はみられない。

しかしながらこれらの影響力関係はミスリーディングであるかもしれない。なぜならサンプル数にばらつきがあるうえ，独立変数に加えて考慮すべきいくつかの要因を制御していないからである。そこで次にサンプル数を揃えたうえで以下にあげる制御変数を加え，ロジスティック回帰による離散時間型生存分析を行う[17]。

まず第一に，崩壊確率の時間依存性を制御するために，システム存続年数それぞれに対応するダミー変数（__ITIME_・）を挿入する[18]。第二に，同一の政治ユニットが観察期間中に多元的システムの崩壊や一元的システムの崩壊をそれぞれ複数回経験する場合があり，その反復がもたらす影響も制御しなければならないので，1901年以降におけるそれぞれの崩壊経験回数（EXPERIENCE）を変数として投入する。第三に制御しなければならないのは，いわゆる「ドミノ効果」である。同種のシステムが周囲で次々

下段が中央値以下の場合，各変数名下の括弧内数字は中央値，下段が中心および準周辺）

異質性		周辺性	インフレ	成長率	
RF	ELF	WSP	INFL	GROWTH1	GROWTH2
(.3841057)	(.387)	(2)	(6.633603)	(2.25967)	(2.32995)
3.46%	4.35%	6.08%	2.58%	2.76%	2.28%
(73/2112)	(82/1887)	(79/1299)	(27/1045)	(44/1592)	(27/1184)
2.81%	2.76%	1.67%	2.49%	4.09%	3.46%
(59/2096)	(54/1957)	(37/2209)	(26/1044)	(65/1591)	(41/1184)

RF	ELF	WSP	INFL	GROWTH1	GROWTH2
(.3787035)	(.436)	(2)	(7.915033)	(1.86462)	(2.10797)
4.69%	5.74%	5.87%	7.36%	4.35%	6.13%
(106/2260)	(126/2196)	(150/2555)	(64/869)	(75/1724)	(63/1027)
5.50%	4.60%	4.41%	4.37%	6.72%	6.92%
(117/2128)	(106/2303)	(60/1360)	(38/870)	(116/1725)	(71/1026)

に崩壊するような場合，その現象自体が，つぎなる崩壊の確率を高める可能性があることは否定できない。よって，これらの影響を制御するために，前年において，その国自身を除いて存在した各システムの総数に対する崩壊したそのシステムの比率を，それぞれ全世界と各地域で算出して（GDOMINO, RDOMINO）変数として加える。最後に，制御すべき要素として，実効的統治の破綻と対外的な政治的従属が挙げられる。本稿では分析を主権国家に限定しており，それらは建前としては平等だが，国力などを別としても，国家としてその独立性が著しく疑わしい場合（いわゆる衛

表3 制御変数の高低にみる崩壊確率の違い（上段が中央値より大の場合，下段が中央値以下の場合，各変数名下の括弧内数字は中央値）

多元的システムの崩壊				
反復回数	ドミノ効果		実効的統治	対外的依存
EXPERIENCE	GDOMINO	RDOMINO	FRAGMENTED	DEPENDENT
（0）	（.0212766）	（0）	（0）	（0）
3.80%	3.96%	5.02%	5.68%	4.55%
(53/1395)	(86/2172)	(61/1215)	(20/352)	(10/220)
2.89%	2.40%	2.46%	2.96%	3.11%
(84/2904)	(51/2127)	(76/3084)	(117/3947)	(127/4079)

一元的システムの崩壊				
EXPERIENCE	GDOMINO	RDOMINO	FRAGMENTED	DEPENDENT
（0）	（.0444444）	（0）	（0）	（0）
6.20%	5.42%	5.87%	10.06%	4.32%
(139/2242)	(132/2435)	(130/2216)	(78/775)	(41/950)
4.00%	4.64%	4.32%	4.06%	5.23%
(99/2476)	(106/2283)	(108/2502)	(160/3943)	(197/3768)

表4 各要因

	多元的システムの崩壊					
	回帰係数	頑健標準誤差	p値	観測数	Wald 統計量	擬似決定係数
発展レベル[GDP1]	−0.00043	0.00010	0.000	1211	$\chi^2(21)=98.78$***	0.2956
資源依存度[RDA]	0.00830	0.00703	0.238	1211	$\chi^2(21)=49.97$***	0.2146
経済的平等性[FF]	−0.01962	0.00983	0.046	1211	$\chi^2(21)=61.45$***	0.2244
社会的異質性[EF]	2.64939	0.80006	0.001	1211	$\chi^2(21)=80.51$***	0.2442
[RF]	0.51287	0.84930	0.546	1211	$\chi^2(21)=52.45$***	0.2107
[ELF]	2.49410	0.67131	0.000	1211	$\chi^2(21)=82.08$***	0.2436
周辺性[WSP]	1.42199	0.40957	0.001	1211	$\chi^2(21)=119.56$***	0.2567
インフレ[INFL]	−0.00407	0.00362	0.262	1211	$\chi^2(21)=81.51$***	0.2168
成長率[GROWTH1]	−0.36222	6.80907	0.958	1211	$\chi^2(21)=52.11$***	0.2096
制御変数のみ				1211	$\chi^2(20)=51.90$***	0.2096

* $p<0.10$; ** $p<0.05$; *** $p<0.01$ 各分析での定数項と制御変数は省略

星国家，緩衝国家，傀儡政権，提携国家）や，地図上の国土を実効的には支配していない場合（いわゆる破綻国家）が，時代を問わず存在している。このような状況においては，多元的システムも一元的システムも，そうでない場合より脆弱であることは想像に難くない。よって，これらの影響を制御するために，それぞれダミー変数（FRAGMENTED, DEPENDENT）を挿入する[19]。表3をみれば明らかなように，これらの要因は概ね予想通りの影響を与えている。

よってこれらの制御変数を加えたうえで，あらためて各要因を個別に分析すると，表4のような結果が得られた。先の分析と結果が逆になったのは，経済的平等の一元的システムに対する影響とインフレの多元的システムに対する影響であり，とくに前者は仮説と異なり体制ごとに正反対に作用している。また，社会的異質性の一元的システムに対する影響には一貫性が現れた。その他の影響関係には，少なくとも方向性に変化はない。ただし今度は有意確率まで考慮すると，先程とは若干様相が異なってくる。

まず発展レベルは高いほどどちらのシステムも安定させるが，その影響は多元的システムの場合により明確である。資源依存度の体制別の正反対の影響は，どちらに関しても有意レベルには達していない。そして経済的平等は，あらたに一元的システムに対して正反対に作用していることが判明したが，その影響は，やはり多元的システムに対してより有意である。社会的異質性についても，多元的システムの崩壊に関しては，先ほどと同じく仮説と一致する影響が，過半数の指標において統計的に有意であるこ

の個別分析

擬似対数化尤度	回帰係数	頑健標準誤差	p値	観測数	Wald統計量	擬似決定係数	擬似対数化尤度
					一元的システムの崩壊		
−119.002	−0.00006	0.00005	0.225	1332	$\chi^2(43)=62.33$**	0.0735	−300.309
−132.687	−0.00748	0.00519	0.150	1332	$\chi^2(43)=57.13$*	0.0756	−299.626
−131.034	0.00846	0.00547	0.122	1332	$\chi^2(43)=54.88$	0.0738	−300.204
−127.692	0.13262	0.47657	0.781	1332	$\chi^2(43)=55.59$*	0.0713	−301.025
−133.343	0.09228	0.50730	0.856	1332	$\chi^2(43)=55.03$	0.0712	−301.045
−127.782	0.13400	0.43497	0.758	1332	$\chi^2(43)=54.59$	0.0713	−301.013
−125.564	0.26405	0.34829	0.448	1322	$\chi^2(43)=55.33$*	0.0722	−300.725
−132.321	0.00004	0.00007	0.587	1322	$\chi^2(43)=59.75$**	0.0713	−301.026
−133.528	−3.41335	2.10514	0.105	1322	$\chi^2(43)=57.35$*	0.0754	−299.696
−133.531				1322	$\chi^2(42)=54.86$*	0.0712	−301.064

とが確認できるが，一元的システムに対する影響のp値はどの指標も著しく高い。よって，むしろこの要因は一元的システムの崩壊に対しては無関係と考えるべきであろう。世界経済における周辺性についても，統計的な有意レベルに達しているのは，多元的システムの崩壊に関してのみであった。つぎに状況的変化の影響に目を向けると，まず多元的システムに対しては，作用方向が変わったインフレの影響は有意ではなく，経済成長率の影響も，その標準誤差は著しく大きい。しかしながら，一元的システムの崩壊に対する影響には，インフレにも一貫性があり，さらに低成長の場合は相対的に明確である。以上の点から，構造的差異の影響は多元的システムの崩壊に対して明確であり，逆に状況的変化の影響は一元的システムに対してより明確であるという構図が浮かび上がってくる。

そこで最後に，①構造的差異を制御すれば多元的システムの崩壊に対する状況的変化の影響が顕在化してくるのか，そして逆に，②構造的差異を制御しても一元的システムの崩壊に対する状況的変化の比較的明確な影響は消滅しないのか，という点を確かめるために，状況的変化の要因を構造的差異の各要因と同時に回帰させる。その結果を要約したのが表5であり，制御変数を加えたうえで，それぞれ1段目は両方の状況的変数と各構造的変数を，2および3段目はそれぞれ，成長率のみと各構造的変数，インフレのみと各構造的変数を逐次同時に投入した場合の係数と誤差，そして有意確率を列記してある（左の列が順次加えた構造的変数の値，中央および右の列が状況的変数の値）。それによれば先にあげた可能性はどちらも排除できるようである。まず多元的システムの場合では，構造的差異の影響は，成長率とインフレを両方，あるいは別々に加えて同時に回帰させた場合も，元々高かった資源依存度を除いて，p値はどれも低く安定している。それに対して，状況的変化の影響が，構造的差異のいずれかを制御したことによって明確になったという形跡はない。いずれもp値は高いままで，符号も仮説に反するか，あるいは安定していない。次に一元的システムの場合は，インフレの影響はどの構造的差異の影響を差し引いても依然として有意でないが，符号は仮説どおりに安定しており，成長率に関しては，p値が10%付近でどの場合も安定しており，その関係が見かけ上だったとはいえない。ちなみにこの構図は，全変数で欠損値のないように揃えたサンプルに限定しないで分析した場合でも同様に確認できた[20]。

表5　構造的差異と状況的変化の同時回帰（各分析での制御変数と定数項などは省略）

		構造的差異			状況的変化[GROWTH1]			状況的変化[INFL]		
		回帰係数	頑健標準誤差	p値	回帰係数	頑健標準誤差	p値	回帰係数	頑健標準誤差	p値
多元的システムの崩壊 (n=1211)	GDP1	−.00044	.00009	.000	1.85725	6.96632	.790	−.00320	.00324	.323
	RDA	.00843	.00721	.242	−.96914	7.57494	.898	−.00428	.00408	.294
	FF	−.01964	.00854	.021	−.39751	8.07379	.961	−.00444	.00415	.285
	EF	2.71795	.74637	.000	1.35681	8.91295	.879	−.00350	.00356	.325
	RF	.59715	.85055	.483	−1.90034	7.16009	.791	−.00447	.00389	.250
	ELF	2.53669	.63364	.000	1.06313	8.91803	.905	−.00336	.00333	.313
	WSP	1.42640	.39903	.000	1.46177	7.35414	.842	−.00248	.00273	.364
	GDP1	−.00044	.00009	.000	3.53668	6.30935	.575			
	RDA	.00849	.00713	.233	.71891	6.96449	.918			
	FF	−.02000	.00923	.030	1.32198	7.45301	.859			
	EF	2.74664	.76114	.000	3.08993	8.15537	.705			
	RF	.51090	.85596	.551	−.21950	6.61053	.974			
	ELF	2.57364	.64419	.000	2.84173	8.14521	.727			
	WSP	1.45796	.39556	.000	2.81195	6.93309	.685			
	GDP1	−.00043	.00009	.000				−.00354	.00340	.299
	RDA	.00867	.00711	.223				−.00407	.00375	.277
	FF	−.01975	.00924	.033				−.00436	.00386	.259
	EF	2.67787	.78655	.001				−.00375	.00345	.277
	RF	.61448	.84001	.464				−.00409	.00353	.247
	ELF	2.50895	.66358	.000				−.00356	.00312	.254
	WSP	1.40705	.41588	.001				−.00272	.00286	.341
一元的システムの崩壊 (n=1322)	GDP1	−.00006	.00005	.244	−3.41016	2.19747	.121	.00001	.00007	.858
	RDA	−.00823	.00546	.132	−3.82084	2.28856	.095	.00003	.00007	.694
	FF	.00870	.00561	.121	−3.43567	2.10299	.102	.00002	.00007	.808
	EF	−.00733	.48613	.988	−3.39570	2.14074	.113	.00001	.00007	.826
	RF	.03590	.50055	.943	−3.37973	2.11813	.111	.00001	.00007	.830
	ELF	.02371	.43901	.957	−3.37024	2.12582	.113	.00001	.00007	.826
	WSP	.24125	.35150	.492	−3.36175	2.16701	.121	.00001	.00007	.830
	GDP1	−.00006	.00005	.243	−3.43107	2.18089	.116			
	RDA	−.00819	.00543	.132	−3.85991	2.27367	.090			
	FF	.00869	.00562	.122	−3.46206	2.08954	.098			
	EF	−.00637	.48583	.990	−3.41844	2.12562	.108			
	RF	.03701	.49985	.941	−3.40250	2.10140	.105			
	ELF	.02345	.43922	.957	−3.39393	2.10917	.108			
	WSP	.24125	.35161	.493	−3.38543	2.14992	.115			
	GDP1	−.00006	.00005	.227				.00003	.00007	.632
	RDA	−.00757	.00523	.148				.00005	.00007	.465
	FF	.00848	.00546	.120				.00004	.00007	.590
	EF	.12800	.47731	.789				.00003	.00007	.607
	RF	.08864	.50804	.861				.00004	.00007	.600
	ELF	.13242	.43479	.761				.00004	.00007	.600
	WSP	.26363	.34811	.449				.00003	.00007	.602

おわりに

本稿では，従属変数を厳密に定義し，主として既存の仮説を再検証したわけだが，その中でいくつかの新たな発見もあった。まず，発展レベルの高さは，一元的システムに関しては，発展レベルが高ければそれがより脆弱となるとはいえない。つまりかつての近代化論や最近の「内発的民主化」が想定するような，権威主義体制下での経済発展が逆説的にその寿命を縮めるという仮説は，「崩壊」と「帰結」を厳密に区別して分析した場合，支持されない。むしろ今回の分析で有意レベルには達しなかったものの確認できたのは，逆の影響，すなわち多元的システムと同様に発展レベルが高いほうが一元制も崩壊しにくいという点であった。第二に，天然資源に依存した経済構造には，従来の指摘どおり，一元的システムを安定化し，逆に多元的システムを不安定化させる影響があることが確認できたが，どちらも統計的に有意とまではいかなかった。また，経済的平等性には，統計的に有意なのは多元的システムに対してのみであったが，一元的システムは脆弱化させるという体制ごとに逆方向の影響が確認された。他方で，正反対の影響があると考えられた世界システムにおける周辺性は，実は体制横断的な不安定化要素であり，ただしこの要因も一元的システムに対しては明確ではなかった。また，体制横断的な危険因子と従来目されていた社会的異質性は，多元的システムに対してはその効果が再確認されたものの，一元的システムの崩壊確率とは実質的にも統計的にもほとんど関係していないことが明らかとなった。最後に，これまで明確な答えのなかった短期的な状況変化は，一見するとどちらのシステムの崩壊確率も上げるように見えるが，他の変数を制御すると，一元的システムに対してのみ，とくに経済成長率が関係していた。すなわち，結論として，多元的システムは状況変化に対しては頑強であり，むしろその存続は構造的差異に左右されるが，状況的変化に敏感な一元的システムは逆に，多元的システムほど明確な構造の影響を受けていない。

しかしながらこのような関係は，変動の開始に関して確認されただけであり，変動の帰結に関してまで安易に適用されるべきではない。例えば，「発展レベルが高ければ，変動が起きた場合にその結果として民主化する確率は高く，逆に独裁化となる確率が少ない」という仮説まで今回の分析

で否定されたわけではなく，このような「帰結」をめぐる因果関係の検証には，別の分析が必要である。

また，経済社会的構造以外にも，多元的システムや一元的システムの存続に対して，影響があるとされる要因はある。とくに準大統領制と選挙サイクルの組み合わせや，大統領の立法権力，そして民族連邦制などの制度的要因の影響は，今日盛んに議論されている[21]。しかしながら，仮説の構築はともかく，これらの制度の影響を経験的に検証するには，データがいまだ不十分であるといわざるを得ない。そのため今回の分析では制度的要因はまったく検討しなかった。その意味で，この分析結果の解釈には一定の距離が置かれるべきである。

とはいえ，例えばボイッシュは，民主制の崩壊は主として構造的要因の関数であり，制度は，影響があるとしても構造の規定する方向性を若干修正する程度であると主張しており（Boix 2005: 5 − 8），もしそれが正しいとするならば，今回の結論はあくまで暫定的な性質だが，実質的には確定的といってよいのかもしれない。

しかし，結局人間が具体的に操作できる可能性があるのは制度的要因だけであることを考えれば，これらの影響を特定することこそが現在の政治学にとっての任務であるともいえ，その影響がいかに微細であれ，より完全な形で制度的要因も含めた分析を行うことが，今後の課題である。

謝辞
本稿執筆に際し，匿名のレフェリーの先生方から有益なコメントを頂いた。ここに記して深く感謝申し上げたい。

（1）たとえば，ガショロフスキ，プシェヴォルスキ，ベルンハルト，そしてボイッシュによる研究が挙げられる。
（2）これに対して「革命は体制変更である」とする用語法もあるかもしれない。しかし，その場合の「体制」とはおそらく支配階級やイデオロギーなどを指しており，本稿において中央政府の形成原理という意味で用いている「政治体制」とは異なる。
（3）「多重権力状態（multiple sovereignty）」とはティリーの概念であり「革命的状況」のメルクマールとされる。Tilly 1978: 189-222.
（4）これは分類が二分法の場合だけでなく，三分法の場合にも該当する。そこでは，中間形態は変動「期」として位置づけているわけではなく，単

に静的なカテゴリーが三つに増えただけで，結局変動は「点」である。
（5）　なお，ここで「民主的システムから民主的システムへ」という変動パターンは，リンスのいう「再均衡化」の概念とは異なる。ここで想定しているのは，少なくとも一旦は独裁的システムに移行するか，あるいは中央政府の権威が完全に崩壊し，その後に比較的短期間のうちに再度民主的システムに帰結した変動である。それに対して，リンスのいう「再均衡化」とは，民主制が危機に瀕しながらも崩壊は免れる過程であり，それはあくまで民主的システムの枠内での現象なので，本稿ではマクロ政治変動には数えない。Linz 1978: 87-92, 123.
（6）　なお，第三の問題として，なぜ，いつ，システムは誕生（政治ユニットとして発足）するのか，という問題も変動の始まりに関するものではあるが，理論的にはステイト・レベル以外であればあらゆるレベルの潜在的ユニットが因果関係検証における比較の対象となり得，仮説は立てられても統計的に検証することは困難であるのでここでは論じない。
（7）　Maddison, Angus, *World Population, GDP and Per Capita GDP* (http://www.eco.rug.nl/~Maddison/, Access Date: April 8, 2004); Heston, Alan, Robert Summers and Bettina Aten, *Penn World Table Version 6.1*, Center for International Comparisons at the University of Pennsylvania (CICUP), October 2002. (http://pwt.econ.upenn.edu/, Access Date: April 8, 2004).
（8）　World Bank, *World Development Indicators, CD-ROM*, Washington, D. C.: IBRD, World Bank, 2002.
（9）　Vanhanen, Tatu, *Democratization and Power Resources 1850-2000*, University of Tampere. Department of Political Science and International Relations, Tampere: Finnish Social Science Data Archive, 2003 (http://www.fsd.uta.fi/english/data/catalogue/FSD1216/, Access Date: May 16, 2005). FF (Family Farm) とは総所有地に占める自作農地の比率であり，FAOなどのデータを基に10年間隔で算出されている。なお「自作農地」とは，主としてその土地を所有する家族によって耕作され，その家族が所有する農地を指す。Vanhanen 1997: 47-51, 215-219.
（10）　Reuveny, Rafael and Quan Li, "Economic Openness, Democracy, and Income Inequality: An Empirical Analysis," *Comparative Political Studies*, 36, 5, June 2003: 575-601. 本来，ジニ係数も時系列データであることが理想だが，最も網羅的といわれるデータセット（Deininger & Squire 1996）を用いてさえ，欠損値が多すぎるので，時系列変化を無視することになるが，やむなく国別平均とした。
（11）　Roeder, Philip G., *Ethnolinguistic Fractionalization (ELF) Indices, 1961 and 1985*, February 16 2001, (http//:weber.ucsd.edu¥~proeder¥elf.htm, Ac-

cess date: April 7, 2004); Alesina, Albert et al., "Fractionalization," *Journal of Economic Growth*, 8, 2003: 155-194.

(12) Burkhart, Ross E. and Michael S. Lewis-Beck, "Comparative Democracy: The Economic Development Thesis," *American Political Science Review*, 88, 1994: 903-910.

(13) 変動選定の基準となるその他の二つの次元での変化は以下のように判別される。まず，多重権力状態の出現とは，単一政治システム内における複数の相互に排他的な権力の並存であり，それが中央政府における非制度的な政権交代，ないしその権威の一時的な麻痺をもたらしたならば，システムの崩壊を構成すると考える（ただし，単なる暗殺は除く。また，後述する「実効的統治の破綻」との違いに注意）。ここで，しばしば革命の不可欠な要素とされる大衆の役割や関与を基準や必要条件としないのは，まず，対抗権力の構成要素が，中央政府の一部，非政府勢力，そして外国政府の意図的ないし非意図的な連合体であることが多く，その比重は判別しにくいためであり，さらに，反政府武装勢力によるゲリラ活動や一般大衆によるデモやスト，そして軍の非主流派ないし下層兵士，さらには地方政府による反乱は，中央政府の転覆という成果を残さない限り，その活動自体は局地化されたミクロレベルの変動だからである。その意味で逆にクーデタ（宮廷革命）は，実行以前の未遂に終わった場合を除いて，発生すればすべて多重権力状態の出現とみなす。これは，クーデタには，公選政府や王朝が本来その支配の道具たる軍などの組織によって権力の座から追い落とされるような比較的権力の断絶が明確な場合から，支配組織内部（単一政党，王室，軍事政権）での権力闘争の結果として現職の指導者が失脚するような場合まで多岐にわたるが，実際の権力の断絶あるいは連続性の程度は，主として新政府の都合により，ときに強調され，ときに隠蔽される傾向があり，客観的に差別化することは難しい一方で，定義的に権力中枢で生じるがゆえに先に挙げた基準は満たしているからである。第三の，政治ユニットの変更の基準は，ステイト・レベルの政治ユニットであるか否かが基準となる。「ステイト・レベルの政治ユニットでなくなる」とは，統一や編入により既存の政治ユニットが，単一国家制における地方自治体や連邦制における構成共和国のような下位システムとなる場合や，分裂や分離によって単なる近接した国家群，あるいは緩やかな国家連合のような，上位システムになる場合をさす。逆に「ステイト・レベルの政治ユニットになる」とは，それまでの上位システムの構成要素であった政治ユニット群が統一によって，あるいは政治ユニットの下位システムが，分離・分裂によって，一つのユニットとして誕生する場合である。なお，ステイト・レベルの政治ユニットは，主権国家のみをさすのではなく，非西洋の未承

認国家や，委任・信託統治領，国際管理都市，提携国家，地続きでない植民地，敗戦により主権を喪失した被占領国なども含まれるので（ただしイレギュラーな飛び地は除く。基本的にはラセットらに定式化されたルールに則る。Russet et al, 1968.），既存の政治ユニットの単なる独立の達成や主権の放棄は，この次元の変化を構成しない（ただしユニットの分裂や統一が独立に伴う場合や，植民地政府の転覆が独立をもたらしたような場合，あるいは降伏して主権を喪失した場合などは，結果的に主権の獲得あるいは喪失時期と変動時期が符合することになる）。独立達成以前も主権喪失以後も一貫して「存在」し続けているものとみなす。他方で，植民地の統廃合などは政治ユニットの変更に該当するが，本稿の分析では主権国家に議論を限定するので，変動後も主権を有さなければ捨象される。なお，以上の各次元での変化が2年以内に継起する場合は，一つの変動としてまとめる。これは例えばシステムの民主化あるいはその回復のための手段として権力が「暫定的」に一元的に掌握されたような場合に，純粋に技術的な理由からその「目的」が，1年以内に達成できないことはあっても，2年以上はかからないと考えられるからである。2年以上変化がないのは手段が目的化したか，あるいははじめから「暫定的」な意味合いはなかったことの現われであり，それはむしろ過渡期としてまとめないほうが適切であろう。なお，この時点で本データセットと，既存のデータセットとの具体的な違いを示すものとして，同じ二分法で民主制と独裁制の双方の崩壊を網羅し，しかも全世界を対象にしている，ボイッシュ，ゴールダー，プシェヴォルスキらのデータとの異同を整理すると，新たに追加された崩壊は多元的システム（民主制）で92件，一元的システム（独裁制）で184件，捨象された崩壊は多元的システムで13件，一元的システムで29件，そして時期判断にずれのある崩壊は多元的システムで22件，一元的システムで54件であった。ボイッシュは1800年から1994年まで，ゴールダーは1946年から2000年まで，そしてプシェヴォルスキらは1950年から1990年までを網羅している。ゴールダーはプシェヴォルスキらの二分法の操作化方法を完全に踏襲しており（Golder 2004: 6），ボイッシュも，複数の政党の存在の代わりに，成人男子50％以上への選挙権付与を条件としている点，そして主権国家が占領されている期間と，強度の国内紛争や憲法的危機により分類が難しい期間を体制類型とは別に分類している点でプシェヴォルスキらと異なるが（Boix 2003: 66, 68），それ以外の基準は同じである。三つのデータセットはこのような基準の若干の違いと，判断の違いにより多少食い違う場合もあるが，おおむね一致している。よって本データセットとの比較に際しては，食い違いがある場合は，三者すべてが判断を下している期間はその多数派の見解との異同を，二者のみが判断を下している期間は，その

うちのより似ている判断との異同を基準とした。プシェヴォルスキらはその年の12月31日の状態でカントリー・イヤーを分類しているので、ボイッシュもそれを踏襲していると仮定し、すべて、切り替わりの最初の年を、先行する体制の崩壊年とした。ボイッシュのデータで民主制や独裁制から上述した例外期間に推移する場合も、切り替わりの最初の年を先行する体制の崩壊年とした。ただし、エントリーの年や、ボイッシュのデータで、例外期間から民主制ないし独裁制に推移する最初の年は、崩壊年とはしなかった。

(14) 上述の通り、2年以内の変動の再発はそれに先行した変動と別個には扱わないため、存続年数(後述)が3以上のカントリー・イヤーに分析は限定してある。

(15) 具体的な両システムの生存期間と崩壊ないし打ち切り年と、データ作成に利用した参考資料は次のURLで公開している(http://www.geocities.jp/mkmstrmkmstr/)。

(16) 多元的システムの崩壊確率は中心で0.15%(2/1295)、準周辺で3.85%(35/914)、周辺で6.08%(79/1299)、一元的システムは中心で2.44%(3/123)、準周辺で4.61%(57/1237)、周辺で5.87%(150/2555)。

(17) なお同一ユニットでの事例が完全に無関係であるとの前提は立てにくいため、これらはクラスター化して頑健標準誤差を割り出す方法を適用した。

(18) この方法に関しては、次を参照した。Beck et al. 1998, 増山 2002。なお、1901年におけるシステム存続年数は1とするが、既述のとおり、存続年数が1や2であるカントリー・イヤーは定義的に崩壊確率が低いのでこれらはダミー変数もろとも分析からは除外した。そのうえで多重共線性を避けるために多元的システムでは73年のダミーを、一元的システムでは77年のダミーを落とした。

(19) まず、実効的統治が破綻しているとする基準は、中央政府内の分裂を伴わない暴力装置の分裂(一部部隊の反乱)、あるいは対抗暴力装置の発生、内外からの平和的あるいは暴力的な根拠地的反政府活動(部分占領、分離独立戦争、解放区を有するゲリラ、地方政府による中央政府の権威の排除)がある場合である。なお、非根拠地的反政府活動(デモ・テロ・スト)は統治の破綻を構成しているものとはみなさない。対外的な政治的従属の基準は、古くは関税自主権の欠如など不平等条約体制から、最近の例で言えば、たとえ国際機関などに加盟しているとしても、外交や国防を条約によって他国に委任している場合や、事実上の信託統治下にある場合、また、外国政府による長期・あるいは短期の統治・占領の中で政府が形成された場合に、その後の政府の形成手続きが多元的でなく、かつ当該政府がその

外国政府と明らかに対立関係にあったわけではない場合は，形式的な独立後も，その次の政府の形成手続きの変更もしくは無政府状態化までは事実上の「内政自治」の継続とみなす。その後に反乱などが生じて，そこで軍事介入が行われた場合は，さらにその次の変動まで依存は継続するものとみなす。反乱に対する介入が行われなくなるか，あるいは介入しても失敗に終わった場合に，この状態は解消されたものとみなす。どちらとも二値の順序尺度で1がより従属的，破綻的であることをそれぞれ示す。
(20) 分析結果は紙幅の都合により記載していない。ただし，構造的要因のいくつかは入手可能性により変数が時間不変的とされているので，とくに一元的システムの推定結果に関し，その影響がある可能性は否定できない。
(21) 例えば，Bernhard et al. 2001, Boix 2005, Hale 2004, Mainwaring 1993, Mainwaring & Shugart 1997, Shugart & Carey 1992, Stepan & Skach 1993 などが挙げられる。

参考文献

Beck, Nathaniel et al., "Taking Time Seriously: Time-Series-Cross-Section Analysis with a Binary Dependent Variable," *American Journal of Political Science*, 42, 4, 1998: 1260-1288.

Bernhard, Michael et al., "Economic Performance, Institutional Intermediation, and Democratic Survival," *Journal of Politics*, 63, 2001: 775-803.

Bernhard, Michael et al., "Economic Performance and Survival in New Democracies: Is There a Honeymoon Effect?" *Comparative Political Studies*, 36, 4, May 2003: 404-431.

Boix, Carles, *Democracy and Redistribution*, Cambridge: Cambridge University Press, 2003.

Boix, Carles, "Constitutions and Democratic Breakdowns," Paper prepared for the Juan March Institute Research Program on Empirical Democratic Theory, 2005.

Boix, Carles and Susan C. Stokes, "Endogenous Democratization," *World Politics*, 55, July 2003: 517-549.

Bollen, Kenneth A., "World System Position, Dependency, and Democracy: The Cross-national Evidence," *American Sociological Review*, 48, August 1983: 468-479.

Deininger, K. and L. Squire, "A New Data Set Measuring Income Inequality," *World Bank Economic Review*, 10, 1996: 565-591.

Gasiorowski, Mark J., "Economic Crisis and Political Regime Change: An Event History Analysis," *American Political Science Review*, 89, 4, 1995: 882-897.

Gasiorowski, Mark J. and Timothy J. Power, "The Structural Determinants of Democratic Consolidation: Evidence from the Third World," *Comparative Political Studies*, 31, 6, December 1998: 740-771.

Golder, Matt, *Codebook: Democratic Electoral Systems around the World, 1946-2000*, April 19, 2004, http://homepages.nyu.edu/~mrg217/elections.html (access date: 05/02/01).

Hale, Henry E., "Divided We Stand: Institutional Sources of Ethnofederal State Survival and Collapse," *World Politics*, 56, January 2004: 165-193.

Jensen, Nathan and Leonard Wantchekon, "Resource Wealth and Political Regimes in Africa," *Comparative Political Studies*, 37, 7, September 2004: 816-841.

Linz, Juan J., *The Breakdown of Democratic Regimes: Crisis, Breakdown, and Reequilibration*, Baltimore: Johns Hopkins University Press, 1978.

Mainwaring, Scott, "Presidentialism, Multipartism, and Democracy: The Difficult Combination," *Comparative Political Studies*, 26, 2, July 1993: 198-228.

Mainwaring, Scott and Matthew S. Shugart, "Juan Linz, Presidentialism, and Democracy," *Comparative Politics*, July 1997: 449-471.

Przeworski, Adam and Fernando Limongi, "Modernization: Theories and Facts," *World Politics*, 49, January 1997, 155-183.

Przeworski, Adam et al., *Democracy and Development: Political Institutions and Well-Being in the World, 1950-1990*, Cambridge: Cambridge University Press, 2000.

Russet, Bruce M. et al., "National Political Units in the Twentieth Century: A Standardized List," *American Political Science Review*, 62, 1968: 932-951.

Shugart, Matthew Soberg and John M. Carey, *Presidents and Assemblies: Constitutional Design and Electoral Dynamics*, Cambridge: Cambridge University Press, 1992.

Stepan, Alfred and Cindy Skach, "Constitutional Frameworks and Democratic Consolidation: Parliamentarianism versus Presidentialism," *World Politics*, 46, 1, October 1993: 1-22.

Tilly, Charles, *From Mobilization to Revolution*, New York: MacGraw-Hill Publishing Company, 1978. 堀江湛監訳『政治変動論』, 芦書房, 1984年。

Vanhanen, Tatu, *Prospects of Democracy: A Study of 172 Countries*, New York: Routledge, 1997.

増山幹高「政権安定性と経済変動」『年報政治学』2002年, 231-245頁。

知事選投票率からみた広域政府の規模のあり方に関する研究

野田　遊

一　問題関心と本稿の目的

　地方制度調査会における道州制論の再燃のほか，都道府県（以下，府県と記す）においても広域政府のあり方に関する検討報告書をとりまとめる団体が多くなってきた。西尾勝は，道州が必要以上に国の事務を移譲されることで機関委任事務制度や地方事務官制度など中央集権的制度の復活につながることを懸念し，道州は必ず自治体でなければならないとしている[1]。第27次地方制度調査会答申やその後の議論でも道州等の広域政府の具体的な制度内容は明確になっていないものの，自治体という面では論者の意見は概ね一致している。

　道州等の広域政府が自治体であるならば，住民の意思の政策形成への反映手段として政治参加が注目されるが，府県を含む広域政府の規模について政治参加の観点から検討されることはこれまでほとんどなかったのが現状である。地方政府の規模との関連における政治参加の促進要因は，住民から政府への距離の近接性と，参加する意義が感じられる程度に政府が重要な役割を果たす場合の政府への期待の二つの要因が考えられる。前者については，政府規模が小さな方が住民からの距離の近接性を確保することができるため，政治参加が促進されるといえる。一方，後者の観点に立脚すれば，政府規模が大きな方が政府の役割拡大とそれへの住民の期待を通じて政治参加が促進されると考えられる。本稿は，上記のどちらの側面による説明が説得力を持ちうるかという点をふまえ，わが国の広域政府の規模のあり方について検討することを目的とする。

　ところで，政治参加には投票のみならず地域での社会活動や政治家，行政官への接触など多様な形態があるが，本稿では制度的な政治参加の形態

である投票に注目する。これは、選挙は「行動のコストが比較的低く、受動的に政治に参加する様式[2]」であるため、住民にとっては自らの意向を政治に反映する最も開かれた制度であり、一方、行政にあっては自らの組織を方向付けるための最高意思決定者を選出する制度であることによる。

また、府県よりも広域の地方政府が実際に存立していない状況下では、利用できるデータは府県のものとなるため、本稿ではひとまず知事選投票率からみた府県規模のあり方について検証し、最後に道州等の広域政府について検討することとしたい。なお、本稿で言う政府の規模とは人口規模よりも財政規模に注目する。これは、広域政府の規模拡大に関しては人口よりもむしろ政府の対応能力の裏付けとなる財政規模の方が重要と考えるためである。

本稿では、はじめに政府体系の統合・分化と政治参加の関係について整理する。これは、米国を中心とした諸外国では、規模の小さな地方政府が数多く存立する分節的政府体系を支持する論者と、規模の大きな地方政府が少なく存立する統合的政府体系の間で、地方政府体系の効率性や政治参加に関する論争が続いており、地方政府の規模について政治参加の側面からそのあり方を検討するのに有用なためである[3]。これら政府体系と政治参加の関係に係る議論をふまえ分析枠組を構築し、実際に広域政府の規模のあり方について知事選投票率の観点から検証することとしたい。

二 政府体系の統合・分化と政治参加

1 分節的政府体系と政治参加

先述したとおり、規模の小さな政府が多く存立する分節的政府体系においては、住民から政府への近接性が政治参加の促進要因として重視されるが、この住民からの近接性は、住民による行政統制の容易さにつながり、それゆえ地方政府は住民からの評価を絶えず念頭におかざるをえないことから、地方政府間の競争的環境が形成される。こうした考え方は、公共選択学派を中心とした分節的政府体系の支持論者により強調される点であり、小規模な地方政府が多く存立するなかで、住民は自らの選好に合致した地方政府に対して足による投票で評価するというティボー仮説を重要な論拠としている[4]。さらに、分節的政府体系においては、足による投票が行わ

れる結果，同質な選好をもつ住民が集まることとなり，そうした状態は政治参加の促進要因になると考えられている。オストロムらは，多様な地方政府が分節的に存立するという政治的多元性こそが，小規模な地方政府による住民の選好に合致した応答的なサービス提供とともに，同質な選好をもつ住民による政治参加が促されるとする[5]。なお，住民の選好に適合するように地方政府間で競争するという点に関しては，地方税率を自立的に決定できるといった歳入の自治のある米国とは日本の地方政府は異なることに留意が必要である。

　市町村レベルに限定した場合は，近年活発に議論が交わされている社会関係資本を背景にして分節的政府体系における政治参加の誘因について検討することもできる。わが国でも，団体やグループに積極的に参加している者においては，他者への信頼を意味する一般的信頼等を通じて政治参加が促進されることや，また，団体など中間集団への参加とコミュニケーションの増大により，政治参加が促進されることが実証されている[6]。この社会関係資本に係る議論では，地域内のコミュニケーションを促進する中間集団への参加を通じて，住民間で同質な選好や価値の共有化が促され，その結果政治参加が促進されると考えられる。なお，分節的政府体系を支持する論者が言うところの価値の共有化では，価値の内容は問われず，住民が何らかの価値に基づき同方向を目指して行動する側面が重視される。その意味では，蒲島が指摘する「一種の興奮を呼ぶ闘争の場[7]」といった農村部における参加文化は，そうした同方向の行動と同義である。

　また，ヴァーバとナイは，政治参加においては，他のコミュニティからどれだけ独立的であるかが重要であり，地域活動に至ってはコミュニティの規模が小さく独立的であるほど参加の程度が高くなる点を指摘している[8]。

　こうしたなかで，オリバーは，米国の地方政府を対象として農村地域や大都市地域の100万人以下と100万人を超える地域を区別するためのダミー，教育水準，性別等を独立変数に加え，都市の人口規模と市長や公務員等への接触有無，コミュニティボードやボランタリー組織の会議への参加有無，地方選挙への投票頻度の関係を検証し，都市の人口規模が大きいほど，接触，参加，投票のすべてが低下することを実証している[9]。また，都市の人口規模と政治的関心の関係についても検証しており，人口規模が大きい

ほど政治的関心が低下すると主張している。

その他参考ではあるが、地方政府の合併によって政治参加が低下することを検証する研究もある。具体的には、シーモンとフェイオックは、米国における都市とカウンティの合併に着目し、合併前後の地方選挙について当該地域における投票率のタイムシリーズデータを用いて、合併後では平均投票率と最高投票率の双方とも低くなることを検証している[10]。

2 統合的政府体系と政治参加

規模の経済や範囲の経済のメリットを享受できるとされる統合的政府体系では、地方政府はできる限り規模が大きくかつ少ない方が政治的責任の明確化につながると主張される。わが国のように府県と市町村により全国一律の地方政府体系が形成されているのとは異なり、米国では州、カウンティ、シティ、特別区などの政府が地域によって多様な組み合わせで形成され、または一部重複するような構造となっているがゆえに、政治的責任の確保が都市制度改革論者の主要な主張の一つであった[11]。

小規模な地方政府が乱立する状況では、政治的責任が不明確な状態となり、住民の政治参加の結果がどのように反映されるかが判断できないため、政治参加の意義も不明瞭なものとなる。一方、統合的な地方政府については、対応可能な諸問題の範囲が拡大し、住民の意思の政治への反映が限定的となる側面はある程度解消されるといえる。

ダールは、小規模な都市やコミュニティは、たとえば、環境汚染や人種差別の問題などに対応できる能力に限界があり、住民の政治参加の意義は自らの生活改善にとって限定的なものとなるため、政治参加の促進要因として、包括的に様々な問題に対応できる政府規模の必要性について言及している[12]。

ケルハーとロウリーによれば、こうした地方政府の対応能力と政治参加の関係は、近年新地域主義（the new regionalism）によって焦点が当てられたとしている[13]。新地域主義とは、地方政府の合併や中心都市と郊外都市の機能分担等により経済圏域に対応できる弾力的な地方政府体系が重要と主張する立場であり、論者には、ラスクやサヴィッチ、ヴォーゲルらがいる[14]。もっとも新地域主義における主要な関心は地域経済の成長等にあり、必ずしも政治参加に焦点を当てた議論を十分に行っているとは言えな

いが，ケルハーとロウリーによる解釈では，地方政府の分化の程度が高い場合は，狭い範囲の行政区域が障壁となって，都市問題や人種問題，雇用問題など広い範囲の問題について住民が円滑に議論できないがゆえに，包括的に諸問題に対応しうる政府体系が要請されるとし，この結果，ダールが指摘したように政治参加の促進要因になると考えられている[15]。

同じくケルハーとロウリーは，米国における都市地域の地方政府を対象として地方議会選挙の投票率を目的変数に設定し，これを説明するための独立変数として，①カウンティ内の地方政府数で測定した地方政府の分化の状況，②カウンティ内の地方政府の人口をもとにハーフィンダール指数[16]で測定した地方政府の集中状況，③①と②を乗じた指標，④地方政府の人口と②を乗じた指標，都市等の地方政府やカウンティ，MSA[17]の人口，カウンティにおけるMSAの人口割合等により，①から④の変数を部分的に挿入するモデルから全て挿入するモデルまでいくつかのパターンで検証している。なお，地方政府のほかMSAの人口規模を変数に加えているのは，先の新地域主義の立場から主張される大都市地域の単位が重視されるためである。

検証の結果，第一に地方政府の規模は投票率に有意な影響を与えないが，MSAの規模は有意にプラスとなっており，必ずしも住民間のコミュニケーションが円滑になされることは検証されていないが，新地域主義の立場を支持する一つの裏付けになるとされている。つまり，都市ではなくMSAという単位でみれば，議論の対象となる問題の範囲が広がり，そうした問題への地方政府の対応能力に住民が期待すると考えられる。大都市地域は単一の地方政府により構成されるわけではないが，新地域主義の立場では地方政府間の連携による対応能力の拡大が重視される。このため，投票は個別の地方政府に対して行われるものの，住民の地方政府への期待は個別の地方政府に対してではなく，地方政府間の連携により構築されると想定される対応能力にあると考えられる。もちろん，ケルハー・ロウリーの目的変数は，個別の地方政府の投票率であるため，都市規模の変分で投票率の変分をみるか，MSAの規模の変分により投票率の変分をみるかの相違という域を脱し得ない。このため，この結果により地方政府の対応能力を検討することは妥当な方法ではないという方法論的課題はある。ただし，ケルハー・ロウリーの着眼点からは，住民が関心をもつ諸問題の広がりや地

方政府の対応能力とそれへの住民の期待の重要性が導出されるのである。

　第二に，地方政府の集中状況は投票率に対して極めて高いプラスの影響を与えていることを明確にしており，地方政府の分化はいくつかのモデルで投票率にプラス，③の変数もプラスを示す結果であった。④の変数は有意な結果は得られていない。これらの結果からは，都市等の地方政府の人口規模そのものよりも地方政府数といった分化の状況や地方政府の集中状況の重要性が想起される。なお，地方政府の集中状況は，たとえば都市化変数の一つである都市人口割合として理解することもできる。

　都市の人口規模と地方選挙の投票の関係について，ケルハーとロウリーが行った分析では地方議会選挙のみを対象に大都市地域の地方政府をサンプルとしているのに対して，オリバーの分析では地方議会選挙のみならず地方選挙全般を対象として農村地域を含む地方政府をサンプルとしていることが影響しているため異なる結果となったと思われる。

　その他，統合的政府体系に関わる促進要因として，規模の大きな地方政府における選挙では，小規模な地方政府に比べて選挙運動に投じられる費用が膨大なものとなるため，投票率が上昇するという点もあげられている[18]。

　これらの統合的政府体系における政治参加の議論は，都市等の下位レベル政府を対象としたものであるが，府県レベルの広域政府に当てはめた場合でも一層の広域化を図ることで府県の区域を越える広域的行政需要に対応するというように，より包括的に諸問題への対応能力を保有する場合は，その対応能力への住民の期待を通じて政治参加が促進されると考えることも可能である。

3　小　括

　かくして，政府規模と投票率の関係は，分節的政府体系の観点からは，需要面に立脚したうえで住民と政府の近接性及び住民間のコミュニケーションを背景とした価値の共有化が重視され，一方，統合的政府体系の観点からは主にサービス供給面より地方政府の対応能力の増大とそれへの住民の期待が重視されると整理できる。ところが，地方政府の規模が小さい場合は政府への距離は近くなるものの対応能力は限定的となり，逆に地方政府の規模が拡大すれば政府の対応能力は高くなり住民の期待が高まるが，

住民から政府への近接性の確保は困難と思われることから政府への距離の近接性と対応能力は二律背反の関係にあると考えられる。

　これらのうちどちらが政治参加の促進要因となるかを明確にすることが本稿の関心事の一つであるが，本稿で議論の対象としているのは府県という広域政府についてである。市町村が対象であれば，都市規模と政治参加の関係に係るこれまでのわが国の研究蓄積[19]において，都市部よりも農村部で政治参加の程度が高いことが指摘されており，政府への近接性こそがまずもって重要な促進要因になると言うことができる。また，多くの府県において，投票率が府県よりも市町村で高くなっているという事実は，住民から手が届くところの問題や直接的な利害関係が及びやすい問題を中心に対応する基礎自治体の方が住民に身近な政府として政治参加の誘因になることを示唆していると考えられる[20]。

　ただし，府県を対象とした場合は，府県のもとには必ず市町村があるため，住民と府県の関係は住民と市町村の関係をふまえて検討する必要があり，住民間のコミュニケーションは市町村で行われ，かつ市町村で価値の共有化が図られることを想起すれば，府県規模と価値の共有化の問題は直線的な対応関係を有しないといえる。

　また，分節的政府体系が論拠とするティボー仮説が前提とする住民の行政サービス（実施主体や内容）に対する認識については，市町村と比べて府県の場合はさらに不十分となることから，そもそも規模が小さいために府県の行政サービスを十分に認識することができ，その結果，政府への近接性が確保されるという論理は成立しない[21]。

　したがって，府県を対象とする場合は，住民の政府への近接性よりもむしろ，統合的政府体系の観点から支持される政府の対応能力とそれに対する期待こそが検証すべき重要な問題関心になると考える。政府の対応能力に対する期待とは，政治心理学的アプローチにおいてしばしばとりあげられてきた政治的有効性感覚のうち，政府が自らの気持ちに応えてくれるという外的有効性感覚に該当するものである[22]。すなわち，規模が大きく対応能力が高い政府に対しては，住民の期待は高まり，この期待の高さが政治参加を促進すると考えられる。

　また，行政サービスに対する認識との関係で言えば，十分にそれを認識している住民ほど府県に対する期待は高くかつ政治参加の程度も高いと考

えられる。これは，参加する意義が感じられる程度に政府が重要な役割を果たすことを認識している住民ほど投票するためである。

なお，府県の対応能力は絶対的なものではなく，市町村との関係における相対的なものとして解釈されるもので，規模が小さな市町村が多い府県と，規模が大きく対応能力の高い都市の多い府県では，同じ府県の対応能力であったとしても前者の方が地方政府体系における相対的な対応能力は高まり，加えて住民の府県に対する期待も高まるといえる。したがって，府県規模は市町村との関係における相対的な対応能力を示す変数として設定することが求められる。

以上の論点をふまえ，府県の対応能力を変数に組み込むモデルの構築に移りたい。

三　分析枠組の構築

1　投票率の決定要因に関する先行研究

投票率の要因に係る理論モデルのうち，既存の統計データにより分析が可能なモデルとして期待効用モデルがあり，R（投票により有権者が得る利益）＝P（自らの一票が選挙結果に影響を与えるという主観的確率）×B（政党間の期待効用差）－C（投票のコスト）＋D（投票の長期的価値）で表される。山田は，各要因に係る変数を特定しており，それらのうち，本稿で具体的に利用可能なものとして，P（一票の重さ，接戦度，競争倍率），B（産業構造，若年層（20代）人口割合，持ち家率，DID人口割合），C（降水量，完全失業率，同日選挙），D（DID人口割合，若年層人口割合：双方とも再掲）があげられる[23]。

また，数少ない知事選に係る実証研究として蒲島の業績があり，知事選の投票率の決定要因として影響の大きなものに同日選挙，DID人口割合，接戦度があげられている[24]。これらの変数は山田による変数のどこかに位置付けられるものであり，したがって，山田の変数を押さえていれば，先行の知事選投票率の実証研究での主要な変数も踏まえたこととなる。それでは，これらの各変数とともに本稿で注目する地方政府体系に係る変数はどのように特定できるか。

2 地方政府体系に係る変数

　本稿で焦点を当ててきた府県規模とは人口規模よりもむしろ対応能力としてであった。この対応能力を表現しうる指標としては、その裏付けとなる権限や財源に注目することで具体的な変数として測定できるが、このうち権限については府県が行う事務や根拠法令の数を数えたとしても府県間の相違や地方政府体系における府県の相対的な対応能力の把握には限界がある。一方の財源は、府県の政策の裏付けとなるものであり、市町村の財源との対比のうえで変数を把握すれば、相対的な対応能力を把握することができる。具体的には、府県と市町村の歳出額計を分母に府県の歳出額を分子にして算出した財政集中度を利用することが妥当と考える。なお、仮に府県規模を人口規模として捉えるならば、これは先の山田の変数における一票の重さとしてしばしば測定される有権者数の逆数とほぼ同義であるため、注目の変数の一つである人口規模は有権者数として理解しておく[25]。

　その他の地方政府体系に係る変数としては、ケルハー・ロウリーが変数として含めていた下位レベル政府の分化状況を示す市町村数があげられる。市町村数が多いことは、府県の相対的な対応能力が高まる背景になると考えられるが、市町村間の水平的連携により財政集中度に効率性圧力がかかることも想定される。今一つは、都市化の政治参加に与える影響であり、都市人口割合のほか、山田の変数に含まれる DID 人口割合も該当する。わが国における都市化の投票率への影響に関しては、先にあげた都市規模と政治参加の関係に係る研究蓄積においてとりあげられてきた主要な変数であると位置づけられる。

　なお、財政集中度は、都市化が進んでいる府県ほど低くなり、その逆は高くなるという概ねの傾向があり、都市化変数である DID 人口割合の一つとして捉えられるかもしれない。しかしながら、財政集中度が人口をもとに計算される都市化変数とは異なり、市町村と府県の歳出額をもとに計算された府県の相対的な対応能力を示す変数であり、実際に、DID 人口割合が同程度であっても財政集中度が異なる府県はいくつも指摘することができる。たとえば、京都府や埼玉県は DID 人口割合が80％前後であるが、2002年度以前の埼玉県は政令指定都市を含んでいなかったため、それを含む京都府と比較して財政集中度は、京都府が40％前半であるのに対して、埼玉県は40％後半というように高く、同様に兵庫県と北海道は DID 人口割

合は70％前半で同程度であるが，財政集中度は兵庫県が40％前半であるのに対して北海道は50％前後と高い。逆に徳島県と福井県は財政集中度が60％前後で同程度であるが，DID人口割合は，徳島県が30％前後であるのに対して，福井県は40％前後と離れている。このように都市化変数のみでは必ずしも把握することのできない歳出面からみた府県の相対的な対応能力に着目し，それを表現する変数として財政集中度を採用している[26]。その他，府県規模という場合に関連する変数として面積も加えて分析を行った。

以上，府県の投票率を目的変数として，先行の知事選投票率の決定要因研究における説明変数も包含する山田の変数，ならびに，注目の地方政府体系に係わる変数である財政集中度，市町村数，都市人口割合，有権者数，面積を説明変数に加えて重回帰分析を通常最小二乗法で行うこととした[27]。

3　使用データ

分析対象期間は，1985年度から地方の歳出決算額が直近の2003年度までとした。目的変数である知事選はこの間に225回実施されており，この数が標本数となる[28]。また，知事選の投票率，同日選挙（統一地方選）ダミー，有権者数（一票の重さの逆数：対数変換），競争倍率，接戦度は都道府県選挙管理委員会連合会『選挙』の当該年度のデータによる。蒲島『政治参加』に倣って，競争倍率は立候補者数（泡沫候補者を除く）とした。ただし，蒲島は接戦度を当選者と次点候補者の相対得票率差としているが，ある府県の率の差を別の府県のそれと比較することはそもそも率を算出する際の分母が異なるため妥当ではないことから，接戦度は次点候補者の得票率を当選者の得票率で除した値とした[29]。

降水量については，気象庁が公表している統計情報のデータベースを利用した[30]。産業構造，若年層人口割合，DID人口割合，持ち家率，完全失業率は総務省『国勢調査報告』，財政集中度及び市町村数は地方財務協会『地方財政統計年報』，都市人口割合は，国土地理協会『住民基本台帳人口要覧』の当該年度のデータにより算出した。ただし，『国勢調査報告』は5年に一度の調査であるため，山田の方法に倣って調査が行われていない期間のデータは調査実施年の間で等差補完により算出した[31]。

4　財政集中度と住民の府県に対する期待の関係

　先に，府県の相対的な対応能力を示す変数として財政集中度を活用すると述べたが，実証分析に入る前に，実際に財政集中度の高さと，住民の府県への期待の高さが関係していることを検証しなければならない。この財政集中度と期待の関係は，その背景に，行政サービスに関心がありその内容等を認識している住民ほど政府の対応能力に期待をもち，さらにそうした期待が高いほど政治参加も促進されるという図式があるため，そうした図式の中で検証されることが望ましい。

　ただし，筆者においては，全府県を対象とした網羅的かつ大規模な調査を行う費用を持ち合わせていないため，特定の府県を対象とした，なおかつ僅かなサンプルをもとに検証する方法を採用せざるを得ない。

　具体的には，財政集中度の低い大阪府及び京都府とそれの高い滋賀県及び和歌山県の住民に対して，次の仕様のインターネットアンケートを実施した[32]。当該アンケートは民間の調査機関を通じたモニターアンケートであり，回収サンプルは各府県とも100，概ね20代2割，30代から40代4割，50代以上4割，男女比各5割になるようにし，さらに居住市町村は平成12年国勢調査の各府県における市町村について「100万人以上」「50万人以上100万人未満」「10万人以上50万人未満」「4万人以上10万人未満」「4万人未満」の構成比を用いて市町村を選択しサンプルを抽出した。

　もちろん，各々の府県や市町村の実際の人口規模からいえば，各サンプル数は統計的に十分な規模ではない。ただし，上記のとおり費用の関係から大規模な調査の実施は困難であり，小規模な調査であっても概ねの傾向の確認は可能と考え調査を実施した。

　設問内容は次のとおりであり，すべて単数回答である。
- 問ア：あなたは自分の生活や社会を良くする上で，市町村よりも都道府県の政策に期待していますか（市町村と比べた府県への期待）
- 問イ：都道府県知事選に行くとして，その理由の一つに，市町村よりも都道府県の方が，生活や社会の改善に対して期待できるという点はありますか（知事選に行く理由としての府県への期待の有無）
- 問ウ：市町村または都道府県が行う行政サービスに対して，あなたは市町村と都道府県のどちらが行っているのかについて，どの程度区別できますか（行政サービスに対する認識）

まず,行政サービスに対する認識を十分にもっている住民ほど府県に対する期待は高くかつ政治参加の程度も高いことを検証したい。すなわち,行政サービスに対する認識別にみた府県に対する期待のクロス集計を行い,さらに,府県に対する期待別に知事選に行く理由としての府県への期待の有無のクロス集計を行った。結果は表1上段のとおり,行政サービスの認識が高い回答者ほど府県に対する期待を抱いていることが明確である。また,表1下段からは,普段から府県に対する期待をもっている回答者ほど,知事選に行く理由として府県に対する期待がその一つとなっていることがわかる。すなわち,これらの設問より,行政サービスに対する認識が高い

表1　行政サービスに対する認識,府県に対する期待,知事選に行く理由としての府県への期待の有無の関係

行政サービスに対する認識状況別にみた府県に対する期待		問ア:市町村と比べた府県への期待			
		全体	市町村よりも府県に期待している	どちらともいえない	市町村よりも府県に期待はしていない
問ウ 行政サービスに対する認識	全体	400 100.0%	133 33.3%	128 32.0%	139 34.8%
	行政サービスについてすべて区別できる	9 100.0%	6 66.7%	3 33.3%	0 0.0%
	行政サービスについてすべてではないが概ね区別できる	62 100.0%	36 58.1%	17 27.4%	9 14.5%
	行政サービスについて半分程度は区別できる	84 100.0%	32 38.1%	30 35.7%	22 26.2%
	行政サービスについてあまり区別できない	189 100.0%	54 28.6%	65 34.4%	70 37.0%
	行政サービスについてまったく区別できない	56 100.0%	5 8.9%	13 23.2%	38 67.9%

府県に対する期待別にみた知事選に行く理由としての府県への期待の有無		問イ:知事選に行く理由としての府県への期待の有無			
		全体	知事選に行く理由の一つとして市町村よりも府県の方が期待できるという点がある	どちらともいえない	知事選に行く理由の一つとして市町村よりも府県の方が期待できるという点はない
問ア 市町村と比べた府県への期待	全体	400 100.0%	107 26.8%	174 43.5%	119 29.8%
	市町村よりも府県に期待している	133 100.0%	82 61.7%	47 35.3%	4 3.0%
	どちらともいえない	128 100.0%	21 16.4%	84 65.6%	23 18.0%
	市町村よりも府県に期待はしていない	139 100.0%	4 2.9%	43 30.9%	92 66.2%

(注)　クロス集計を行った結果,件数が少ない箇所もあるが,参考までに割合についても件数の下に表示している。

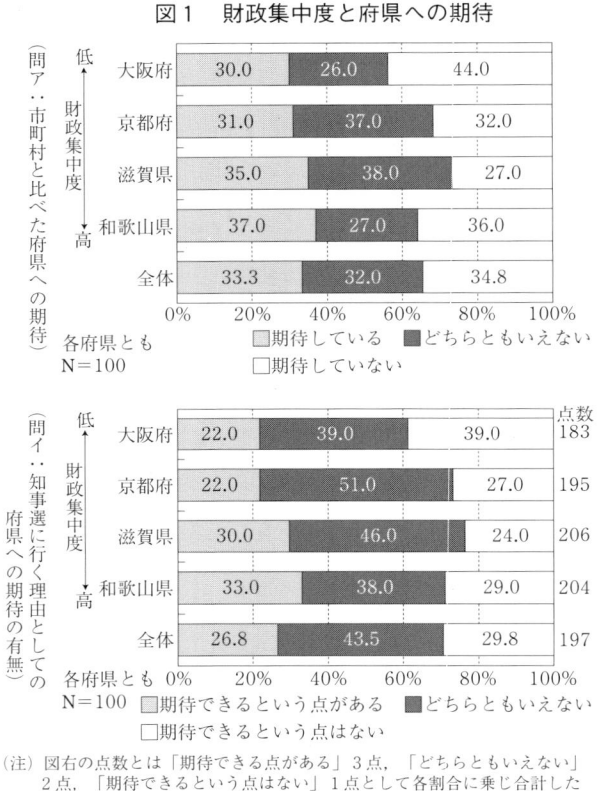

図1 財政集中度と府県への期待

（問ア：市町村と比べた府県への期待）

財政集中度 低→高

府県	期待している	どちらともいえない	期待していない
大阪府	30.0	26.0	44.0
京都府	31.0	37.0	32.0
滋賀県	35.0	38.0	27.0
和歌山県	37.0	27.0	36.0
全体	33.3	32.0	34.8

各府県ともN=100

（問イ：知事選に行く理由としての府県への期待の有無）

財政集中度 低→高

府県	期待できるという点がある	どちらともいえない	期待できるという点はない	点数
大阪府	22.0	39.0	39.0	183
京都府	22.0	51.0	27.0	195
滋賀県	30.0	46.0	24.0	206
和歌山県	33.0	38.0	29.0	204
全体	26.8	43.5	29.8	197

各府県ともN=100

（注）図右の点数とは「期待できる点がある」3点、「どちらともいえない」2点、「期待できるという点はない」1点として各割合に乗じ合計したもの。

回答者ほど府県に対する期待をもっており，さらにそうした期待が理由の一つとなって知事選に行くという図式が成立すると言える。

　参考までに問ウで把握した行政サービスに対する認識をみると「行政サービスに対してあまり区別できない」（189）と「行政サービスについてまったく区別できない」（56）の計で245（61.3％）というように半数以上の回答者が府県と市町村のどちらが行っている行政サービスかについて認識できていないこともわかる。

　こうした結果を念頭において，本題である財政集中度と府県に対する期待に焦点を当てるため，府県別の分析を行ったものが図1である。結果は，

問アでは財政集中度が高い府県で「期待している」割合が高くなっていることがわかる[33]。また，投票行動と府県への期待の関連を考慮して設定した問イでは，財政集中度が高い府県で投票に行く理由の一つとして府県に「期待できるという点がある」とする回答の割合が高くなり，図下注記の点数も概ね高い[34]。

こうしたことから，諸問題に対する相対的な対応能力の高さを表現しようとした府県の財政集中度と住民の府県に対する期待は正の関係にあること，すなわち，財政集中度の高い府県ほど住民は府県の諸問題への相対的な対応能力に期待すると考えられる。

五 実証分析

ここまでの作業において重回帰分析に用いる変数の候補が出揃った。ここで，地方政府体系に係わる変数は残すことを前提とし，その他の変数は相関が高いために推定式が不安定になる場合はいずれかの変数を削除した。具体的には，第一次産業割合は若年層人口割合，第三次産業割合は完全失業率と相関が高かったため，第二次産業割合のみを残すこととした。また，地方政府体系に係る変数に関しては，DID人口割合と都市人口割合が相関が非常に高く，より細かい単位で都市化の状況を表現するDID人口割合を残し，また面積は市町村数と高い相関関係があったため市町村数を残した。

実証結果は，表2のとおりであり，地方政府体系に係わる変数を一つずつ挿入する場合，また，最も関心の高い財政集中度と他の地方政府体系に係わる変数を一つずつ挿入する場合，さらにはそれらの変数をすべて挿入する場合で検証した。この結果，すべての推定式のF値は有意となっており，自由度修正済決定係数は0.5以上0.6未満の水準にある。すべてのモデルで1％または5％で有意かつ符号が一致している変数は，接戦度，同日選挙，若年層人口割合であり，財政集中度はモデル9でわずかに5％で有意とならなかったが，その他はすべて1％で有意である。蒲島の研究で投票率への影響が大きいとされていた同日選挙と接戦度は符号が一致しており[35]，投票率にほとんど影響がないとされていた完全失業率と降水量，競争倍率は本稿の分析でも有意とならなかった。一方，有意でないとされていた若年層人口割合は有意にマイナスである程度高い係数であった。これは対象データの年次が異なることによるものかさらなる検討が必要である

表 2　重回帰分析の結果（OLS）

	model 1				model 2	
	偏回帰係数	標準偏回帰係数	P 値	判定	偏回帰係数	標準偏回帰係数
財政集中度	0.898	0.370	0.000	**		
市町村数					0.020	0.043
DID 人口割合						
有権者数(一票の重さの逆数)						
接戦度	19.424	0.360	0.000	**	20.090	0.372
競争倍率	0.435	0.037	0.473		−0.121	−0.010
同日選挙	13.961	0.426	0.000	**	14.336	0.437
降水量	−0.012	−0.009	0.851		−0.015	−0.011
完全失業率	−0.718	−0.065	0.386		0.143	0.013
若年層人口割合	−2.078	−0.271	0.001	**	−2.926	−0.381
持ち家率	−0.292	−0.147	0.138		0.264	0.133
第二次産業割合	−0.008	−0.003	0.969		−0.170	−0.066
定数項	43.473		0.008	**	65.531	
F 値		32.237		**		28.574
自由度修正済決定係数		0.557				0.526
標本数		225				225

	model 5				model 6	
	偏回帰係数	標準偏回帰係数	P 値	判定	偏回帰係数	標準偏回帰係数
財政集中度	0.929	0.382	0.000	**	1.163	0.478
市町村数	0.030	0.065	0.196			
DID 人口割合					0.195	0.243
有権者数(一票の重さの逆数)						
接戦度	19.459	0.360	0.000	**	19.076	0.353
競争倍率	0.325	0.028	0.595		0.270	0.023
同日選挙	14.020	0.428	0.000	**	14.280	0.436
降水量	0.007	0.005	0.918		−0.028	−0.021
完全失業率	−0.417	−0.038	0.627		−0.855	−0.078
若年層人口割合	−1.996	−0.260	0.001	**	−2.488	−0.324
持ち家率	−0.246	−0.124	0.217		−0.154	−0.078
第二次産業割合	0.029	0.011	0.886		−0.009	−0.003
定数項	33.460		0.063		17.122	
F 値		29.273		**		30.042
自由度修正済決定係数		0.558				0.565
標本数		225				225

	model 9				model 10	
	偏回帰係数	標準偏回帰係数	P 値	判定	偏回帰係数	標準偏回帰係数
財政集中度	0.539	0.222	0.057		0.923	0.380
市町村数	0.066	0.142	0.019	*		
DID 人口割合					0.248	0.309
有権者数(一票の重さの逆数)	−5.481	−0.265	0.023	*	−3.993	−0.193
接戦度	19.024	0.352	0.000	**	18.636	0.345
競争倍率	0.521	0.045	0.395		0.462	0.040
同日選挙	14.086	0.430	0.000	**	14.362	0.438
降水量	0.005	0.004	0.940		−0.049	−0.038
完全失業率	−0.263	−0.024	0.758		−1.039	−0.094
若年層人口割合	−1.746	−0.228	0.004	**	−2.487	−0.324
持ち家率	−0.295	−0.149	0.138		−0.192	−0.097
第二次産業割合	0.135	0.052	0.511		0.036	0.014
定数項	125.058		0.005	**	85.369	
F 値		27.623		**		28.000
自由度修正済決定係数		0.567				0.570
標本数		225				225

** : 1 ％有意, * : 5 ％有意

| 2 | | model 3 | | | | model 4 | | | |
P値	判定	偏回帰係数	標準偏回帰係数	P値	判定	偏回帰係数	標準偏回帰係数	P値	判定
0.403		0.0007	0.009	0.933					
						−5.291	−0.256	0.002	**
0.000	**	20.047	0.371	0.000	**	19.306	0.357	0.000	**
0.846		−0.048	−0.004	0.940		0.494	0.042	0.430	
0.000	**	14.303	0.436	0.000	**	14.134	0.431	0.000	**
0.828		−0.027	−0.021	0.679		−0.043	−0.033	0.504	
0.871		−0.071	−0.006	0.932		−0.564	−0.051	0.500	
0.000	**	−2.984	−0.389	0.000	**	−2.407	−0.314	0.000	**
0.101		0.232	0.117	0.233		−0.113	−0.057	0.535	
0.401		−0.193	−0.074	0.343		−0.046	−0.018	0.819	
0.000	**	70.927		0.000	**	158.508		0.000	**
	**		28.404		**		30.846		**
			0.524				0.545		
			225				225		

| 6 | | model 7 | | | | model 8 | | | |
P値	判定	偏回帰係数	標準偏回帰係数	P値	判定	偏回帰係数	標準偏回帰係数	P値	判定
0.000	**	0.717	0.295	0.010	**	1.229	0.506	0.000	**
						0.038	0.082	0.103	
0.027						0.215	0.268	0.016	
		−2.324	−0.113	0.247					
0.000	**	19.223	0.356	0.000	**	19.083	0.353	0.000	**
0.656		0.573	0.049	0.354		0.115	0.010	0.851	
0.000	**	13.959	0.426	0.000	**	14.387	0.439	0.000	**
0.661		−0.022	−0.017	0.730		−0.006	−0.004	0.928	
0.299		−0.814	−0.073	0.333		−0.489	−0.044	0.565	
0.000	**	−2.013	−0.262	0.001	**	−2.427	−0.316	0.000	**
0.450		−0.336	−0.169	0.094		−0.082	−0.042	0.693	
0.965		0.019	0.007	0.926		0.037	0.014	0.851	
0.391		87.323		0.035	*	1.790		0.935	
	**		29.195		**		27.769		**
			0.557				0.568		
			225				225		

| 10 | | model 11 | | | |
P値	判定	偏回帰係数	標準偏回帰係数	P値	判定
0.001	**	0.739	0.304	0.008	**
		0.112	0.240	0.000	**
0.007	**	0.389	0.485	0.000	**
0.055		−10.285	−0.498	0.000	**
0.000	**	17.964	0.333	0.000	**
0.449		0.311	0.027	0.600	
0.000	**	14.808	0.452	0.000	**
0.439		−0.019	−0.015	0.755	
0.207		−0.258	−0.023	0.754	
0.000	**	−2.306	−0.301	0.000	**
0.345		−0.041	−0.021	0.838	
0.854		0.243	0.094	0.224	
0.036	*	148.062		0.001	**
	**		28.532		**
			0.596		
			225		

が，本稿の関心事ではないため，今後の課題としたい。

注目の地方政府体系に係る変数である財政集中度はほとんどのモデルにおいて1％で有意となっており，標準偏回帰係数の値も高い。ちなみにフルモデル（model11）における標準偏回帰係数によれば，財政集中度が10％上昇すれば投票率は7％上昇する計算になる。市町村数やDID人口割合は単独で挿入するモデルでは有意でなく，フルモデルで有意となり，また市町村数はプラスで地方政府の分化が投票率を押し上げると考えられるが，DID人口割合は符号がプラスでこれまでの通説とは異なる。これは，DID人口割合が財政集中度や有権者数と相関が高いために変数が安定しなかったと考えられる。なお，有権者数は単独モデルでは有意にマイナスであるが，モデル7や10で有意でなく安定していない。

地方政府体系に係る変数のうち，府県の対応能力の程度を表現する財政集中度の投票率への影響は明らかに存在すると言っても問題ないと考えられるが，一方で，その他の変数との因果関係は重回帰式により把握することはできない。そこで，これら地方政府体系に係る変数について構造方程式モデリングにより変数間の相互関係を考慮したモデルを作成した。因果が想定される変数としては，各変数から投票率へのパス以外では，市町村数やDID人口割合から財政集中度へのパスが考えられる。市町村数については，市町村数が多い府県ほど規模の小さな市町村が多いことから府県における財政集中度は高まるという仮説と，市町村数が多い府県ほど市町村間の広域連携等の水平的連携がなされ府県での財政効率性圧力が生じ，府県の相対的な財政規模は大きくならないという仮説も考えられる[36]。

DID人口割合については，都市化が進展しているほど小規模な市町村は少なくなることから府県の財政集中度は低下すると考えられる。一方，有権者数が多いほど一票の重さは小さくなるため投票率にはマイナスの影響が想定されるが，その他の地方政府体系に係る変数への因果は想定しにくい。さらに，有権者数（対数変換）とDID人口割合の関係は必ずしも明確でないが，相関がきわめて高いために多重共線性の問題が生じることから，有権者数はパス図の使用変数からは外し分析を行った。

結果は図2のとおりであり，モデル全体の適合度はAGFIやNFI，CFIが1に近く，SRMRやRMSEAが0に近いことから当てはまりはよく，パス係数の有意確率についてはDID人口割合から投票率へのパスが5％水

図2　構造方程式モデリングの結果（最尤法）

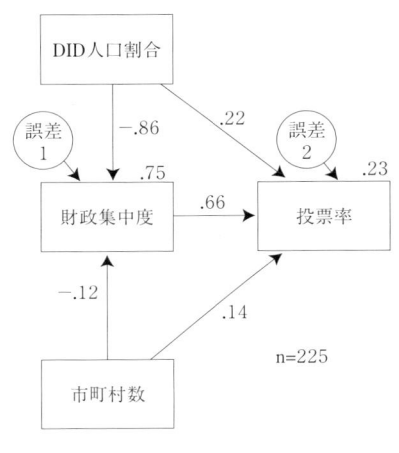

適合度
GFI	.990	RMSEA	.129
AGFI	.897	NFI	.988
SRMR	.063	CFI	.990
AIC	22.73		

パス係数の有意確率
		標準化係数	確率
財政集中度	←DID人口割合	−0.86	***
財政集中度	←市町村数	−0.12	***
投票率	←市町村数	0.14	0.019
投票率	←DID人口割合	0.22	0.059
投票率	←財政集中度	0.66	***

（注）　***：0.1％水準で有意

総合効果
	市町村数	DID人口割合	財政集中度
財政集中度	−0.12	−0.86	
投票率	0.06	−0.34	0.66

直接効果
	市町村数	DID人口割合	財政集中度
財政集中度	−0.12	−0.86	
投票率	0.14	0.22	0.66

間接効果
	市町村数	DID人口割合	財政集中度
財政集中度			
投票率	−0.08	−0.56	

※　表頭から表側への影響

準で有意でないが，それ以外はすべて有意である。まず，財政集中度であるが投票率へプラス0.66と高い影響を与えている。DID人口割合は投票率にプラスの影響を与えているが，財政集中度に高いマイナスの影響を与え，この財政集中度を介した投票率への間接効果を加算した総合効果ではマイナスの影響を与えている。本稿の重回帰分析で財政集中度とともに挿入したモデルでDID人口割合がプラスとなったのは，DID人口割合から投票率への直接効果をみていたといえるが，財政集中度との因果関係を想定した構造方程式モデリングにおいて，DID人口割合の総合効果がマイナスを示すのは，都市化が進展しているほど，府県による補完等を必要とする小規模市町村が少なくなり府県の財政集中度が低下しているためであり，このことは都市部では農村部ほど府県に対する相対的な期待が高くはなく，知事選投票率も低くなることを意味する。

　また，市町村数については，投票率への直接効果はプラスで財政集中度

にマイナスの影響を与えているが，影響度はそれほど高くないため総合効果は若干のプラスとなった。市町村数の投票率への直接効果は，地方政府の分化が投票率を高めるというオリバーの議論がわが国でも該当するという側面が彷彿されるが，財政集中度に市町村数がマイナスの影響を与えるというパスは先述の市町村間の水平的連携により府県での財政効率が高まり財政集中度が低下したと考えられる。

　以上の分析結果より，府県の対応能力の程度を表現する財政集中度の高さは，ほとんどのモデルで一貫して高い影響力で投票率を高めることに寄与しており，また，都市化との関係では農村部ほど，市町村数との関係では市町村間の水平的連携がなされていないほど府県の財政集中度が高くなり，この財政集中度の高さが投票率を高めると言える。

六　結論

　本稿では，行政サービスに対する認識を十分にもつ住民ほど府県に対する期待をもち，これが政治参加の一因になること，また，府県の相対的な対応能力の高さを表す財政集中度が高い府県ほど住民の府県に対する期待が高くなることをアンケートデータにより明確にするとともに，財政集中度の高さが投票率を高めることを統計的に検証した。

　なお，都市化と投票率の関係については，都市化が進んでいる府県ほど投票率への直接効果はプラスとなるものの，都市化が進んでいる府県ほど財政集中度へのパスはマイナスとなり，これを介した投票率への総合効果はマイナスになること，また，市町村数と投票率の関係については，市町村数が多いほど，つまり地方政府が分化しているほど投票率への直接効果は高まるが，市町村間の水平的連携を背景として府県での財政効率が上昇し財政集中度へのパスがマイナスとなる結果，直接効果が低減することが明確になった。

　これらの結果をふまえれば，知事選の投票率に対しては，府県という広域政府の対応能力に対する住民の期待の高さと，対応能力そのものが極めて重要な要素になると言える。議論をさらに進めて，道州等の広域政府創設について念頭においた場合でも，政治参加が促進されるためには，住民から期待される政府であることが主要な要件となる。ここで，期待される広域政府であるためには，従来の府県よりも対応能力が高まること，さら

には行政サービスの実施主体やサービス内容について十分な認識をもたない住民が，広域政府の政策の有効性に対する認識を深めることの二つの条件が必要となる。

ただし，前者の対応能力の向上のために，広域政府に権限や財源を集中させる制度設計は，昨今の基礎自治体重視の地方分権の考えのもとでは合意調達が困難という側面がある。基礎自治体重視の地方分権においては，市町村への権限移譲こそが自立的な地方政府の実現を促進する条件となり，広域政府は基礎自治体を補完する立場にあることが重視されるためである。一方で，府県合併によって道州等の広域政府へ移行するのであれば，意思決定の統合化や政策実施の一元管理等により一層のスケールメリットのある投資や広域的かつ統合的対応が可能になるほか，間接部門の経費削減などの効率化が図られる。これに伴って，広域政府を構成する府県の財源の単純合計よりは財政集中度が低くなるとはいえ，広域政府はこれまで以上に広域的かつ統合的な政策対応等が可能となることから，基礎自治体では対応が困難な政策課題への対応能力をもつようになると考えられる。

以上，政治参加の側面から広域政府の規模のあり方を検討してきたが，実証研究からは住民の期待が向けられるような政府の対応能力がとりわけ重要であることを把握した。この結果をもって対応能力の向上のために政府規模の拡大が議論の俎上にのるものの，政府規模は，基礎自治体では対応が難しい諸問題への対応に純化する中で実現される必要があり，あわせて住民の行政サービスに対する認識を深める方策を推進する中で検討されなければならないという留保がつくと言えよう。

（1） 財団法人東京市政調査会『都市問題公開講座ブックレット2　都道府県制に未来はあるか』2004年，4-6頁を参照。
（2） 新川達郎「地方政治における選挙」富田信男・堀江湛編『選挙とデモクラシー』学陽書房，1982年，201頁。
（3） Wood, "Voter Turnout in City Elections," *Urban Affairs Review*, Vol.38, No.2, November, 2002, pp.209-231. など，米国等では地方政府体系と政治参加に関してしばしば議論の対象となる研究のうち，統治形態に注目する研究もあるが，わが国の地方政府間で統治形態の相違はないためこれらの統治形態に係る研究は議論の対象外とした。
（4） C. Tiebout, "A Pure Theory of Local Expenditures," *Journal of Political*

Economy, Vol.64, No.5(October), 1956, pp.416-424.
（5） V. Ostrom, C. Tiebout and R. Werren, "The Organization of Government in Metropolitan Areas: A Theoretical Inquiry," *American Political Science Review*, Vol.55(December), 1961; R. Bish, and V. Ostrom, *Understanding Urban Government: Metropolitan Reform Reconsidered*, Washington: American Enterprise Institute, 1979; V. Ostrom, R. Bish, and E. Ostrom, *Local Government in the United States*, San Francisco, CA: Institute for Contemporary Studies, 1988.
（6） 平野浩「社会関係資本と政治参加―団体・グループ加入の効果を中心に」日本選挙学会年報『選挙研究』第17号, 2002年, 19-30頁及び池田謙一「2000年衆議院選挙における社会関係資本とコミュニケーション」日本選挙学会年報『選挙研究』第17号, 2002年, 5-18頁を参照。
（7） 蒲島郁夫『政治参加』東京大学出版会, 1988年, 154頁。
（8） S. Verba and N.H. Nie, *Participation in America*, New York, Harper & Row, 1972, pp.237-242.
（9） J.E. Oliver, "City Size and Civic Involvement in Metropolitan America," *American Political Science Review*, Vol.94, No.2, June, 2000, pp.361-373.
（10） F. Seamon and R.C. Feiock, "Political Participation and City/County Consolidation: Jacksonville-Duval County," *International Journal of Public Administration*, Vol.18, No.11, 1995, pp.1741-1752.
（11） 都市制度改革論者については, たとえば, P.H. Friesma, "The Metropolis and the Maze of Local Government," *Urban Affairs Quarterly*, Vol.2, 1966, pp.68-90.
（12） R.A. Dahl, "The City in the Future of Democracy," *American Political Science Review*, Vol.61, No.4, December, 1967, pp.953-970.
（13） C. Kelleher and D. Lowery, "Political Participation and Metropolitan Institutional Contexts," *Urban Affairs Review*, Vol.39, No.6, July, 2004, pp.720-757.
（14） D. Rusk, *Cities without Suburbs* (Third Edition), Washington, Woodrow Wilson Center, 2003; H. V. Savitch and R. K. Vogel, "Paths to New Regionalism," *State and Local Government Review*, Vol.32, No.4, 2000, pp.158-168; A. Downs, *New Vision for Metropolitan America*, Washington, Brookings Institution, 1994. なお, 新地域主義は, 必ずしも地方政府の統合化に焦点を当てるのではなく, 地方政府間の均一でない政府規模や能力をふまえた役割分担, ならびに地理的分布状況を背景とした地方政府間の連携に主眼があるという意見もある。C.f. N. Brenner, "Decoding the Newest Metropolitan Regionalism in the USA: A Critical Overview," *Cities*, Vol.19, No.1, 2002, pp.3-21.
（15） C. Kelleher and D. Lowery, op.cit., p.725.
（16） ハーフィンダール指数とは, 地方政府A,B,Cから構成される全体Tを

考えた場合，$(A÷T)^2+(B÷T)^2+(C÷T)^2$で算出される指標。
(17) Metropolitan Statistical Area の略で大都市地域の統計単位。
(18) J. Clingermayer and R.C. Feiock, "Constituencies, Campaign Support, and Council Member Intervention," *Social Science Quarterly*, Vol.74, March, 1993, pp.199-207.
(19) 京極純一『政治意識の分析』東京大学出版会，1968年，196-197頁，山田政治「選挙にあらわれた政治意識－島根県の場合－」日本政治学会編『政治意識の理論と調査 年報政治学』，岩波書店，1965年，192-193頁，蒲島，前掲書，第7章，蒲島郁夫『政権交代と有権者の態度変容』木鐸社，1998年，第10章，綿貫譲治・三宅一郎『環境変動と態度変容』木鐸社，1997年，第7章を参照。なお，蒲島（1998）では，90年代半ばでは組織加入状況や政治的関与度等をコントロールした場合，人口規模の投票行動への影響は消滅することが指摘されている。
(20) 総務省『地方選挙結果調査』を用いて，昭和22年から平成15年までの統一地方選挙における府県別知事選投票率平均と府県別市町村長選投票率平均を比較した結果，46団体中41団体において市町村長選の投票率の方が知事選のそれよりも高くなっている。
(21) ティボー仮説の前提とする住民の行政サービスに対する認識の偏向について検証する研究もある。ロウリー他（1992）では，そうした行政サービスの供給主体やサービス内容等に対する住民の偏向について「特定のサービスしか行っていない地方政府が包括的にサービスを行っているとする偏向（Subset bias）」，「あるサービスを行う地方政府とは別の地方政府が当該サービスを行っているとする偏向（Misset bias）」，「本来存在しないサービスを地方政府が行っているとする偏向（Nonset bias）」の三つがあるとしており，たとえば，府県と市町村のサービスの取り違えは Misset bias に該当する。なお，住民の誤った認識に基づきプラスの評価を得ている地方政府の行政官は，ある意味で正しい認識を住民に与えるインセンティブをもたないとも言われている。D. Lowery R.H. DeHoog and W.E. Lyons, "Citizenship in the Empowered Locality: An Elaboration, a Critique, and a Partial Test," *Urban Affairs Quarterly*, Vol.28, (September), 1992, pp.69-103.
(22) バルチによれば，政治的有効性感覚には，自らの投票行動により政治を動かすことができると思う感覚の程度としての内的有効性感覚と，本文中で記載するような外的有効性感覚があるとされる。G.I. Balch, "Multiple Indicators in Survey Research: The Concept Sense of Political Efficacy," *Political Methodology*, Vol.1, No.2(Spring), 1974, pp.1-43. なお，わが国では内的有効性感覚を中心に分析されることが多く，たとえば石上泰州「日本における地方選挙と有権者意識」小林良彰編『21COE-CCC 多文化世界における市

民意識の動態 1　日本における有権者意識の動態』慶應義塾大学出版会，2005年，第10章を参照。また，本稿では，後述するように住民に対するアンケートを行う際に，府県に対する「期待」を質問しており，住民にとっては「外的有効性感覚」という表現よりも「期待」の方が理解しやすく，また，当該調査における表現と合わせるために，以下の本文中では「期待」という表現で統一する。

(23)　山田真裕「投票率の要因─1979-86年総選挙」日本選挙学会年報『選挙研究』第7号，1992年，100-116頁を参照。

(24)　蒲島，前掲書『政治参加』，第8章を参照。なお，支持政党と知事選の投票方向（三宅一郎『政治参加と投票行動－大都市住民の政治生活－』ミネルヴァ書房，1990年，第10章），知事発言の市長選挙への影響（河村和徳「知事の政治的態度と市長選挙－松山市長選挙をケースとして－」日本選挙学会年報『選挙研究』第16号，2001年，78～88頁），無党派層の投票行動（岩渕美克「東京都知事選挙における無党派の投票行動」日本選挙学会年報『選挙研究』第11号，1996年，61-70頁，早川昌範・吉崎輝美「『無党派』層の政治態度と投票行動」日本選挙学会年報『選挙研究』第12号，1997年，88－97頁），知事候補の人材選抜に係る政治過程研究（片岡正昭『知事職をめぐる官僚と政治家』木鐸社，1994年）はあるものの，知事選の投票率の要因に係る実証研究は少ない。ちなみに，米国においても国政レベルの選挙と比べて，地方レベルの選挙に関する研究は十分に焦点を当てられてこなかったと言われる。J.P. Pelissero, *Cities, Politics, and Policy*, Washington, CQ Press, 2003, P.70.

(25)　一票の重さは，地方議会議員選挙，衆参議員選挙では，議席定数÷有権者数となるが，知事選では当選者数は一名となるため有権者数の逆数がすなわち一票の重さを測定するものとなる。なお，山田，前掲論文では有権者数÷議席定数を一票の重さとしているが，分子と分母を入れ替えた方が正確である。

(26)　財政集中度は，実際に堀場勇夫『地方分権の経済分析』，東洋経済新報社，1999年，第6章や野田遊「我が国の地方政府体系における統合・分化に関する実証研究」『レヴァイアサン』第37号，木鐸社，2005年，161－184頁などでも使用されている。

(27)　東京都は人口規模が大きく外れ値となるほか，特別区を包含する都政をとり他府県とは制度が異なることもふまえ分析対象から除いた。また，投票率が算出されない無投票選挙（鳥取県知事選：2003年統一地方選）も対象外とした。

(28)　本稿のパネルデータにおいて投票率にトレンドが存在する場合，財政集中度など他の変数との間で擬似相関が生じる可能性があるため，投票率

に対して，ケンドールの順位相関を用いたトレンド検定を行った。この結果，投票率と時系列間により求められたτ，Z，pは，−0.066，−1.48，0.138となり，5％の有意水準で時系列にトレンドはないという仮説を棄却できなかった（つまりトレンドがあるとは言えない）。ちなみに，財政集中度に対してもトレンド検定を行ったところ，τ，Z，pは，−0.064，−1.43，0.15となり，投票率と同じくトレンドがあるとは言えない結果となった。

(29) なお，小林（2000）で指摘されているとおり，接戦度や競争倍率は必ずしも投票率の原因とは言えないが，知事選の先行実証研究に合わせて変数に含めることとした。小林良彰『選挙・投票行動』東京大学出版会，2000年，27頁を参照。

(30) http://www.data.kishou.go.jp/etrn/index.html を参照。なお，府県内の投票所と対応する得票数のデータはないため，県庁所在地における降水量を用いた。単位はミリメートル。

(31) 山田真裕，前掲論文，105-106頁を参照。

(32) 当方独自調査（2005年6月下旬〜7月上旬に実施）による。財政集中度は，2002年度決算，2003年度決算で順に，大阪府42％，41.6％，京都府42.7％，41.6％，滋賀県52.7％，52.6％，和歌山県54.2％，56％である。

(33) 実際の設問は「①期待している」「②どちらかといえば期待している」「③どちらともいえない」「④どちらかといえば期待していない」「⑤期待していない」の区分としており，本文中の「期待している」は①②の計，「期待していない」は③④の計として集計した。

(34) 実際の設問は「①期待できるという点がある」「②どちらかといえば期待できるという点はある」「③どちらともいえない」「④どちらかといえば期待できるという点はない」「⑤期待できるという点はない」の区分としており，本文中の「期待できるという点がある」は①②の計，「期待できるという点はない」は③④の計として集計した。なお，設問アは，期待と財政集中度の関係を把握しているため，重回帰分析で把握した「財政集中度が高いほど投票率が高まること」との関係を勘案すれば，「期待と財政集中度」及び「財政集中度と投票率高」の関係から，「期待と投票率高」の関連性も見出せる。ただし，当該の関連性をさらに明確なものとするため設問イで期待と投票率高の関係を質問した。

(35) 蒲島は当選者相対得票率から次点候補者のそれを引いた値を接戦度としているため，本稿の次点候補者を分子とする接戦度とは逆の符号である場合に符合の意味するところが一致することとなる。なお，本稿では値の高い方から接戦の度合いを示すようにするため，次点候補者の得票率を分子とした。

(36) ちなみに，2003年度地方財政統計年報によるデータを用いて，市町村

間の一部事務組合・広域連合の設置件数（水平的連携）を目的変数とし市町村数を説明変数とした場合，市町村数は水平的連携に1％水準で有意にプラス（偏回帰係数0.61）の影響を与え，また，財政集中度を目的変数として水平的連携を説明変数とした場合，水平的連携は財政集中度に対して，5％水準で有意にマイナス（偏回帰係数－0.09）の影響を与える。一方，市町村が多い場合，小規模市町村が多いことによる財政非効率を背景として市町村歳出が増大し，財政集中度が低くなることも考えられたが，財政集中度を目的変数とし，小規模市町村比率（1万人未満の市町村の比率）を説明変数とした場合，小規模市町村比率の偏回帰係数は1％水準で有意にプラスとなり，市町村の財政非効率による財政集中度の低下は成立しない。

北朝鮮における政軍関係

――なぜ北朝鮮の軍人はクーデターを起こさなかったのか？――

宮本　悟

はじめに

　経済が悪化した朝鮮民主主義人民共和国（以下，北朝鮮）が遠からず崩壊するという憶測が流れ始めて，すでに20年近い歳月が流れた。しかし，北朝鮮はいまだに崩壊していないのみならず，経済もむしろ1998年を境にして少しずつ好転している。北朝鮮について人々が論ずる時，いかに根拠に乏しいまま憶測によっているかを示すものであろう。

　北朝鮮が崩壊すると想定されたシナリオの一つにクーデターがある。そのおおよその内容は，経済が悪化して，軍部が政府に不満を抱いてクーデターを起こすというものである[1]。しかし，北朝鮮ではいまだクーデターが起こったことがない。なぜ北朝鮮の軍人がクーデターを起こさなかったのかを明らかにできれば，北朝鮮の政府機構がそれなりの安定性を持っていることを示すことになる。それを内的に認識していれば，経済悪化によって北朝鮮が直ちに崩壊するといった憶測は容易に下し得ないであろう[2]。

　本稿での問いは，北朝鮮ではクーデターが起こると思われていたのに，なぜ起きなかったのかである。そこで，本稿では，軍人がクーデターを起こして当然と思われる状況を北朝鮮の過去の歴史から見出して，それにも拘わらずなぜ軍人がクーデターを起こさなかったのかという説明を試みたい。その状況とは軍人に対する粛清である。軍部がクーデターを起こす動機は，社会的な要因に劣らず軍人の個人的なものが重要であり，その一つとして粛清の危機があることは，サミュエル・ディカロの著作で論じられている通りである。実際に，粛清されそうになった軍人がクーデターを起こして難を逃れることは，他国の歴史では稀ではない。1975年4月にチャドで発生したクーデターは，トンバルバイ大統領による軍人粛清の噂が契

機となった3。1999年10月にパキスタンで起こったクーデターは、ムシャラフ陸軍参謀総長が解任されたことが原因である。まして、北朝鮮では、粛清されることは多くの場合において死を意味する。粛清されそうになった北朝鮮の軍人は、他国の軍人よりもクーデターを起こそうとする動機があるはずである。

　北朝鮮では、過去に少なくとも3回、軍人が大量に粛清される事件があったことが知られている。1953年には、北朝鮮における支配政党である朝鮮労働党の派閥抗争に巻き込まれたゲリラ部隊の軍人が粛清された。1958年には、朝鮮労働党の派閥抗争が軍隊にまで波及して、数多くの軍人が粛清された。1968年には、朝鮮労働党の決定に反抗して、ほとんど実行しなかったという理由で多くの軍人が粛清された。

　しかし、北朝鮮における粛清では、数多くの軍人がクーデターを起こさずに粛清されていった。暴力を用いることができる軍人が何の抵抗もせずに、ただ殺されていったことには疑問が残る。しかも、粛清された軍人の中には、数万の軍隊を率いることができる高位将校が数多くいた。明らかに北朝鮮においては、抹殺の危険に直面してもなお軍人がクーデターを起こすことができない何らかの要因が存在するのである。3回にわたる北朝鮮の軍人粛清において、粛清されそうになった軍人がクーデターを起こさなかった要因を明らかにすることによって、北朝鮮が崩壊しなかった理由の一端を説明できよう。

1. クーデターを起こせない要因

　クーデターを起こさざるを得ない状況でも、クーデターを起こせない要因とは何であろうか。クーデターは成功すれば、自己の安泰を計れよう。しかし、失敗すれば、何も成果を得られず、自分は確実に処罰される。のみならず、本来は関係のない部下、場合によっては周囲の関係者や家族まで犠牲にしかねない。クーデターに失敗することが明白であれば、粛清のみならず、いかなる動機であっても軍人はクーデターを断念するしかないと考えられる。クーデターを起こせない要因とは、すなわちクーデターに失敗する要因といえる。

　クーデターに失敗する要因については、サミュエル・ファイナーの著作から考察できる。ファイナーは、軍隊が団結していなければ、クーデター

は失敗すると論じている[4]。実際，軍隊が団結していなければ，政府に味方する軍隊の派閥が出てくる。政府の味方となった軍隊の派閥の一部は，クーデターを起こした軍人たちを挫折させることがある[5]。軍人がクーデターに失敗する要因の一つとして，軍隊内の派閥抗争が挙げられよう。

この着眼をさらに進めるなら，軍人がクーデターに失敗すると判断するのは，派閥抗争などによって軍隊が分裂しているためと考えられる。軍隊がいくつかの派閥に分かれていれば，軍人がクーデターを起こすことは難しくなる。北朝鮮の軍人がクーデターに失敗すると判断した理由の一つは，派閥抗争によって軍隊が分裂していたためと想定される[6]。

しかし，派閥抗争だけでは，北朝鮮の軍人がクーデターに失敗すると判断した理由を説明し切れない部分がある。1968年の軍人粛清においては，軍隊内に派閥抗争はなかった。それまでの軍人粛清のために，軍隊内の派閥抗争は解消されていたのである。派閥抗争がなかったにもかかわらず，それ以前の軍人粛清と同じく，軍人はクーデターを起こさずに粛清されていった。このような場合には，他にクーデターに失敗する要因があったと考えられる。

クーデターに失敗する要因については，サミュエル・ハンチントンの著作からも示唆を受ける。そこでは，全体主義体制の軍隊においては，軍人を競合的な単位に分割して，軍部の政治介入を抑えていると論じられている[7]。

ハンチントンが論じているように，制度によって軍隊が分割されていることもクーデターに失敗する要因の一つであると考えられる。軍隊を分割する制度として一般的なのは，軍隊を陸軍と海軍，空軍に分割することである。ただし，海空軍が弱体である北朝鮮の軍隊には，これは適用できない。他に，軍隊を分割する制度として知られているのは，社会主義国家にしばしば見られるコミッサール制である。コミッサール制とは，正規の軍指揮官とは別に，コミッサールという政治将校を部隊に設ける制度である。コミッサール制では，それぞれ別の命令系統によって行動する軍指揮官とコミッサールの署名があってはじめて部隊の命令書を発効できるシステムになっていることが多い。コミッサール制が設けられていれば，軍指揮官は独断で部隊を動かすことはできない。コミッサール制は，命令系統によって軍隊内の権力を分割することになるといえよう。

さらに、ハンチントンは、全体主義体制では、支配政党が軍隊や特殊な軍隊を組織したり、独立した命令系統を持つ組織を設けたりすることによっても軍部の政治介入を抑えていると論じている[8]。ハンチントンの見地をさらに進めると、軍隊に対抗できる組織が別に設けられていることも、クーデターに失敗する要因であると解釈できる。軍隊に対抗できる組織の存在がクーデターに失敗する要因となることについては、モーリス・ジャノヴィッツの著作からも示唆を受ける。そこでは、全体主義体制における警察などの準軍事組織は、軍部に対抗するために組織されると論じられている[9]。軍隊に対抗できる組織が存在することもクーデターに失敗する要因と考えられよう。

以上の論議から、軍人がクーデターに失敗する要因とは、①軍隊内の派閥抗争、②軍隊を分割する制度、③軍隊に対抗できる組織の存在といえる。北朝鮮の軍人粛清でも、軍隊内の派閥抗争、軍隊を分割する制度、軍隊に対抗できる組織という三つの要因のいずれか、もしくは全てがあったために、北朝鮮の軍人はクーデターに失敗すると判断したと考えられよう。

2. 1953年の粛清

1948年9月に建国が宣言された北朝鮮では、現在に至るまで、軍人に限らず数多くの人々が粛清されてきた。大規模な粛清の多くは1950年代に起こっており、支配政党である朝鮮労働党を中心とする権力闘争や派閥抗争に起因するものがほとんどであった。朝鮮労働党は、38度線以北を活動基盤としていた北朝鮮労働党と、以南を活動基盤としていた南朝鮮労働党が、建国から約1年後の1949年6月に合併して成立した政党である[10]。北朝鮮労働党の内部は、満州派、延安派、ソ連派、国内派という派閥に分かれていた。これらの派閥が形成された要因は、1945年の解放以前におけるそれぞれの政治活動地域の違いであった[11]。さらに、南朝鮮労働党と合併したことによって、南朝鮮労働党出身者である南労党派が形成された。

朝鮮戦争の最後の年である1953年に起こった粛清も、朝鮮労働党内部の派閥抗争に遠因がある。粛清されたのは南労党派であり、粛清を行ったのは北朝鮮労働党出身者による派閥連合であった。南労党派は、朝鮮労働党の意思決定機関である中央委員会の委員の約3分の1を占める最大派閥であった[12]。最高幹部は中央委員会副委員長である朴憲永であり、中央委員

会委員長である満州派の金日成に次ぐ北朝鮮の大物と目されていた人物であった。朝鮮労働党では，金日成が北朝鮮労働党出身者を代表し，朴憲永が南朝鮮労働党出身者を代表する勢力構図ができあがっていた。

南労党派は，正規軍である朝鮮人民軍とは異なる別の軍隊を保有していた。南朝鮮遊撃隊である。1948年になって38度線以南が北とは別の国家として独立することが確実になると，北に逃亡した南朝鮮労働党の幹部は，以南におけるゲリラ活動を指導し始めた。そのゲリラ部隊が南朝鮮遊撃隊であった。南朝鮮遊撃隊は，1950年6月に朝鮮戦争が勃発する前に韓国政府の鎮圧によってほとんど壊滅状態となったが，朝鮮戦争によって再び勢力が拡大した[13]。

図1　1953年の粛清における対立構図

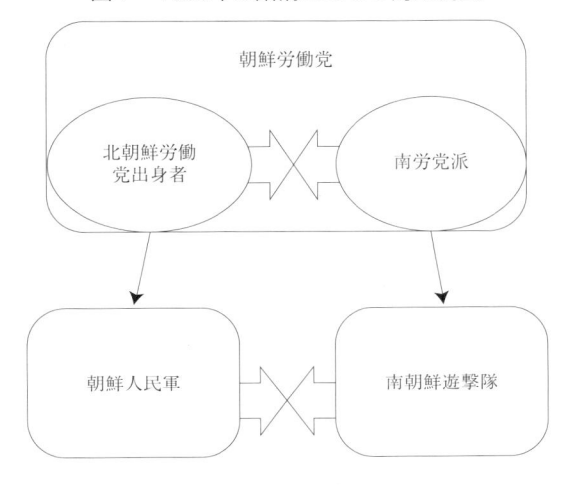

正規軍である朝鮮人民軍の軍人が北朝鮮労働党出身者を中心に占められていたのに対し，南朝鮮遊撃隊の軍人は南労党派から輩出されていた。反対に，朝鮮人民軍に南労党派出身の軍人は存在しなかった。朝鮮人民軍は，もともと中国東北地方における国共内戦の勃発によって，国民党軍が朝鮮半島に侵入することに備えて創設された保安幹部訓練所やその司令部である保安幹部訓練大隊部が母体である[14]。中国東北地方と国境を接していない38度線以南で活動していた南労党派が朝鮮人民軍に存在しないのは当然であった。

1953年の粛清は，朝鮮人民軍を率いる北朝鮮労働党出身者と南朝鮮遊撃隊を率いる南労党派の対立という構図であった。この粛清は，北朝鮮労働党出身者と南労党派という朝鮮労働党内部の派閥抗争であると同時に，二つの軍隊間の対立でもあったといえる。

粛清の直接の原因については，現在のところ，ソ連資料を検討した和田

春樹の研究が最も説得力がある。それによると，朝鮮戦争の停戦に傾く金日成は，戦争継続を主張する朴憲永と対立していた。そして，戦争継続を望まないスターリンが金日成に朴憲永など南労党派の排除を指示したことが粛清の直接の原因であるという[15]。

粛清が始まったのは，停戦の5ヶ月前である1953年2月頃と推定される。1953年2月中頃から北朝鮮労働党出身者たちが，南労党派の幹部を批判し始めた[16]。同年3月末には南朝鮮遊撃隊員の養成学校である金剛政治学院が解体され，北朝鮮における南朝鮮遊撃隊の本拠地は失われた。7月に停戦協定が締結されると同時に，逮捕された南労党派の幹部たちの裁判が始まり，ほとんどが死刑を宣告された。朴憲永に対する裁判は，1955年12月に行われ，死刑判決が下った。南朝鮮遊撃隊は，粛清後もしばらく韓国でゲリラ活動を続けていたが，本拠地と幹部を失ったことで衰退し，1955年頃には全滅した[17]。

なぜ南労党派はクーデターを起こさずに，粛清されたのであろうか。粛清されて裁判にかけられた南労党派の幹部には南朝鮮遊撃隊を指導する立場であった李承燁や裵哲，朴勝源，尹淳達，孟鍾鎬もいた[18]。批判されていた彼らは，粛清されるまでに南朝鮮遊撃隊でクーデターを起こすこともできたはずである。

しかし，南労党派が南朝鮮遊撃隊によってクーデターを起こすことは難しかった。もし，南労党派が南朝鮮遊撃隊によってクーデターを起こそうとすれば，朝鮮人民軍と武力衝突することが想定される。多くの朝鮮人民軍の軍人は北朝鮮労働党出身であるため，朝鮮人民軍が南労党派側につく可能性はほとんどあり得ないからである。しかも，装備や規模で圧倒的に劣る南朝鮮遊撃隊が，朝鮮人民軍と武力衝突しても勝利することはあり得ない。南朝鮮遊撃隊によるクーデターが失敗すると南労党派が判断したのは，南朝鮮遊撃隊に対して朝鮮人民軍という対抗できる組織が存在したためであったといえよう。

3. 1958年の粛清

南労党派が粛清された後も朝鮮労働党では派閥抗争が続いた。それは，北朝鮮労働党出身者である満州派，延安派，ソ連派，国内派の対立であった。北朝鮮労働党が創設されたときから，これらの派閥は存在した。1946

年8月に開催された北朝鮮労働党創立大会で選出された朝鮮労働党中央委員会における各派閥の委員数は，満州派が4名，延安派が15名，ソ連派が8名，国内派が11名，不明が5名であった[19]。金日成が属する満州派はそれほど大きな勢力ではなかった。金日成が権力を拡大するためには，満州派の力を広げる必要があった。

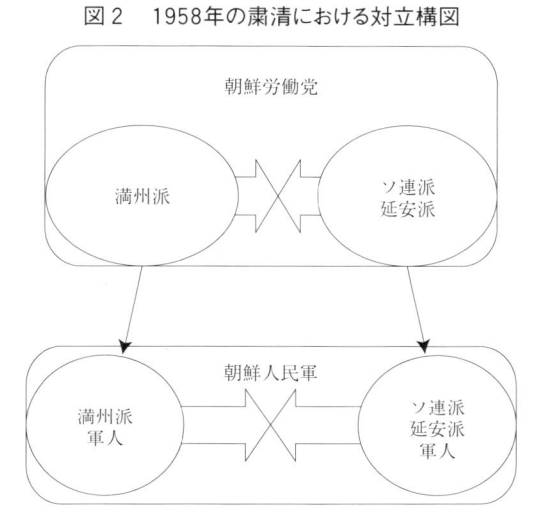

図2　1958年の粛清における対立構図

朝鮮労働党
満州派 ／ ソ連派・延安派
朝鮮人民軍
満州派軍人 ／ ソ連派・延安派軍人

北朝鮮労働党出身者が多い朝鮮人民軍の軍人も満州派，延安派，ソ連派に分かれていた。国内派だけは朝鮮人民軍の軍人を輩出しなかった。朝鮮労働党に比べると，朝鮮人民軍において満州派は比較的優位な地位を占めていた。もともと軍隊の創設は満州派が中心になって推進した結果であった。とはいえ，最も数多くの軍人を輩出していたのは，延安派であった[20]。

1958年に起こった軍人粛清も朝鮮労働党の派閥抗争に起因するものであった。粛清されたのは延安派とソ連派の軍人であり，粛清を行ったのは満州派の軍人であった。この粛清は，満州派の軍人と延安派やソ連派の軍人の対立構図になっていた。満州派の軍人は少数派であったが，民族保衛相（国防大臣に該当）など重要な地位を占めていた。全体的に数が多かった延安派は，部隊の軍指揮官に多く，中には民族保衛副相であった金雄などの高位将校もいた。ソ連派は，軍指揮官もいたが，コミッサールを管轄する総政治局を掌握していた[21]。政治部長と呼ばれたこのコミッサールは，軍指揮官とは異なり，民族保衛相や総参謀長からの命令ではなく，朝鮮労働党に設けられた総政治局からの命令で行動していた。

この軍人粛清は，1956年から始まった延安派とソ連派，国内派の党官僚に対する粛清の延長線上にあった。1956年から始まった粛清は，1956年8

図3　党委員会によるコミッサール制

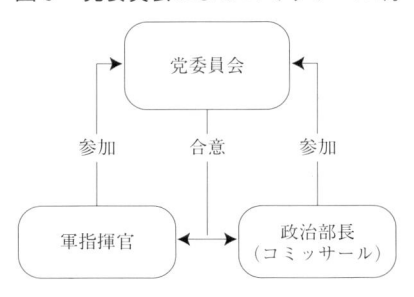

```
        党委員会
       /   |   \
    参加  合意  参加
     /     |     \
  軍指揮官 ←→ 政治部長
              (コミッサール)
```

月に延安派とソ連派の高位党官僚が朝鮮労働党中央委員会全員会議で金日成を批判したことに端を発した。延安派とソ連派の金日成批判は，満州派の妨害によって挫折した。反撃に出た金日成は，延安派やソ連派を粛清し始めた[22]。後に国内派も巻き込まれ，粛清されていった。1957年末までに朝鮮労働党における延安派とソ連派の高位党官僚の多くを粛清した満州派は，1958年から朝鮮人民軍の延安派とソ連派の軍人を粛清し始めた。

1958年初頭に満州派がまず粛清したのは，コミッサールを管轄していた総政治局の幹部であった[23]。この時まで，コミッサールは部隊の指揮権に関わる権限がなく，イデオロギー教育だけを担当するただの政治将校であった。従って，総政治局の幹部を粛清しても，クーデターが起こることはあり得なかった。

1958年2月までに総政治局の幹部を粛清すると，金日成はコミッサール制の改革に着手した。3月になると，軍団や師団，連隊に党委員会を設けて，軍指揮官の独断を禁じた。党委員会は，軍指揮官やコミッサールなど将校が参加する部隊の決定機関である。軍指揮官もコミッサールもその合意内容に従う義務があった。大隊や中隊にも小規模の党委員会が設けられた[24]。党委員会は非常設機関であるため，部隊の日常業務までは権限が及ばなかった。しかし，部隊移動や人事異動など重要事項については，党委員会でコミッサールの合意がなければ，軍指揮官は命令を下すことができなくなったと考えられる。

コミッサール制の改革が終わると，満州派の軍人は延安派やソ連派の軍人を粛清し始めた。延安派やソ連派だけではなく，派閥と無関係な軍人も巻き込まれて粛清されることがあった。この粛清の規模は大きく，ソ連に亡命した民族保衛省作戦局長の兪成哲が，朝鮮戦争に参加した将官の90％以上が粛清されたと回想録に記すほどであった[25]。粛清が終わったのは1960年頃であった[26]。

延安派やソ連派の軍人は，なぜクーデターを起こさなかったのであろう

か。ソ連派の軍人にはソ連に亡命することで命を長らえる手立てがあった。ソ連派は，朝鮮系ソ連人であり，ソ連市民権を持っていたためにソ連が亡命を受け入れたからである。実際に，数多くのソ連派がソ連に亡命した[27]。ソ連派軍人に，クーデターを起こす必要性があったとは思えない。

　しかし，延安派は事情が異なる。1945年以前に延安派が所属していた中国共産党ですら，延安派の亡命を拒んだ。中国人でもない延安派を受け入れて，北朝鮮と外交上の問題に発展することを中国共産党は避けたものと考えられる。実際に，ほとんどの延安派が粛清され，現在でも行方不明である[28]。次々と仲間が粛清されていく延安派の軍人がクーデターを起こしても不思議ではない。

　金日成が改革したコミッサール制は，延安派の軍人にとって大きな障害となった。軍指揮官がクーデターを起こすためには，部隊移動命令を出さなくてはならない。そのためには，党委員会でコミッサールの合意が必要である。しかし，コミッサールが軍指揮官のクーデターに協力することはほとんどあり得ない。クーデターに加担したコミッサールは，失敗すれば，まず確実に死刑である。間違いなくクーデターに成功するという見込みがなければ，コミッサールが軍指揮官のクーデターに加担することはできない。

　ただし，部隊を動かせば満州派の部隊と武力衝突する可能性が高い状況で，そのような見込みを得ることは難しい。クーデターに成功する見込みが少なくてもコミッサールが協力するとすれば，自分も粛清されそうな延安派やソ連派の場合である。しかし，金日成は，すでに総政治局に対する粛清を終え，コミッサールを掌握していたので，それも考えられない。この軍人粛清において，クーデターに失敗すると延安派の軍人が判断したのは，派閥抗争によって満州派の部隊と武力衝突する可能性が高いことに加えて，コミッサール制によって部隊動員が困難であったためといえよう。

4．1968年の粛清

　1968年に起こった軍人粛清は，朝鮮労働党の派閥抗争ではなく，国防政策をめぐる党官僚と軍人の反目に起因するものである。北朝鮮の国防政策に大きな変化が生じたのは，1962年12月のことであった。それまで，北朝鮮の国防政策は，中ソから支援を受けることを基本としていた。北朝鮮は，

アメリカと対立している割には資源の小さな国家である。そのため，いくら独自の軍事力を増強しても，アメリカからの攻撃に十分に備えることはできない。アメリカと対立することは，南北朝鮮の統一を国家目標とする北朝鮮にとって避けがたいものであったが，大きな負担でもあった。そこで，朝鮮戦争停戦後には，同じくアメリカと対立していたソ連や中国の支援を受けることによって国防の負担を軽くしていた。

　しかし，冷戦がデタントになると，アメリカと対立しているにも拘わらず，ソ連や中国からの支援を受けることが難しくなる。米ソは，アメリカと対立する北朝鮮を支援することに消極的になるからである。デタントは，北朝鮮にとってむしろ国防の危機に直面する国際情勢であった。冷戦期において北朝鮮は，米ソがデタントになると独自の軍事力を増強しながら中国に接近し，米中がデタントになると独自の軍事力を増強しながらソ連に接近するという政策を続けていた。後に冷戦体制が崩壊すると，北朝鮮は中ソの代わりを核兵器に見出すことになる[29]。

　北朝鮮にとって，1962年10月のキューバ危機こそが米ソのデタントの始まりであった。ソ連はアメリカに妥協したと北朝鮮は考えたのである。これを契機に対ソ関係が悪化した。北朝鮮は，ソ連からの支援がなくなった分を補うために，軍事力を増強する新たな国防政策を1962年12月に発表してアメリカとの対立を続けた[30]。

　ただし，満州派の軍人たちはこの新国防政策を必ずしも歓迎したわけではない。新国防政策では，正規軍ではなく予備軍の創設に力を注ぐなどの内容が含まれていた[31]。さらに，朝鮮労働党は，輸入兵器よりも性能の劣る国産兵器の増産を推進することを1964年2月に明らかにした[32]。1964年10月のフルシチョフ解任を契機に一時ソ連共産党と和解した朝鮮労働党は，アメリカとの対決姿勢をさらに鮮明に打ち出した。1966年10月に朝鮮労働党は，韓国でのゲリラ活動を推進し，北ベトナムに派兵することを決定した[33]。後の金日成の演説によると，満州派の軍人はこれらの政策を推進することに消極的であったという[34]。

　これらの国防政策をめぐる金日成など党官僚と軍人の反目が1968年の軍人粛清につながっていった。この粛清は，満州派の党官僚と満州派の軍人の対立構図になっていた。粛清されたのは，民族保衛相の金昌奉をはじめとする朝鮮人民軍の中枢部にいた満州派の軍人であった。粛清を行ったの

も金日成をはじめとする満州派の党官僚であった。すでに延安派やソ連派，国内派は消滅し，派閥対立は朝鮮労働党でも朝鮮人民軍でも解消されていた。従って，この粛清では軍隊内の派閥抗争は関係ない。また，軍隊に対抗できる組織も存在しなかった。予備軍が創設されたが，これは非常設組織であって，正規軍に対抗できるような組織ではなかった。

図4　1968年の粛清における対立構図

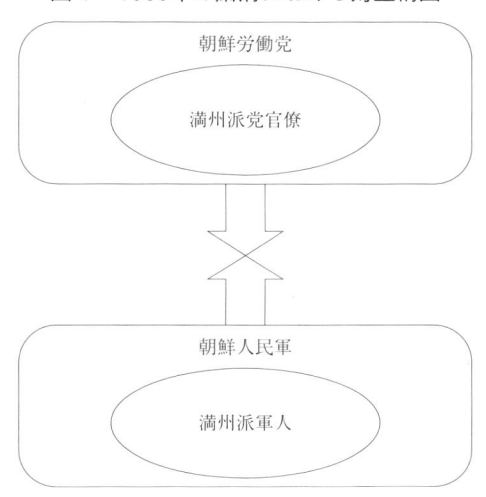

朝鮮労働党
満州派党官僚

×

朝鮮人民軍
満州派軍人

金日成は，粛清の前にコミッサールに対する統制を強めていた。1966年10月に金日成は，朝鮮労働党の下部組織を統轄する書記局を設けて，その最高職位である総書記に就任した[35]。コミッサールを管轄する総政治局も書記局の下に入った。書記局による思想統制によって，金日成はコミッサールを含む朝鮮労働党の下部組織に対する統制を強めていった。1967年には思想統制によって粛清される党官僚も出てきた。軍人粛清が始まった1968年末には，コミッサールなど朝鮮労働党の下部組織で金日成に反対しそうな人物は除かれていたと考えられる。

1968年末にまず民族保衛相の金昌奉が粛清された。さらに金日成は，1969年1月に総参謀長の崔光など満州派の軍人たちを名指しで批判し，粛清を始めた。その後，前民族保衛相である金光俠など退役した満州派軍人からも粛清される者が出てきた。1970年11月に開催された朝鮮労働党第5次大会では，退役軍人もすでに粛清されたことが確認できる[36]。この軍人粛清の規模は，以前のものに比べると大きくないが，民族保衛相や総参謀長など朝鮮人民軍の中枢部が粛清されたことで注目に値する。

満州派の軍人は，なぜクーデターを起こして難を逃れようとしなかったのか。粛清された満州派の軍人には，民族保衛相や総参謀長だけではなく，

軍団長や師団長など数万の部隊を指揮する軍指揮官もいた。一般的な軍隊であれば，彼らはクーデターを起こすことができるだけの地位にいたのである。

しかし，朝鮮人民軍では，軍指揮官がクーデターを起こすために部隊を動かすには，コミッサールと党委員会で合意しなければならない。しかも，コミッサールが軍指揮官のクーデターに協力することはほとんどあり得ない。クーデターに加担したコミッサールは，失敗すれば，まず確実に死刑である。間違いなくクーデターに成功するという見込みがなければ，コミッサールが軍指揮官のクーデターに加担することはできない。

批判されて粛清されそうになった満州派の軍人は，中枢部を占めていたといっても全体的には少数である。批判されていない多くの軍指揮官がどう動くか分からない状況で，間違いなくクーデターに成功するという見込みを得ることは難しい。クーデターに成功する見込みが少なくてもコミッサールが協力するとすれば，自分も粛清される対象である場合と考えられる。しかし，この粛清の対象は軍指揮官であった。粛清される危険がないコミッサールが，軍指揮官のクーデターに協力するとは考えにくい。

この軍人粛清では，軍指揮官のクーデターにコミッサールが協力する可能性はさらに低かったと考えられる。金日成は，軍人粛清の前にコミッサールに対する統制を強めていた。実際に，総政治局長以下，コミッサールはむしろ粛清を積極的に推進した。この軍人粛清において，クーデターに失敗すると満州派の軍人が判断したのは，軍隊を分割する制度であるコミッサール制のためであったといえよう。

5. 現在までの軍隊統制の変化

1968年の軍人粛清では，軍隊内の派閥抗争や軍隊に対抗できる組織は存在しなかった。クーデターに失敗すると満州派の軍人が判断したのは，軍隊を分割する制度であるコミッサール制によって部隊を動員することが困難なためであった。コミッサール制は，この粛清によってさらに強化された。

軍人粛清の最中である1969年1月に，新たなコミッサールである政治委員が軍団と師団，連隊に設けられた。政治委員には，軍指揮官の全ての命令書に副署名をする権限が与えられた。政治委員の副署名がなければ，軍

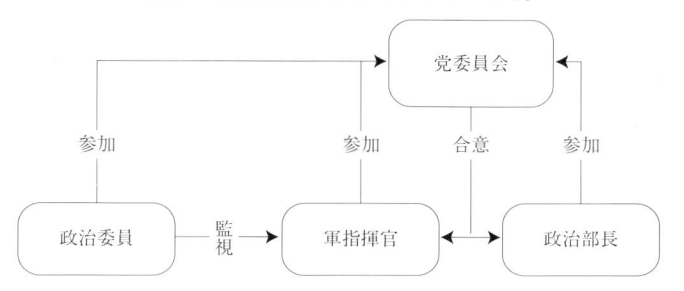

図5　政治委員によるコミッサール制

```
                          ┌──────────┐
              ┌──────────→│  党委員会  │←──────────┐
              │   参加    └──────────┘    参加    │
              │         参加  │   │  合意         │
              │               │   │               │
         ┌────────┐  監視  ┌────────┐         ┌────────┐
         │ 政治委員 │──────→│ 軍指揮官 │←───────→│ 政治部長 │
         └────────┘         └────────┘         └────────┘
```

指揮官はいかなる命令書も発効することはできない。以前からのコミッサールである政治部長はそのまま存続したので，軍団から連隊までの各部隊では政治委員と政治部長が併存することになった。軍指揮官は，党委員会で政治部長から監督されるだけではなく，政治委員によっても監督されるようになった。コミッサール制はさらに強化されたといえよう[37]。

　コミッサールに対する命令系統を掌握することは，北朝鮮の軍隊を統制するために最も重要な課題となる。1958年と1968年の粛清において，金日成は事前にコミッサールに対する統制を強めていた。金日成の後継者にとっても，コミッサールに対する命令系統を掌握することは重要な課題であった。金日成の後継者である金正日は，軍指揮官に対する命令系統よりもコミッサールに対する命令系統を先に掌握した。1974年2月に開催された朝鮮労働党中央委員会第5期第8次全員会議で後継者に選ばれた金正日は，1975年1月には総政治局に対して指示を出しており，1979年2月には政治委員に対しても指示を出していた[38]。金正日は，少なくとも1979年までにコミッサールに対する命令系統を完全に掌握していたことが分かる。

　金正日による軍指揮官に対する命令系統の掌握は，それよりも遅かった。1979年12月に，金正日の指導を受けるように朝鮮人民軍の軍人に対して金日成が指示したことによって，軍指揮官に対する命令系統を金正日が掌握し始めた[39]。金正日が軍指揮官に対する命令系統を完全に掌握したのは，1991年12月に人民軍最高司令官に就任したことによる。掌握までに時間がかかったとはいえ，金日成が死去した1994年7月までに，金正日はコミッサールと軍指揮官に対する命令系統を両方とも掌握していたことになる。

　従って，金日成の政権を継いだ金正日は，軍人がクーデターに失敗する

要因の一つであるコミッサール制を活用することが可能である。現在の北朝鮮で、過去の粛清のように軍人がクーデターを起こさざるを得ない状況が起こっても、コミッサール制があるためにクーデターに失敗すると軍人が判断して、クーデターを起こせない可能性は高いといえよう。

結論

　本稿では、軍人がクーデターを起こさざるを得ない状況を北朝鮮の過去の事例から見出して、なぜ軍人がクーデターを起こさなかったのかという説明を試みた。その過去の事例とは、北朝鮮の3回にわたる軍人粛清である。北朝鮮では粛清されれば生命の危険があることが容易に想像できる。抹殺される危険が迫っていたにも拘わらず、北朝鮮の軍人がクーデターを起こさなかったのは、クーデターに失敗すると判断したからだと考えられる。クーデターは成功すれば、自己の安泰を図れる。しかし、失敗すれば、さらなる犠牲を伴うだけで何も得るものはない。従って、失敗するのであれば、いかなる動機があろうとも、軍人はクーデターを断念する他ないであろう。

　軍人がクーデターに失敗すると判断するのは、クーデターに失敗する要因があるからである。クーデターに失敗する要因とは、既存研究から類推すると、①軍隊内の派閥抗争、②軍隊を分割する制度、③軍隊に対抗できる組織の存在である。北朝鮮の3回にわたる軍人粛清において、クーデターを起こしても失敗すると軍人が判断した理由として、これらの要因があったと想定される。

　1953年の軍人粛清では、正規軍を率いる党派閥が、ゲリラ部隊を率いる党派閥を粛清した。粛清される党派閥がクーデターに失敗すると判断した理由は、ゲリラ部隊に対抗できる正規軍の存在であったといえよう。1958年の軍人粛清では、正規軍の軍派閥が、同じく正規軍の軍派閥を粛清した。しかも、軍指揮官が独断で部隊を動員できないように軍隊を分割する制度が設けられた。粛清される軍派閥がクーデターに失敗すると判断した理由は、軍隊内の派閥抗争と軍隊を分割する制度であったといえよう。

　1968年の軍人粛清では、軍隊を率いていない党官僚が軍隊を率いる軍指揮官を粛清した。軍隊内の派閥抗争や軍隊に対抗できる組織は存在しなかった。しかし、軍指揮官が独断で部隊を動員できないように軍隊を分割す

る制度が設けられていた。軍指揮官がクーデターに失敗すると判断した理由は，軍隊を分割する制度であったといえよう。

　北朝鮮における３回の軍人粛清では，クーデターに失敗する要因として想定された三つのいずれかが存在したことが明らかになった。粛清されそうになっても北朝鮮の軍人がクーデターを起こさなかったのは，この三つのいずれかの要因によってクーデターに失敗すると判断したためといえよう。

　クーデターに失敗する要因の一つである軍隊を分割する制度は，現在の北朝鮮でも存在する。しかも，軍人粛清の時に比べて，さらにその機能が強化されている。従って，現在の北朝鮮で，過去の粛清のように軍人がクーデターを起こさざるを得ない状況が起こっても，クーデターに失敗すると軍人が判断して，クーデターを起こさない可能性が高いといえよう。

　北朝鮮の崩壊シナリオでは，経済悪化によって軍人がクーデターを起こすであろうと想定されてきた。しかし，粛清によって生命の危険すらあるにも拘わらず，軍人がクーデターを起こさない北朝鮮において，他の原因で軍人がクーデターを起こすことは考えにくい。クーデター発生の可能性を全く排除できるわけではないが，クーデターに失敗する要因の一つである軍隊を分割する制度が，その可能性を極めて低くしているとはいえる。従って，北朝鮮の体制が崩壊しなかった要因の一つとして，軍隊を分割する制度であるコミッサール制があるのではないかと考えられよう。

　本稿で論じたクーデターに失敗する三つの要因は，この要因が加われば軍人がクーデターを起こさないというマイナス要因である。政軍関係理論で主に研究されてきたのは，この要因が加われば軍人がクーデターを起こすというプラス要因であった。クーデターの非発生は，プラス要因の不在によっても説明し得る。しかし，プラス要因の存在にも拘わらず，クーデターが発生しないことを説明するために，マイナス要因は有用であろう。

　クーデターに失敗する三つの要因は，いずれも全体主義体制や権威主義体制の政軍関係において存在し得ることを想定している。北朝鮮に限らず，全体主義体制や権威主義体制においてクーデターが起こり得るにも拘わらず，クーデターが非発生である場合は，この三つのマイナス要因が存在することも考えられよう。ただし，政軍関係のマイナス要因は，本稿で論じた三つだけとは限らない。それらの検討は今後の課題としたい。

付記:本稿は2005年度日本政治学会・ポスターセッションで筆者が提供したペーパー「政軍関係理論の再考察〜なぜ軍部は政治に介入しないのか?北朝鮮の事例から〜」を加筆修正したものである。本稿執筆に際し,五百旗頭真先生(神戸大学)から貴重なご指導を賜った。また,神戸大学ならびに日本政治学会年報委員会の先生方からも多くのコメントを頂いた。ここに記して深く感謝申し上げたい。

(1) 北朝鮮でクーデターが起こって金正日政権が崩壊するという憶測は数多いが,詳細な予測をしたものとしては,1994年1月1日付『韓国日報』に掲載された「分断半世紀 民族統一大予測／悲観的シナリオ」,「分断半世紀 民族統一大予測／楽観的シナリオ」がある。ここでは1997年にクーデターが起こると予測していた。

(2) 韓国では,金正日政権において軍部の政治的影響力が増大しており,そのために軍部がクーデターを起こすのではないかという憶測も存在した。李大根は,金正日政権における軍部の政治的影響力が実際には金日成政権に比べてほとんど変化がないために,その可能性は低いと論じている(李大根『北韓軍部はなぜクーデターをしないのか—金正日時代先軍政治と軍部の政治的役割—』ソウル,図書出版ハンウル,2003年)。他にも,金正日政権において軍部の政治的影響力は増大していないと論じる研究としては,以下が挙げられる。柳浩烈「金正日の先軍政治—意味と評価—」『アジア太平洋地域研究』第2輯第2号(2000年2月)69-85頁,金彰瑾「1990年代北韓の党・政・軍権威関係の変化」『北韓研究』第3巻(2000年12月)119-151頁,柳吉在「〈例外国家〉の制度化—軍事国家化傾向と軍の役割拡大—」『現代北韓研究』第4巻第1号(2001年6月)121 – 157頁,鄭成長「金正日時代北韓〈先軍政治〉と党・軍関係」『国家戦略』第7巻第3号(2001年9月)51-77頁,崔鎮旭「北韓先軍政治の政治的含意」『現代北韓研究』第4巻第2号(2001年12月)9-39頁,崔主活「北韓体制での党軍関係研究」『慶熙行政論叢』第15巻第1号(2002年2月)233 – 251頁,鄭賢壽「金正日時代先軍政治の体制的性格に関する研究」『北韓研究』第5巻(2002年12月)169-207頁。

(3) Samuel Decalo, *Coups and Army Rule in Africa: Studies in Military Style*, New Haven: Yale University Press, 1976, pp.7-22. ウィリアム・トンプソンは,社会的要因によって軍部がクーデターを起こすという議論は,クーデターの発生要因を説明するのに不十分であると論じている。William R. Thompson, "Regime Vulnerability and the Military Coup", *Comparative Politics*, Vol.7, No.4 (Jul. 1975), pp.459-487. 社会的要因によって軍部がクーデターを起こ

すという議論は，以下を参照。Lucian W. Pye, "Armies in the Process of Political Modernization", in John J. Johnson ed., *The Role of the Military in Underdeveloped Countries*, Princeton, New Jersey: Princeton University Press, 1962, pp.69-89; Samuel P. Huntington, *Political Order in Changing Societies*, New Haven: Yale University Press, 1968（内山秀夫訳『変革期社会の政治秩序』上下，サイマル出版会，1972年）; Jose Nun, "The Middle-Class Military in Latin America", in Abraham F. Lowenthal ed., *Armies and Politics in Latin America*, New York, London: Holmes & Meier, 1976, pp.49-86; Samuel E. Finer, *The Man on Horseback: The Role of The Military in Politics*, 2nd, enlarged ed., Harmondsworth, Middlesex: Penguin Books, 1976; Martin Edmonds, *Armed Services and Society*, Leicester: Leicester University Press, 1988.

（4）　Finer, *op.cit.*, p.141.
（5）　例えば，1936年の日本における2・26事件が未遂のクーデターに終わったのは，陸軍の皇道派がクーデターに同調しても，同じ陸軍の統制派が同調しなかったことに要因の一つがあると考えられる。参謀本部の統制派幕僚は，クーデターを起こした部隊を武力鎮圧する準備をすすめていた。統制派幕僚の動きについては，李炯喆『軍部の昭和史（上）—合法的・間接支配への道—』（日本放送出版協会，1987年）139-140頁。
（6）　ただし，派閥によって軍隊が分裂していることは，むしろクーデターを誘発することがある。2・26事件が起こったのも，もともと軍隊内の人事で統制派が皇道派を追いつめたことに要因の一つがあると考えられている。2・26事件と軍隊内の人事の関係については，五百旗頭真「陸軍による政治支配—2・26事件から日中戦争へ—」三宅正樹　編集代表『大陸侵攻と戦時体制（昭和史の軍部と政治2）』（第一法規出版，1983年）10-12頁。
（7）　Samuel P. Huntington, *The Soldier and the State: the Theory and Politics of Civil-Military Relations*, Cambridge, Mass.: Belknap Press of Harvard University Press, 1957, p.82（市川良一訳『軍人と国家』上下，原書房，1978-1979年）.
（8）　*Ibid*.
（9）　Morris Janowitz, *Military Institutions and Coercion in the Developing Nations*, Chicago: University of Chicago Press, 1964, expanded edition 1977, p.115.
（10）　金日成「南北朝鮮労働党を朝鮮労働党に合党することについて　南北朝鮮労働党中央委員会連合全員会議で行った報告　1949年6月30日」『金日成著作集』第5巻（平壌，朝鮮労働党出版社，1980年）132-139頁。
（11）　満州派は，1940年代初頭まで満州において中国共産党の指導の下で抗日パルチザン活動を行って，後にソ連領に亡命してソ連内務省部隊の第88

特別狙撃旅団に編成された人々である。金日成や崔庸健，金策などが代表である。延安派は，中国共産党の解放区である延安において朝鮮半島の独立を目的として1942年8月に結成された朝鮮独立同盟に参加した人々である。朝鮮労働党ではML派と呼ばれることがある。金枓奉や崔昌益，朴一禹などが代表である。ソ連派は，解放によってソ連軍と共に朝鮮半島に来た朝鮮系ソ連人である。朝鮮労働党ではイルクーツク派と呼ばれることがある。許ガイや朴昌昱，金烈などが代表である。国内派は，1945年以前において朝鮮半島や日本で独立運動や左翼運動を推進した人々である。呉淇燮や朱寧河，張時雨などが代表である。

(12)　高峻石『金日成体制の形成と崩壊』(社会評論社，1993年) 113頁。

(13)　南朝鮮遊撃隊とその盛衰については，宮本悟「朝鮮人民軍の『正規化』」『六甲台論集　法学政治学篇』第47巻1号 (2000年7月) 107-136頁。

(14)　朝鮮人民軍の創設過程については，宮本悟「北朝鮮における建国と建軍―朝鮮人民軍の創設過程―」『神戸法学雑誌』第51巻第2号 (2001年9月) 45-90頁。北朝鮮では，蒋介石によって東北保安司令官に任ぜられた杜聿明が山海関を攻撃した1945年11月15日が，中国東北地方において国共内戦が勃発した日であると認識されている (ヂョン・キヂョン『閲兵広場』平壌，文学芸術総合出版社，2001年，82頁)。金日成が，北朝鮮における最初の士官学校である平壌学院の設立を指示したのは，その2日後の11月17日であった (金日成「平壌学院を創立するについて　平壌学院の敷地を定めて，学院および地方党幹部と行った談話　1945年11月17日」『金日成著作集』第1巻，平壌，朝鮮労働党出版社，1979年，412-419頁)。

(15)　和田春樹『朝鮮戦争全史』(岩波書店，2002年) 391-407頁。

(16)　南労党派の幹部を批判したものとしては，社説「党を前にして正直になれない者は，我が隊列に居る場所がない」『労働新聞』(1953年2月15日)，「民主主義的中央執権制とは何か」『労働新聞』(1953年2月22日) がある。正確には，粛清されたのは南労党派だけではなく，国内派の幹部も一部含まれていた。南労党派と国内派は共に解放以前から朝鮮半島や日本で独立運動や左翼運動を推進してきた。解放後の活動地域は異なったが，国内派には朴憲永の支持者もいた。

(17)　宮本，前掲「朝鮮人民軍の『正規化』」，134-135頁。

(18)　朴憲永に次ぐ南労党派の最高幹部と見なされていた李承燁は自らを朝鮮人民遊撃隊総司令官と呼んでいた。朝鮮人民遊撃隊とは，南朝鮮遊撃隊の南労党派内部における呼称である。李泰「『南部軍』で出来なかった話―李鉉相の死に対する新しい資料を中心に―」『歴史批評』1988年秋号 (1988年9月) 329頁。

(19)　和田春樹『金日成と満州抗日戦争』(平凡社，1992年) 363-364頁。

(20) 中国人民解放軍の朝鮮人部隊に属していた延安派の軍人は，3個師団として朝鮮戦争前に朝鮮人民軍に編入された。従って，その数は非常に多い。中国人民解放軍の朝鮮人部隊については，平松茂雄『中国と朝鮮戦争』（勁草書房，1988年）33-66頁，和田春樹『朝鮮戦争』（岩波書店，1995年）78-84頁，朴明林『朝鮮戦争の勃発と起源Ⅰ―決定と勃発―』（ソウル，羅南出版，1996年）341-351頁。

(21) 朝鮮人民軍はもともとソ連赤軍や中国人民解放軍とは異なり，党からコミッサールは派遣されていなかった。コミッサールを派遣する総政治局が朝鮮労働党に設けられたのは，朝鮮戦争における仁川上陸作戦の後である1950年10月のことであった。敗走する朝鮮人民軍を思想統制するためであった。初代総政治局は南労党派の朴憲永であった。この一時期だけ南労党派が朝鮮人民軍の指揮に関わった。しかし，1年もたたずに朴憲永は総政治局の任務から離れ，代わってソ連派が総政治局長の職務を遂行するようになった。総政治局の創設については，宮本，前掲「朝鮮人民軍の『正規化』」125-127頁。

(22) 延安派やソ連派に対する粛清は，中国共産党やソ連共産党の干渉があって一時中断した。1956年9月19日から23日にかけて中国共産党の彭徳懐とソ連共産党のミコヤンが平壌を訪問し，粛清を中断させた（王焔主編『彭徳懐年譜』北京，人民出版社，1998年，634頁）。ソ連共産党は事前に金日成批判があることも知っており，延安派やソ連派の動向を注視していた（Ланьков А.Н. Северная Корея: вчера и сегодня. М., 1995. C.131-135)。金日成が再び粛清を始めたのは1956年10月から起こったハンガリー動乱によって，ソ連共産党や中国共産党がこれ以上は朝鮮労働党に干渉してこないと判断したことによる。ハンガリーにおける反政府運動を鎮圧したことによって，ソ連共産党は北朝鮮における反金日成勢力である延安派やソ連派を助ける名目を失った。ソ連共産党と歩調を合わせていた中国共産党も同様であった。

(23) 当時総政治局長であったソ連派の崔鍾学は，1958年1月頃に更迭されたと考えられる。1958年1月30日には，崔鍾学の代わりに無派閥の金泰根が総政治局長の任務を遂行していたことが分かる（金泰根「朝鮮人民軍は社会主義的愛国主義思想で武装した不敗の武力」『労働新聞』1958年1月30日）。崔鍾学に対する公の批判は2月から始まり，崔鍾学はソ連に亡命した。この時に粛清された総政治局の幹部は，崔鍾学の他にも金乙奎や崔ワルヂョンなどが確認できる。

(24) 金日成「人民軍隊内の党政治事業を改善強化するための課業　朝鮮労働党中央委員会全員会議で行った結論　1958年3月8日」『金日成著作集』第12巻（平壌，朝鮮労働党出版社，1980年）166-168頁。軍団から連隊まで

は党委員会が設けられ，大隊では初級党委員会，中隊では初級党団体が設けられた。初級党委員会や初級党団体は，連隊以上の党委員会に比べて規模や機能に制限があると考えられるが，詳細は不明である。

(25) 兪成哲「6・25当時北韓軍作戦局長兪成哲　私の証言」韓国日報　編『証言　金日成を語る―兪成哲・李相朝が明らかにした北韓政権の実体―』(ソウル，韓国日報出版局，1991年) 115頁。

(26) 金日成「人民軍隊は共産主義学校である　朝鮮人民軍第109軍部隊軍人たちと行った談話　1960年8月25日」『金日成著作集』第14巻（平壌，朝鮮労働党出版社，1981年) 272-273頁。

(27) 亡命したソ連派の状況については，民族保衛省作戦局長であったソ連派の兪成哲の回想が詳しい。兪成哲，前掲，125-132頁。

(28) 実際には，十数名の延安派が中国に亡命したことが確認されている。しかし，それは監視網をかいくぐって国境を強行突破した亡命であった。従って，亡命できた者も稀であり，亡命しても不自由な生活を強いられた。中国に亡命した延安派については，安成奎「1956年ソ連は金日成を除こうとした―中国亡命した延安派大物たちの恨みと衝撃証言―」『月刊中央』通巻220号（1994年5月) 556-569頁を参照。

(29) 冷戦期における北朝鮮の国防政策と核開発論理については，宮本悟「冷戦期における北朝鮮の国防政策」『訪韓学術研究者論文集』第5巻（財団法人日韓文化交流基金，2004年) 1-32頁を参照。

(30) 『労働新聞』(1962年12月16日)。

(31) 朝鮮戦争停戦後も朝鮮半島に残っていた中国人民志願軍が1958年に撤退した後，1959年から予備軍は創設されてきたが，1962年から「党の軍事路線」として本格的に予備軍創設が始まった。当時，北朝鮮は深刻な労働力不足に悩まされており，正規軍の増強ではなく，非常設である予備軍を創設して，できる限り労働力の確保に努めたのである。

(32) 金日成「祖国統一偉業の実現を目指し，全力を挙げて革命力量を強化しよう　朝鮮労働党中央委員会第4期第8次全員会議で行った結論　1964年2月27日」『金日成著作選集』第4巻（平壌，朝鮮労働党出版社，1968年) 86頁。この会議で金日成は，「武装の現代化」というスローガンで国産兵器を増産することを要求した。「武装の現代化」について金日成は以前にも語ったことがあった。しかし，それは全ての軍指揮官と兵士が高い軍事技術を持つという意味であった。当時，ソ連共産党との関係が悪化したことによって，ソ連から兵器を輸入するのではなく，自国内で兵器を増産しようとしたと考えられる。

(33) 朝鮮労働党は，1966年10月に開催された第2回朝鮮労働党代表者会においてアメリカとの対決姿勢を鮮明にした。韓国でゲリラ活動をすること

については，金日成が演説で示唆している。金日成「現情勢と我が党の課業　朝鮮労働党代表者会で行った朝鮮労働党中央委員会委員長金日成同志の報告」『労働新聞』(1966年10月6日)。北朝鮮のベトナム派兵については，宮本悟「朝鮮民主主義人民共和国のベトナム派兵」『現代韓国朝鮮研究』第2号 (2003年2月) 58-67頁。

(34)　金日成の満州派軍人に対する批判の内容については，金日成「人民軍党4期4次全員会議時の金日成の結論演説─69・1・6～1・14─」中央情報部『北傀軍事戦略資料集』(ソウル，中央情報部，1974年) 327-341頁。この金日成の演説内容は，いまだ北朝鮮から公表されていないが，亡命者によって国外に持ち出された。

(35)　『労働新聞』(1966年10月13日)。

(36)　金光俠など退役軍人も粛清されたことについては，呂政『赤く染まった大同江―前人民軍師団政治委員の手記―』(ソウル，東亜日報社，1991年) 176-177頁。呂政の回想では，粛清されたのは1971年と記されているが，1970年の朝鮮労働党第5次大会の選挙で，金光俠がすでに粛清されていたことが確認できる（『労働新聞』1970年11月14日）。

(37)　大隊と中隊では政治部長が政治指導員に改編され，コミッサールは各部隊に政治指導員だけとなった。政治指導員の権限は不明である。政治委員や政治指導員の設置については，金日成，前掲「人民軍党4期4次全員会議時の金日成の結論演説」334-335頁，『偉大な首領金日成同志の不滅の革命業績　9主体型の革命武力建設』(平壌，朝鮮労働党出版社，1998年) 336-337頁。このコミッサール制の改革内容については，日本で詳細な研究がある。中川雅彦「朝鮮民主主義人民共和国における軍隊統制―金日成，金正日と朝鮮人民軍―」『アジア経済』(2001年11月) 2-27頁。

(38)　金正日「全軍を金日成主義化しよう　朝鮮人民軍総政治局責任幹部と行った談話　1975年1月1日」『金正日選集』第5巻 (平壌，朝鮮労働党出版社，1995年) 1-9頁，金正日「人民軍隊内の宣伝扇動事業を改善強化することについて　朝鮮人民軍軍団（軍種，兵種），師（旅）団政治部宣伝扇動部長会議および講習参加者に送った書簡　1979年2月14日」『金正日選集』第6巻 (平壌，朝鮮労働党出版社，1995年) 253頁。後継者に選ばれた時期については，『金正日同志略伝　第2版』(平壌，朝鮮労働党出版社，1999年) 144頁。

(39)　前掲『偉大な首領金日成同志の不滅の革命業績』427頁。

韓国の選挙運動と政治的アクター

春木育美

はじめに

　同じ選挙制度のもとでも，国によって選挙運動のありようは異なる。日本の後援会や米国のマシンポリティクスによる支持動員は，物質的利益や心理的満足感などの報酬を受け，その見返りとして支持や忠誠が相互依存関係に基づいて交換されている1。とりわけ，日本では，候補者による支持者集団形成のメカニズムに関する研究が進んできた。政党候補者は対立候補と互いに異なる社会団体の利益を代表するという利益代表体系のもと，候補者の後援会組織が選挙の集票に重要な役割を担い，恩恵や利益を媒介に地盤と呼ばれる個人的な支持基盤を築くことで当選を果たしてきたことが指摘されている（例えば，Curtis 1969＝1971；若田　1982；黒田　1984；蒲島，山田　1994；喜志麻　1997；朴喆熙　2000など）。

　韓国では日米と比較して現職議員の再出馬率や再選率が低く，それゆえ前職有利が通用しない。個人に属する強力な地盤がないため世襲議員はほとんど存在しない。韓国では，政策決定過程で果たす政治家の役割は制限的なものにとどまっており，省庁の利害を代弁するような現象は目立っていない（中野，廉　1998：107）。政策決定過程において政治的影響力を持つ政治家が育ちにくく，ゆえに族議員もあまりみられない。

　韓国の選挙運動が日本のそれと決定的に違うのは，日本における後援会のような制度化された恒常的な機関がないことである。韓国の後援会組織は集票組織としてそのつど編成され，後援会組織のポストが戦略的に配分される。日本ではその政治家が引退すればその後援会を中心とした利権が焦点となる。韓国では利権は党中央周辺にあり，党あっての集票組織であり後継者を立ててまで守るべき利権がないといえる。

また，政党の離合集散が激しく，党の存立は党首次第という安定性の欠如が集票組織の継続性を妨げてきた。民主化以前は，軍事政権与党か野党のどちらを支持するかが争点となったが，民主化以降は政党間の政策や理念に大きな違いがみられず，イデオロギー亀裂の弱化とともに，どの地域出身の総裁の党を支持するのかが争点となった2。主要政党の党首がそれぞれ異なる地域出身者であったことで，小選挙区比例代表並立制がもたらした党首効果が地縁的利害と重なりあい，「地域主義」が最大の対立軸となったといえる。ここでいう地域主義とは，第一に，特定の地域で，特定の党の得票数や議席数に顕著な差がみられること，第二に，特定の地域を支持基盤とする党の候補者が，選挙においてその地域出身者から票を集める構図を指す。

これまでの韓国の選挙運動に関する研究では，各政党の選挙戦略や立候補者の選挙戦略，および公約や演説内容を比較した少数の研究はみられたが3，候補者の選挙運動過程に関する研究は未開拓の分野であった。

そこで本稿では，2000年に実施された第16回国会議員選挙を対象に，候補者は何を提供して支持勢力を組織化するのか，なぜ個々人が候補の支持勢力として組織化されていくかを政治的アクターの合理的行動という観点から検討する。事例として扱うのは，ソウルの小選挙区である「広津区乙」から民主党候補として出馬した秋美愛の選挙運動である4。秋美愛は，慶尚道大邱出身の元判事であり，光州高等裁判所に勤務していた1995年に金大中国民会議総裁のリクルートに応じて第15回国会議員選挙に出馬，当選した現職議員である。現職議員を事例とした理由は，韓国では現職議員の再選率が低いため，1回の当選で消えていく議員よりも，再選を成し遂げる可能性のある候補の選挙運動を分析することが集票組織や支持基盤の形成をより詳細に分析する上で意義があると判断したためである。また，政治的アクターは，なにゆえ新人候補ではなく現職候補を支持したか，その誘因の検証につながると考えたからである。

秋美愛を事例として取り上げる最大の理由は，首都圏ソウルの候補者であったためである。273議席のうち，比例代表は46議席，地域区（小選挙区）は227議席であり，首都圏はソウル45議席，仁川11議席，京畿道41議席と，地域区議席の42.7％を占めている。また，首都圏には多様な地域出身者が居住しており，特定の政党が議席を占有し続ける選挙区は見当たらない。

つまり、特定の地域出身者の票だけでは、候補者は当選できない5。とすれば、多様な地域出身者が居住し、与野党間が拮抗する首都圏において、候補者はいかなる集票手段を開発し、また、何が集票組織に参加する誘因となるのであろうか。この点を検証することは、首都圏の集票構造や地縁を媒介としない集票行動の解明に資すると考えた。

本稿の構成は、第一に、集票組織の核を成す、地域主義を媒介とする集票手段を考察し、なぜ地域主義的動員が可能になるかを明らかにする。第二に、地域主義以外の集票手段を検証し、候補者を媒介に利益を追求する政治的アクターに着目し、彼らがなにゆえ候補者の集票マシーン化したのかその誘因を考察するとともに、政治的アクターは選挙運動過程において合理的に行動しているのかどうか検討する。

第1章　地域主義を媒介とする集票手段

（1）全羅道出身者の動員

政治的選択肢と動機付けが最もはっきりしているのが、全羅道出身者である。その背景にあるのは、民主化以降、大統領に連なる権力機構の人事や、企業や官公庁、マス・メディアにおける管理職の人事、はては社会団体や地域団体の役員人事においても、特定の地域出身者が優遇され、縁故主義的な人事が横行したことである。この人事偏重に過度に着目したマス・メディアにより、地縁が資源配分や人事に大きく影響し、慶尚道出身者は優遇され、全羅道出身者は冷遇されているという出身地域を軸とする対立図式が流布された。この地域主義の作為的動員に強く影響を受けたのが全羅道出身者と慶尚道出身者であった。それぞれの地域出身の有力な大統領候補者の存在により、それは投票行動に顕著に結びつき、特定地域を主な基盤とする地域政党の出現と存続を可能にしたといえる。

金大中政権発足直後、国家情報院や政府関係機関のトップや、金融機関、建設業などで頭取や社長に全羅道地域出身者が就く例があった。エリート層のみならず、洞長、統長、班長といった行政の末端部、官製団体や市民運動団体の幹部などに全羅道出身者が就くケースも増加した。実際にはその規模自体は大きいものではなかったにもかかわらず、認識の次元においては全羅道出身者の躍進と捉えられ、地縁による利益、つまり、地縁を通

じてさまざまな情報や利益が自分にもたらされるであろうという期待を，実態以上に人々に意識させる要因として作用した。しかし，全羅道出身者が人事面で優遇されたのは，金大中政権発足初期の一時的な現象であり，その後は以前よりも人事における地域偏重は大きく改善されており，特定地域出身者が人事面で優遇されるケースは減少している。それにもかかわらず，全羅道出身者が民主党の強固な支持者となり，民主党候補者の忠実な運動員となるのはなぜか。

全羅道出身者は他地域出身者に比べ，政党選択の幅が広くないことが挙げられる。とりわけ首都圏では民主党とハンナラ党が競っており，広津区乙選挙区の事例では，自民連が候補者を擁立しなかったため最初から選択肢になかった。ハンナラ党は全羅道出身者の切り崩しを狙い，全羅道出身の候補者を擁立したが，地域内でハンナラ党候補者の支持に回った全羅道出身者は少数であり，全羅道会員は皆無であった。全羅道出身者内部に分裂が生じなかったのは，候補者自身の全羅道出身という地縁が得票に結びつかず，信頼の担保にもなっていないことを示唆している。

全羅道出身者の皆が皆政治的活動に参加するわけではない。しかし，本事例の場合では手弁当の熱心な選挙運動員となった者の多くが湖南郷友会の会員であった。広津区乙地域にある地区割りの8つの湖南郷友会は地縁に基づく強い結束力がみられ，会員を総動員し集票マシーンとしてフル稼働した。地域に密着した居住地別の郷友会は，選挙という局面で集票マシーン化する可能性が高い。

候補者の立場としては，地域主義的投票行動を有効にするためには，他党と政策を差別化する戦略は打ち出しにくい。また，理念の対立が投票行動の判断基準になれば，特定地域出身者を基礎票とする票読みは困難になる。地域主義に代る有力かつ忠実な票田が開拓できない候補者にとっては，論議を呼びかねない問題に触れないことが合理的な選択となるといえる。第16回国会議員選挙では，民主党候補者はさらなる改革を訴え，ハンナラ党候補者は金大中政権の失政を批判しその信任を問うという構図で展開された。このような状況で，全羅道出身者がハンナラ党を積極的に支持する理由を見い出すことは困難であった。これらの点を十分に認識していた秋美愛は，全羅道出身の有権者に対しては，「金大中政権を支えるため自分を国会に送ってください」と訴えた。その他の地域出身の有権者に対しては，

現職議員としての自分の実績をアピールするとともに，1997年の経済危機を招いた金泳三政権の経済的失政を糾弾し，改革の前進を訴えた。有権者の出身地域によって演説内容を使い分けたのである。

　政治的アクターは，多くの選択肢から自らの資源の有効な配分によって効用や利潤を最大化するために行動する。全羅道出身者にとって，民主党の運動員になることが最も合理的な選択であった。全羅道出身者にとっては，民主党の党員として地区党活動や選挙活動に参加する方が役職者になれる可能性が高く，国会議員候補者により大きな影響力を行使できるからである。また，役職に就けば，政党のロゴの入った役職入りの名刺を持ち歩くことができ，地域住民からも一目置かれる。秋美愛の地区党に，慶尚道出身の役職者が1名しかいなかった例にみるように，全羅道出身者が民主党と敵対する政党の党員（例えばハンナラ党）になったとしても，権力へのアクセスに通じる役職を得られる可能性は低く，選挙運動組織の中心勢力となることは難しい。また，秋美愛陣営では，現職市議も次期区長候補も全羅道出身者であり，地方政治家への公認候補の座は他党よりも民主党のほうが得やすいといえる。

　ここで注目されるのは，秋美愛は慶尚道出身であり，全羅道出身者と地縁関係にないということである。対立候補となったハンナラ党の候補者は全羅道出身者であるが支持の対象とはなっていない。つまり，「地縁」のねじれ現象がみられる。このことは選挙における地域主義が情緒的なものというよりは，極めて合理的な選択に基づくものであることを物語るものであろう。全羅道出身者にとり，民主党候補者である秋美愛は，自分たちの利益拡大のために働くべきコマなのである。秋美愛の選挙運動に協力し当選させることは金大中政権を支える政治勢力の強化に寄与するものであり，それが自分たちの利益につながると意識化されている[6]。つまり，秋美愛と全羅道出身の運動員たちの間には，直接的で個人化された従属関係における票と便益の交換関係にない。候補者を媒介として政党や政党指導者とつながることにより得られる権力への参加という利益や，その結果もたらされる心理的報酬[7]が大きく関与している。

　民主党の候補者の場合，集票組織の形成にあたり全羅道出身者からの支持を得ることは基礎的な作業となる。選挙協力に対する説得の過程を経なくても，全羅道出身者の多くから支持を得ることが容易であるからである。

忠実な支持者となる特定地域出身の政治的アクターの確保は，候補者にとり選挙運動の組織化に要するコストの軽減となる。このように特定地域出身者が計算可能な忠実な票田であり続ける限り，候補者の側からは，低コストで得票を可能にする地域主義の動員が合理的戦略となろう。

（2）新たな地縁の開拓

　秋美愛の選挙運動の力強い支持者となったのは，済州4・3事件民間人犠牲者遺族会を中心とする済州道人脈である。秋美愛は，済州4・3事件の真相究明と特別法制定を通して済州道人脈を得るようになった。契機となったのは，秋美愛が金大中政権が推進する「国民会議済州4・3事件真相究明特別委員会」の副委員長に就任したことである。

　金大中は大統領選挙の過程で，済州4・3事件の真相究明と犠牲者の名誉回復を積極的に公約して済州道民から多くの支持を得た（ヤン・ジョフン　2003：247）。その後，済州4・3事件の真相究明は，金大中政権の誕生とともに具体化し，前述の特別委員会の設置に至った。秋美愛は，政府記録保存所の協力を得て，済州4・3事件に関連する政府の未公開の公式文書を探し出し公開した。また，周囲の議員を説得し，民間人虐殺の真相究明と名誉回復のための統合特別法である「済州4・3特別法」を議員立法として発議し，国会を通過させた（1999年12月16日）。これにより，済州道における秋美愛への評価は一気に高まったといえる。それは秋美愛が1999年12月27日に済州道議会から済州4・3特別法制定の功労に対して済州道名誉道民証を授与されたことからも明らかである。済州道出身ではない秋美愛が，どの議員よりも熱心に済州4・3事件の真相究明問題に取り組んだことは，済州道出身者を驚かせた。

　秋美愛の働きに対して，済州4・3事件民間人犠牲者遺族会会長や関係者は，秋美愛の「後援会の夕べ（政治資金パーティ）」に参加するために集団で上京し，後援金の形で政治資金を提供するなど，積極的な支援活動を行った。選挙区内の済州道出身者もまた，「後援会の夕べ」をはじめ，議政（国政）報告会や党員教育に多数出席し，集票に協力した。

　済州道人脈は，秋美愛が自らの政治的力量で新規に開拓，獲得した政治資源である。秋美愛は法定選挙運動期間中に，2度にわたり済州道地域の民主党公認候補の応援演説に出向いており，「秋美愛なら済州道で立候補

しても当選する（李美京民主党遊説委員長）8」といわれるほど，済州道では好感度が高かった。また，済州4・3特別法の制定に尽力した秋美愛をハンギョレ新聞は大々的に取り上げた。そうした一部マス・メディアによる報道も秋美愛への評価に影響を与えたといえるであろう。済州道出身の有力な政治家を持たなかったため，秋美愛が自分たちの利益の代弁者となり，済州4・3特別法制定にみられるように，将来的にも済州道の人々のために働いてくれるだろうという期待が，秋美愛支持の強い動機として作用したと考えられる。

秋美愛に対する済州道出身者の支持は，地域の集団的利益を核としたものであり，明確な利益の存在が彼らを忠実な支持者とした。この証左となるのは，2004年の第17回国会議員選挙の公示前に行われた，出身地域別の秋美愛への支持率に関する調査結果である。朝鮮日報が大統領弾劾案可決後に広津区乙選挙区の選挙民を対象に行った調査によれば，秋美愛に対する支持率が最も高かったのは，済州道出身者（46.5%）であり，全羅道出身者（34.5%）を上回った（「デジタル朝鮮日報」http://www.chosun.com/2004年3月22日）。この選挙では秋美愛は野党民主党から出馬し，政権与党の候補者ではなくなっていたが，秋美愛に対する済州道出身者の高い支持率は変化することがなかったのである。

秋美愛は済州道出身者という新規支持者を開拓し，特定の地域出身者を票田とすることに成功した。注目されるのは，秋美愛自身は済州道とは地縁関係にはないという点であり，ここでも地縁のねじれ現象がみられるのである。

第2章　地域主義以外の集票手段

首都圏の中には，特定の地域出身者が多く居住し，地域主義的な動員が可能な選挙区があり，広津区乙選挙区はそのような地域に分類される。ただ，そのような地域であっても毎回同じ政党の候補者が当選しているわけではなく，特定地域出身者の票だけで当選できる選挙区は首都圏のどこにもない。つまり，候補者が地縁以外の何を動員しえたかが最終的には当落を決定づけるといえる。何が地縁以外の集票手段として有効になるかは，候補者の有する政治資源の影響を受ける。地域主義的な動員の効かない有権者に対しては説得が必要になる。本事例において地縁以外の有効な集票

手段となったものが何かを検討し，さらに何が選挙運動を担った政治的アクターの誘因になったかを検証する。

(1) 地方政治家の活用

　集票活動において中心的な役割を果たすのは，区議（基礎議会議員）である。秋美愛陣営の地方議員の場合，2人の市議はいずれも全羅道出身であるため，新たな票の掘り起こしには限界がある。しかし，区議選は地域主義的投票行動の影響が希薄であるため，区議候補の場合は地縁を超えた広範な人脈が集票基盤となっていることが多いといえる。広津区乙選挙区選出の区議は6名のうち4名が忠清道出身者であり，残りは京畿道水原出身者が1名，全羅道出身者が1名である。

　区議選出馬の動機となるものは何か。議員という肩書きを得て政治に関わりたいという欲求が第一義的なものであろうが，その他の動機には個人差があると思われる。その一例が，区議職にともなう社会的威信や職業的利益の獲得が，区議志望者にとり大きな誘因として作用している点である。

　区議になることによって得られる職業的利益について，ある区議（建築業）は「区議という役職は，無報酬，名誉職である。しかし，工事や建築の許認可や裁可権を持つ行政機関の担当者と直に面談することができる。担当者は，自分が区議であることを名乗れば無視はできないので，何かしらの対応が期待できる」と語っている[9]。

　許認可など行政の規制を受ける分野の他にも，税務調査で優遇されたり，行政や公共事業受注などの情報が入りやすいなど，区議であることによりさまざまな利点が得られるという。また，他の区議（飲食店経営）は「区議になれば，地域で一目置かれるようになる。自分は水商売（飲食店経営）だし，学もないが，区議になれば誰も自分を無視できない」と心理的な側面での魅力に言及している[10]。

　区議の多くは，小・中規模事業の経営者，商店や飲食店の主人などの職業的背景を持つ者であり，これらの自営層は，職業的威信という点ではとりわけ高い職種とはいえない。また，学歴面でも7割近くが高卒以下であり，中卒以下も32.7%と，当選議員の1／3を占めている[11]。広津区乙選挙区選出の区議8名の学歴は，無学が1名，中卒が4名，高卒が1名，大卒が2名となっており，区議の肩書きを得ることは，儒教的価値観が色濃

く残る韓国社会ではとりわけ学歴の低さや職業的威信の低さを補うものとなり，役職名望家としてそれなりの待遇を地域で受けられる保証書のようなものとなっている。そのため，区議は再選を，区議志望者は当選を確実にする手段として，公認候補の座12，および選挙運動支援などの期待利益により，国会議員候補者の選挙運動に積極的に参加するようになるのである。

国会議員候補者の集票組織は，地方議会選挙時にはそのまま各候補者の選挙対策本部となり，全面的な支援を期待できる。そのため，政党の公認（または内部公認）候補となることは，選挙費用のコストを軽減し当選の可能性を高める手段となりうる。区議志望者の場合，安定した支持基盤があれば国政選挙にはかかわらないという選択も可能である。しかし，当選または再選の可能性を高めるために，多くの区議や区議志望者が，国会議員候補者に接触し，政党に所属することを選択するようになる。有力な党の地区党委員長に接近し，政治的力量を見せつけておくことは，その後の政治活動にも有利な条件となりうる。

区議と国会議員候補者の関係は，地縁よりも力関係，つまり候補者が現役議員か否か，候補者の所属党が与党であるか，また与党となる可能性があるかどうかなどに左右されることが多い。大統領選挙による政権交代の可能性が常に存在することは，末端の地方議員の集票活動への誘因として作用するが，一方では，それゆえに国会議員と区議との選挙協力は短期的な連携になりやすい。大統領選挙後に執権与党への地方政治家の党籍移動が少なからずみられることがそれを物語る。

秋美愛の事例では，区議を集票組織に取り込むため，さまざまな政治的配慮を行ってきた13。秋美愛陣営，つまり広津区乙選挙区選出の民主党所属区議は，全員が2002年に実施される地方選に出馬する意向を明確にしており，区議のうち何人かは次期地方選で市議候補として出馬したい意向を示していた。ガン闘病中の現職市議は引退を宣言しており，次期市議公認候補の座が空席となっていたからである。現職の区議のみならず，地区党幹部の中にも，次期市議選への出馬意欲を持つ者がおり，そのため市議への野心を持つ区議は，誰よりも積極的な集票活動を展開した。秋美愛は市議公認候補の可能性をちらつかせることで集票活動への誘因とし，市議への野心を持つ者たちを競わせた。公職を得るという主要な関心が与えられ

れば，互恵主義的関係に基づく取引が容易になる（Scott 1969: 1144）のである。このように，区議と候補者は相互の利益が一致したところで動いている。候補者と区議は，互いの当選を目標とする恩恵の交換関係のネットワーク（三宅　1989：46）で結ばれているといえる。

(2) 宗教ネットワーク

　政治家にとって，影響力のある宗教家との人的ネットワークは，集票活動のために欠かせない[14]。選挙区内の寺院や，教会，聖堂などをうまく攻略することができれば，大きな票田となる可能性が高いのである。

　宗教団体が特定政党や特定候補者に対する支持または反対を団体名で表明することは，選挙法87条（団体の選挙運動の禁止）に違反するため，表立った支援活動はできない[15]。しかし，礼拝や法会などの席に候補者を呼び，信者に話す機会を提供したり，信者に対し「同じ宗教の候補者に投票しよう」と呼びかけたりするなどの間接的な支援は可能である。

　秋美愛は，韓国最大の仏教宗派である大韓仏教曹渓宗の熱心な信者である。曹渓宗の法会に欠かさず出席し，曹渓宗幹部との親交を深めた。秋美愛が曹渓宗トップの総務院長と共に仏画展を観覧したり，仏教指導者新年賀法会，曹渓宗青年会会長就任法会など各種の法会に出席する姿がマス・メディアに頻繁に取りあげられており[16]，仏教理念や倫理観に関する発言も積極的に行ってきた。

　仏教界では，80年代からキリスト教信者が急速に増加したことに危機感を募らせ，月に複数回ある定期的な法会の他にも，毎日曜日に信者を集めて，日曜法会，仏教子供法会，学生会法会などを行い信者数の維持と拡大に努めてきた。広津区には，大韓仏教曹渓宗所属の寺院として登録されている寺院が7つある。仏教徒たちは法会の他にも，日常的にも地区割りの小グループを形成し，ボランティア活動や写経の会などの活動を行っている。秋美愛は法会には欠かさず出席し，曹渓宗の幹部や僧侶との関係を深めるとともに，こうした小グループにこまめに接触し，集票組織に組み入れてきた。その結果，仏教団体の幹部や寺院の僧侶，地域に住む多数の信者が後援会の夕べや議政報告会，党員教育といった選挙運動に参加し，秋美愛の支持を表明した。彼らは，特定の利益の供与を秋美愛に対する支持の条件としているわけではない。しかし，秋美愛に対する支持の背景には，

他宗教への対抗動員が働いており，信仰心が厚く布教活動に熱心な秋美愛の支持が仏教勢力の拡大につながるという意識が形成されていた。実際に，秋美愛は法会の参席のみならず，同じ仏教徒を地区党の役職者の選出や区議候補の公認決定過程で優遇したり，政治信条として仏教の理念に頻繁に触れたりするなど，目に見える形で仏教界への配慮を行ってきた。

　曹渓宗教団の他に，物心両面で強力な支援者となったのは，円仏教である。円仏教は1916年に新しい宗教運動として少太山により始められた。円仏教は，大学（圓光大学）や，円仏教の済生医世の理念実現を謳った圓光大学軍浦病院の経営など活発に理念の布教活動を行っており，新興宗教ではあるが信者数は多い。

　円仏教は家父長的な社会と文化の矛盾に対する批判とその克服という問題意識から「夫婦権利同一」を法綱として定めるなど，とりわけ男女の権利平等などの問題に力を入れ先取的な宗教運動を展開してきた。そのため，女性候補である秋美愛は，男女の権利平等という綱領を掲げる[17]円仏教側としては，選挙支援を行う名分の立つ候補者であった。それまで特定の政党や政治家との人的つながりが希薄であった円仏教側もそうしたつながりを求めていた。

　さらに決定的となったのは，秋美愛の義母と地区党副委員長職にある夫の叔父が熱心な円仏教信者であったことである。秋美愛自身は円仏教信者ではないが，女性候補であったこと，血縁が円仏教信者であったことが，地域の円仏教教団との太いパイプの形成を容易にした。円仏教は秋美愛に対し，金銭的援助も含めた全面的な選挙支援に乗り出した。秋美愛の後援会には円仏教幹部が多数出席し，秋美愛を支持しているという明確なシグナルを出席者たちに示した。このように宗教ネットワークは，秋美愛にとり個人的集票組織となるとともに，政治資金調達源ともなった。特定の政党を支持する宗教団体がない状況では，宗教関係の組織票は政党投票とはならない。しかし，秋美愛の事例に見るように，利益を見出せる候補者に対しては選挙協力の誘因が生じるため，支援活動が展開されるといえる。

（3）職業利益の擁護

　韓国では，労組[18]を除き，団体が特定の候補を推薦することは選挙法違反となる[19]。候補者を支持または批判する内容を掲載したビラやパンフレ

ットを配ることも禁じられている。しかし，団体幹部や会員が，個人的に会員に対して働きかけを行うことは可能なため，候補者はできるだけ多くの団体との接触を試みる。秋美愛は候補者に関する風評の拡散源のひとつとみなされる美容師会，理容師協会，個人タクシー組合，模範運転手会(タクシー)，薬剤師会(薬局)などの幹部や会員を地区党の役職に任命した。その他の職能団体に関しては，団体の会員となっている地区党幹部や運動員，区議などが，各団体の会員と個別に接触し，候補者に友好的な人物を探し，その人物をエージェントとして団体内部からの支持者獲得に乗り出した。法定選挙運動期間前に職能別特別委員会を設置し，地域内で影響力のある職能団体の有力者に対し，流通(スーパー店主)委員会委員長などの役職を与えた。これは候補者に各職能団体が結集していることを対外的に誇示するためであり，活発な集票活動を期待してのものではない。たとえ，上層部が特定候補の支持を訴えたとしても，目に見える形で職業的利益が提示されなければ，各会員は自分の出身地域を基盤とした政党投票を行う傾向が強く，結局，職能団体会員の支持対象は内部で割れることになる。職能団体を集票組織として活用しにくい理由はこの点にある[20]。職能団体の幹部や会員を取り込んでも，候補者との関係は，党派的なものというより個人的なものとならざるをえない。

　秋美愛の場合，最も大きな力となった職能団体は漢方医会であった。これは提示される職業的利益が地域感情よりも優位なものとなれば，多数の会員を集票組織に取り込むことが可能となる一例といえる。広津区漢方医会は，秋美愛が接触するより前に広津区漢方医会会長が秋美愛のもとを訪ねる形で選挙協力を買ってでた。背景にあるのは，薬事法改正をめぐる薬剤師と漢方医との間の紛争であった[21]。漢方医は自分の所属する団体の利益に敏感になっており，職業利益を守るために与党候補の秋美愛とのつながりを求めたのである。

　職能団体の中には，政権党であるという理由から与党に接触するものと，野党の持つ抵抗機能に期待して接触を試みるものがあると思われる。自己の属する職業集団に利益をもたらす政策決定が行われることを期待し，与党候補の秋美愛に接近を図った広津区漢方医会は，秋美愛が漢方医会の立場に理解を示し，協力を約束するやいなや，会員が一丸となり秋美愛を支持するようになった。とりわけ広津区乙選挙区に居住する32名の漢方医の

ほぼ全員が集票活動に乗りだし，周囲に投票を呼びかけるとともに後援会や議政報告会に参加者を動員し，精力的な集票活動を行った。広津区漢方医会会長は，秋美愛の地区党結成大会，公示後の出陣式当日，当選が確定した翌日と3回にわたり，広津区漢方医会の名前で大きな花かごを贈るなど，漢方医会の存在を秋美愛や地区党幹部たちにアピールした。漢方医会の会員は，薬事法改正をめぐり自分の所属している団体の利益に非常に強い一体感を持っていたため，集票組織として取り込むことが可能となったといえる。

(4) 地元への利益の供与

秋美愛は，退職校長の会から積極的な支持を得た。退職校長は地元からも尊敬されており，教え子やその父母など知り合いが多く，現職の校長とのつながりもある。広津区乙選挙区には10の初等学校，7つの中学校，4つの高校があるが，広津区退職校長会は，秋美愛に対する全面的な選挙協力を行った。紫陽初等学校の校長は，学校行事があるたびに秋美愛を呼び，保護者たちに話をする機会を提供した。学校には緑色オモニ（母）会，学校父母会，学校運営委員会，学校子母会[22]など様々な保護者の会合が組織されており，学校行事にはそれぞれの会合の委員や保護者たちが一堂に会するため，非常に効率のよい選挙運動の機会となった。

その他の初等学校や中学校の校長からも，秋美愛はオモニ会や学校運営委員会の会合に呼ばれる機会を得た。オモニ会や学校運営委員会の役員は，一般的に学校の施設や予算に関心が高く，子供の教育問題にも熱心である。また役員となるような人々は，活動的で，地域のボランティア団体などに参加していることが多く，環境整備など地域の種々の問題などにも関心が高い。そのため，そのような会合で話をする機会を得ることは，秋美愛にとり，格好の自己アピールとなった。また，ことある毎に「私も3人の子供を育てる母親ですから，皆さんの気持ちは誰よりもわかります」と訴え，「母親」であることを前面に押し出し参加者の好感や共感を引き出してきた[23]。秋美愛もまた，保育園の設置や給食施設の拡充など母親たちのための施策に積極的に取り組む姿勢をみせ，「秋美愛なら，真に母親の気持ちがわかってくれる」と母親たちに認識させようと尽力した。その他にも明誠女子高校には1日教師として呼ばれ，在学生やその保護者，教職員らと直

接自分の政治活動をアピールする機会を得た。

　なぜ彼らは特定の政治家への支持活動を行うようになったのだろうか。秋美愛の事例では，秋美愛が利益を誘導する力のある与党候補であることに加え，学校の環境整備に格別の関心を示してきたことが支持の誘因となっている。実際に，秋美愛はこれまで，3つの初等学校に給食施設設置の予算を，6つの初等学校と1つの中学校の学校施設増築のための予算を，それぞれソウル特別市と国の教育部（省）に直談判し確保した。それに先立ち，秋美愛は教育部長官を同行し，選挙区内の初等学校を視察している。このような目に見える利益の供与があるがゆえに，学校関係の組織票が動いたといえる。

むすび

　参与観察が有効なのは，第一に，地域主義がいかなる形で集票マシーン化しており，その誘因になっているのは何かを検証できることである。これは単なる投票結果からは読みとることのできないものであり，地縁のねじれといった地域主義の実相も明らかになる。

　本事例における地域主義は，同郷者に対する支持を意味する地縁的結合ではなく，利益の媒介者に対して，特定の地域出身者が集団的支持を行うというものであった。これは地縁が感情の次元よりも，利益を媒介とする合理的選択に基づくものであることを示唆している。韓国の選挙において地域主義の動員は，単に情緒的なものではなく，より先鋭に利益を媒介に結合するシステムへと変化しつつある。

　2002年の大統領選挙以降，韓国では地域主義の変容に関してさまざまな議論が進行している。例えばソン・ホチョルは，2002年の大統領選挙以降，地域主義は，戦略的な新地域主義へと性格が変わったと主張している。これまでの身内意識を強調する「情緒的な地域主義」から，誰が対立候補を打ち負かす競争力を有するかという計算に基づいた「戦略的な地域主義」へと変質したと指摘する（ソン・ホチョル　2003：687）。キム・ウクは，忠清道地域の投票行動の変化を事例に，地域主義は，政治指導者との感情的紐帯に依存していたものから，地域の利益を考慮した功利主義的で実利的な形の地域主義へ変化したと論じている（キム・ウク　2004）。

　本事例では，ミクロな視点から一選挙区の投票行動において地域主義が

どのような意味を持つかを参与観察の手法を用いて検証することにより，新たな地域主義の流れを底辺から実証した。地域主義の変容の胎動は，本事例において既に見出されており，ミクロな部分において地域主義は，個々の有権者の戦略的投票行動として立ち現れている。

　第二に，参与観察の手法は，地域主義以外にいかなる集票ネットワークが形成・活用されており，何が誘因となり候補の支持勢力として組織化されていくのかの解明に有効である。地域主義は少なくとも首都圏では，候補者の当落を決定するほどの規定力は持たない。同じ選挙区で毎回同じ候補者や政党が当選するわけではないからである。つまり，特定地域出身者の票で当選が決まるわけではない。候補者は当選を確実にするために，地縁以外の要素を媒介として利益を追求する有権者を組織化し，集票組織に組み込まなくてはならない。動員される人々の間に共通の利益や共通の価値認識が形成されていれば，これらの政治的アクターにとり選挙で活動することは効用をもたらすため，候補者支持の誘因となる。

　地域主義と無縁の有権者に対しては説得が必要となり，こうした集団をいかに開拓・組織化し，利益を提示し続けることができるかが，当落に影響を及ぼすといえる。候補者の取引力を媒介とした集票組織は，候補者から利益を得られないと判断すれば，集票組織から離脱する恐れもまた大きいからである。

　第17回国会議員選挙以降，地域主義の性格の変化が見られるとの指摘とともに，理念と世代という変数が有権者の投票選択に重要な影響を及ぼすようになったという議論がなされている（例えばチェ・ジュニョンとチョ・ジンマン　2004；イ・ヒョンチュル　2004）。しかし，特定地域に支持基盤をおく政党が存続する限り，その政党候補者の選挙運動組織は，「地縁」を媒介に利益を追求する運動員と，「地縁」とは無関係に候補者を媒介に利益を追求する運動員から構成されるという構図に著しい変化は生じにくいと考えられる。

　政治的アクターは，個別の誘因に基づく利益を追求しながら，候補者の当選というひとつの目標に向かって動いている。こうした韓国における集票のメカニズムについて経験的かつ実証的なデータを提示したことに本稿の意義がある。本事例は特定の対象領域内での調査成果であるがゆえ，得られた知見を一般化することには限界があることは否めず，どこまで適用

範囲があるかという問題は残る。しかし，この知見をどれだけ他の事例に適用できるものか，あるいは適用不能であるかを判断する材料として示すことで今後の選挙運動研究に資するものと考える。

(1) 選挙運動への参与観察を行った先行研究では，フェノは平素の選挙区での活動のあり方や，候補者を取り巻く選挙区の構造が，選挙運動に大きな影響を与えると指摘した（Fenno 1978）。日本の事例では，カーチス（Curtis 1969=1971）や，朴喆熙（2000）による参与観察の知見として，候補者たちが後援会を通じて地域選挙民の中に個人的な支持のネットワークを築き，地域コミュニティに存在する各種団体・組織，また労組や宗教団体に依存し集票する動態が明らかにされている。

(2) 民主化以降の選挙に関する研究では，有権者の投票行動を最も規定してきたのは地域感情であることが，多くの研究により実証されてきた（例えば，パク・チャンウク 1993；チョ・ギスク 1996；イ・ガビュン 1998；イ・ナミョン 1998, 1999など）。地域感情に次ぐ2番目の要因はあまり固定的ではなく，その時の争点や候補者要因によって変化するといえる。

(3) 例えば，現代社会問題研究所編 1992『国会議員選挙事例研究：第14回国会議員選挙』ソンナム（ハングル）。

(4) 事例研究にあたり，2000年4月13日の第16回国会議員選挙を射程に，1999年6月の予備調査を経て，2000年2月10日から4月16日まで秋美愛候補の選挙運動過程の参与観察を行った。また，その後も2001年3月と2001年9月，2002年3月に再度現地調査を行い，秋美愛議員および地区党党員たちの日常的な政治活動を考察した。並行して同期間に同じ選挙区から出馬した柳俊相ハンナラ党候補，広津区甲の金榮春ハンナラ党候補，東大門区甲の金希宣民主党候補，京畿道高陽市一山区甲の鄭範九民主党候補に関する現地調査を行い，分析に加えた。

(5) 秋美愛陣営では，広津区乙選挙区全体で全羅道出身者の比率は27.8％，忠清道は22％を占めると推計しており，ソウルの選挙区では広津区は相対的に居住者に占める全羅道出身者の比率が高い。しかし，隣接する広津区甲選挙区は同様に全羅道出身者の比率が高い地域であるが，当選したのはハンナラ党候補者であった。首都圏では，全羅道出身者の居住率の高い他地域であっても，毎回民主党候補者が当選するとは限らない。

(6) 全羅道出身者が様々な地位に就くようになれば，より高いレベルのネットワークに帰属する可能性が高まり，このネットワークによって個人の目的を達成したり，生活上の問題を解決しうるとの期待が共有されていることがその背景にあろう。

(7) 選挙運動期間中，選挙運動への不満を漏らした非全羅道出身者の運動員に対し，ある全羅道出身の運動員らが，次の選挙で区議にしてやるとなだめる光景がみられた。彼らは地区党幹部でもなく，一運動員にすぎず，実際には何の権限もない。全羅道出身の運動員は，自分たちが選挙を動かし，政治家を誕生させているという政治的有効性感覚を抱いており，それが彼らにとり心理的報酬ともなっている。

(8) 李美京遊説委員長との面接調査，2000年3月25日。

(9) 広津区K区議との面接調査，2000年4月5日。

(10) 広津区C区議との面接調査，2000年4月2日。

(11) 中央選挙管理委員会（1991）「区・市・郡議会当選者名簿」（ハングル）。

(12) 基礎議会議員の場合，選挙法により政党推薦が禁止されており，政党は候補者を公認候補として擁立することができない。そのためあくまで内部公認という形で特定の候補者を決定し，選挙運動を支援する。内部公認者であるか否かは，選挙広報誌に記載された候補者の経歴をみればわかる。

(13) 例えば，広津区は水害被害の多い地域であるため，秋美愛は各洞の区議らと共に地域の水害状況を調査して回り，水害発生地域の防水対策に取り組んだ。浸水防止のための下水管工事の予算は，秋美愛がソウル市長に直談判し確保した。水害状況の調査や教育部長官を同行しての初等学校の視察には，必ず区議が同行し，その様子を写した写真は，秋美愛が地域の有権者に送付する議政報告書や選挙広報誌に掲載された。区議の顔写真や議員活動が，秋美愛の広報誌を通じて，多くの有権者の目に触れることにより，間接的な広報活動が行われているのである。

(14) 1995年の人口住宅総調査（統計庁）によれば，韓国人の50.7％が宗教を持っている。信者人口は，仏教（23.2％），プロテスタント（19.7％），カトリック（6.6％）の順に多く，韓国民の4人に1人は仏教徒かキリスト教信者ということになる。

(15) 例えば，金泳三政権が偏った宗教政策を取っていると反発し，国会議員選挙に仏教徒が出馬した場合は積極的に支持すると表明した慶北地域の住職連合会に対し，中央選挙管理委員会は選挙法違反となるため自制するよう注意を促している（『東亜日報』1996年3月23日）。

(16) 第16回大統領選挙では，秋美愛は国民会議公認候補となった金大中の集票活動のために仏教人脈を駆使し，慶尚道を中心に仏教関係者に支持を訴えて回り，海印寺などいくつかの寺院の住職から協力の約束をとりつけた。また，秋美愛は曹渓宗慶北4大本寺住職会主催の法会などに金大中を同行し，住職や信者の前で話をする機会をつくった。

(17) 円仏教は約16,000人いる教務のうち，女性が約1,000人に達するなど，女性教務が多いのが特徴である（『朝鮮日報』2005年9月13日）。

(18) 韓国労働組合総連盟の場合，民主党候補者5人の選挙運動本部に，各2名の組合員を運動員として派遣するなどの選挙支援を行った。
(19) 2000年2月に選挙法87条「団体の選挙運動禁止」条項が改正され，法定選挙運動期間中に限り，候補者を招いて対談や討論会を行うなどの一部の活動は許容されるようになった（同窓会，郷友会，宗親会および官製団体などは除く）が，集会や街頭キャンペーン，署名運動などを通じて特定の政党や候補者を当選，または落選させるための行為は選挙法違反となる（『朝鮮日報』2000年1月30日）。また，市民団体が廃止を要求していた選挙法59条「事前選挙運動規定」は改正されずにいる。
(20) この点に関して，広津区甲からハンナラ党公認候補として立候補し当選を果たした金榮春議員は，職業的利益の供与を提示したり頻繁な接触を重ねたりすることにより，職能団体の会員から支持を獲得しようとしたものの，全羅道出身の会員からはどうしても支持を得ることはできなかったと述べている。金榮春議員との面接調査，2002年3月14日。
(21) 漢方薬の調剤権をめぐって起きた「大韓医師会」と「大韓薬師協会」の紛争。両者には，洋・漢方医療の「統合」か「分離」かをめぐって対立があり，漢方医会と漢方薬業士は，薬剤師の漢方薬調剤が薬事法違反であることを訴えるとともに，洋・漢方医療の「分離」を主張している。
(22) 学校行事の補助，校舎の修繕や学校で使用される備品の調達などの活動を行う。学校見学などで外国から来客がある場合には，民族衣装を着て出迎えたり，お茶を出したりするなどの接待を行うこともある。
(23) 秋美愛が接触した団体の中で，最も秋美愛に好意的であったのは，母親団体である緑色オモニ会やオモニ合唱団，学校子母会のメンバーであった。これは秋美愛が女性候補であったからというよりも，同じ年頃の子供を持つ「母親」同士という親近感が秋美愛への支持につながったものと思われる。同じ女性候補であっても，これらの団体やメンバーから支持を得られなかった候補者もいるからである。

引用文献

イ・ヒョンチュル（2004）「韓国国民の理念性向：特性と変化」韓国政治学会報39（2）：321-343（ハングル）。

キム・ウク（2004）「韓国地域主義の地域別特性と変化の可能性：大田・忠清地域を中心に」『21世紀政治学会報』14（1）：83-105（ハングル）。

Curtis, Gerald 1969, *Election Campaigning Japanese Style*（＝1971，山岡清二訳『代議士の誕生』サイマル出版会）.

チョ・ギスク（1996）『合理的選択－韓国の選挙と有権者』ハンウル（ハングル）。

Dahl, Robert A. (1991), *Modern Political Analysis*, Fifth Edition, Prentice-Hall, Inc. (＝1999, 高畠通敏訳『現代政治分析』岩波書店)

Fenno, Richard F. (1978), *Home Style*, Little, Brown and Company.

——(1990), *Watching Politicians: Essay on Participate Observation*, University of Berkeley Press.

—— (1996), *Senators on the Campaign Trail: The Politics of Representation*, University of Oklahoma Press.

春木育美（2004）「韓国における選挙運動組織の形成と集票構造」『現代韓国朝鮮研究』第四号，現代韓国朝鮮学会：51-62。

蒲島郁夫（1998）『政治参加』東京大学出版会。

——，山田真裕（1994）「後援会と日本の政治」日本政治学会編『ナショナリズムの現在——戦後日本の政治』岩波書店：211-231。

キム・ヒョンジュン，ユ・ソンモ（1996）「有権者の政党支持分析——ソウル地域を中心に」『韓国政治学会報』30（4）：299-320（ハングル）。

喜志麻孝子（1997）「町内会と後援会」『レヴァイアサン』21号，木鐸社：113-141。

黒田展之（1984）「地方の政治と地方政治家」黒田展之編『現代日本の地方政治家－地方議員の背景と行動－』法律文化社，153-174。

イ・ガビュン（1998）『韓国の選挙と地域主義』オルム（ハングル）。

イ・ナミョン（1998）「有権者の地域主義性向と投票」イ・ナミョン編『韓国の選挙Ⅱ——第15代大統領選挙を中心に』プルンキル，11-44（ハングル）。

—— (1999)「1998年地方選挙と地域主義」チョ・ジュンビン編『韓国の選挙Ⅲ——1998年地方選挙を中心に』プルンキル，15-44（ハングル）。

三宅一郎（1989）『投票行動』東京大学出版会。

中野実，廉戴鎬（1998）「政策決定構造の日韓比較——分析枠組と事例分析」『レヴァイアサン』23号，木鐸社：78-109。

朴喆熙（2000）『代議士のつくられ方——小選挙区の選挙戦略』文藝春秋社。

パク・チャンウク（1993）「第14回国会議員総選挙における政党支持の分析」李南永編『韓国の選挙Ⅰ』ナナム，67-115（ハングル）。

—— (1996)「第15回国会議員総選挙結果概観——選挙後有権者の面接調査資料を中心に」世宗研究所編『第15回選挙分析』世宗研究所，17-61（ハングル）。

Scott, James, C. (1969), "Corruption, Machine Politics, and Political Change", *American Political Science Review*, 63(4)：1142-1158.

ソン・ホチョル（2003）「2002年大統領選挙と盧武鉉政権の意味」『現代韓国政治：理論と歴史1945-2003』社会評論，665-690（ハングル）。

チェ・ジュニョン，チョ・ジンマン（2004）「地域亀裂の変化の可能性に対

する経験的考察：第17回国会議員選挙に現れた理念と世代亀裂の効果を中心に」韓国政治学会報39（3）：375-394（ハングル）。

福井治弘，イ・ガビュン（1998）「日韓国会議員選挙の比較分析」『レヴァイアサン』23号，木鐸社：50-77。

ヤン・ジョンフン（2003）「韓国における〈歴史の和解〉」『世界』12月号，岩波書店：241-249。

若田恭二（1982）「政治における社会的交換――日本の政治家とポリティカル・マシーン」関西大学法学会『法学論集』32（2）：1-42。

2004年度日本政治学会研究会日程

日時　2004年10月2日（土）・3日（日）
場所　札幌大学2号館ほか

共通論題Ⅰ　日本の左翼－過去・現在・未来
　　司会　新藤宗幸（千葉大学）
　　報告　渡辺　治（一橋大学）
　　　　　山口二郎（北海道大学）
　　　　　進藤　兵（名古屋大学）
　　討論　田口富久治（名古屋大学）
　　　　　小川有美（立教大学）

共通論題Ⅱ　グローバルパワーとしてのアメリカ内政構造
　　司会　久保文明（東京大学）
　　報告　古矢　旬（北海道大学）
　　　　　豊永郁子（早稲田大学）
　　討論　我部政明（琉球大学）

分科会A　平和の構築，暴力の脱構築
　　司会　竹中千春（明治学院大学）
　　報告　篠田英朗（広島大学）
　　　　　饗場和彦（徳島大学）
　　　　　遠藤　貢（東京大学）
　　討論　月村太郎（神戸大学）

分科会B　アメリカ政治の新潮流：ジェンダーの視点から
　　司会　阿部　齊（放送大学）
　　報告　大津留（北川）智恵子（関西大学）
　　　　　岡野八代（立命館大学）
　　討論　武田興欣（青山学院大学）
　　　　　相内眞子（北海道浅井学園大学）

分科会C　市民政治を可能にするもの：その政治理論的応答
　　司会　千葉　眞（国際基督教大学）
　　報告　辻　康夫（北海道大学）
　　　　　田村哲樹（名古屋大学）
　　　　　越智敏夫（新潟国際情報大学）
　　討論　栗原　彬（明治大学）

分科会D　宗教と政治－キリスト教の場合

司会　土倉莞爾（関西大学）
報告　野田昌吾（大阪市立大学）
　　　田口　晃（北海道大学）
討論　水島治郎（千葉大学）

分科会 E　アメリカ政治学会との交流セッション
司会　久米郁男（早稲田大学）
報告　Margaret Levi（University of Washington）
　　　Ian Shapiro（Yale University）
討論　河野　勝（早稲田大学）
　　　藤原帰一（東京大学）

分科会 F　日韓交流セッション（Populism as a World Phenomenon?）
司会　木村　幹（神戸大学）
報告　下斗米伸夫（法政大学）
　　　山田真裕（関西学院大学）
　　　Kang Miongsei（Sejong Institute）
討論　Kang Won-Taek（Soongsil University）
　　　大嶽秀夫（京都大学）

分科会 G　「ヨーロッパ化（Europeanization）」とマルチレベル・ガバナンスの変容－中央・地方関係の比較分析－
司会　平島健司（東京大学）
報告　伊藤　武（東京大学）
　　　小舘尚文（東京大学）
討論　若松邦弘（東京外国語大学）
　　　金井利之（東京大学）

分科会 H　憲法政治
司会　木村正俊（法政大学）
報告　愛敬浩二（名古屋大学）
　　　小林正弥（千葉大学）
　　　谷澤正嗣（早稲田大学）
討論　石田　憲（千葉大学）

分科会 I　市場と政治
司会　城山英明（東京大学）
報告　内山　融（東京大学）
　　　鈴木一人（筑波大学）
討論　遠藤　乾（北海道大学）
　　　宮本太郎（北海道大学）

分科会 J　自由論題

司会　高原明生（立教大学）
報告　山田敬信（名古屋外国語大学）
　　　木塚正也（元・中部学院大学短期大学）
　　　南雲和夫（法政大学）
　　　宗像　優（札幌大学）
討論　新藤宗幸（千葉大学）

ラウンドテーブル1　政治学とは何か，政治学をどう教授するのか
司会　山本　啓（東北大学）
討論　河田潤一（大阪大学）
　　　白鳥　浩（法政大学）
　　　真渕　勝（京都大学）
　　　御巫由美子（国際基督教大学）

ラウンドテーブル2　日本政治学の最前線
司会　荒木義修（武蔵野大学）
討論　相内俊一（小樽商科大学）
　　　岩崎正洋（杏林大学）
　　　梅澤昇平（尚美学園大学）
　　　曽根泰教（慶應義塾大学）
　　　村山　皓（立命館大学）

2005年度日本政治学会研究会日程

日時　2005年10月1日（土）・2日（日）
場所　明治大学駿河台校舎リバティタワー

共通論題　「イラク戦争の政治学」（ラウンドテーブル）
　司会　田中明彦（東京大学）
　報告　恒川惠市（東京大学）
　　　　中西　寛（京都大学）
　　　　押村　高（青山学院大学）
　　　　池内　恵（国際日本文化研究センター）
分科会1　「制度設計の政治思想」
　司会　佐藤正志（早稲田大学）
　報告　梅田百合香（金城学院大学）
　　　　犬塚　元（日本学術振興会特別研究員）
　　　　田中拓道（北海道大学）
　討論　大澤　麦（首都大学東京）
　　　　安武真隆（関西大学）
分科会2　「ヨーロッパ化（Europeanization）の政治」
　司会　平島健司（東京大学）
　報告　網谷龍介（神戸大学）
　　　　吉田　徹（日本学術振興会特別研究員）
　討論　近藤康史（筑波大学）
分科会3　「民主化以降の民主主義」
　司会　大西　裕（大阪市立大学）
　報告　浅羽祐樹（九州大学）
　　　　玉田芳史（京都大学）
　討論　藤原帰一（東京大学）
　　　　増山幹高（慶應義塾大学）
分科会4　「日本の政官関係の変容―歴史学・政治学のアプローチから―」
　司会　升味準之輔（東京都立大学）
　報告　奈良岡聰智（京都大学）
　　　　清水唯一朗（東京大学）
　　　　武藤桂一（行政管理研究センター）
　討論　川人貞史（東北大学）
　　　　毛利　透（京都大学）

分科会5 「中国政治の内部構造」
 司会 国分良成（慶應義塾大学）
 報告 辻中　豊（筑波大学）
    平野　聡（東京大学）
    滝田　豪（大阪国際大学）
 討論 下斗米伸夫（法政大学）
    川島　真（北海道大学）

分科会6 「選挙制度改革の実証的評価──「選挙制度不均一仮説」と政策対抗的な政党制の条件」
 司会 グレゴリー・ノーブル（東京大学）
 報告 上神貴佳（東京大学）
    堀内勇作（オーストラリア国立大学）
    名取良太（関西大学）
    前田幸男（首都大学東京）
    堤　英敬（香川大学）
 討論 谷口将紀（東京大学）

分科会7 「政治経済学の可能性」（ラウンドテーブル）
 司会 久米郁男（早稲田大学）
 報告 新川敏光（京都大学）
    河野　勝（早稲田大学）
    西澤由隆（同志社大学）
    建林正彦（神戸大学）
    和田淳一郎（横浜市立大学）

分科会8 「聖戦・正戦・清戦──戦争の政治思想史」
 司会兼討論 池田明史（東洋英和女学院大学）
 報告 山内　進（一橋大学）
    太田義器（摂南大学）
    中山俊宏（日本国際問題研究所）
 討論 苅部　直（東京大学）

分科会9 「2004年参院選の総括」
 司会 谷　聖美（岡山大学）
 報告 小林良彰（慶應義塾大学）
    岡本哲和（関西大学）
    菅原　琢（日本学術振興会特別研究員）
 討論 平野　浩（学習院大学）

分科会10 「世界政治におけるEU」
 司会 細谷雄一（慶應義塾大学）

報告　遠藤　乾（北海道大学）
　　　戸澤英典（東北大学）
討論　伊東孝之（早稲田大学）

分科会11　「アカウンタビリティ研究の理論と実証」
司会　眞柄秀子（早稲田大学）
報告　福田耕治（早稲田大学）
　　　山岡龍一（放送大学）
　　　白鳥　浩（法政大学）
討論　森　政稔（東京大学）
　　　大黒太郎（福島大学）

分科会12　「改革派首長の登場とその政治手法」
司会　河村和徳（東北大学）
報告　打越綾子（成城大学）
　　　北村　亘（甲南大学）
　　　三田妃路佳（慶應義塾大学）
討論　伊藤修一郎（筑波大学）
　　　石上泰州（平成国際大学）

分科会13　アメリカ政治学会交流セッション「民主主義の将来とアカウンタビリティの概念（The Future of Democracy and the Concept of Accountability）」
司会　千葉　眞（国際基督教大学）
報告　Philippe C. Schmitter（University of Europe）
　　　Miriam Golden（UCLA）
　　　T. J. Pempel（UC Berkeley）
討論　井戸正伸（駒澤大学）

分科会14　「社会保障・福祉政策の政治学分析」
司会　三浦まり（上智大学）
報告　西山隆行（甲南大学）
　　　佐々木寿美（平成国際大学）
討論　加藤淳子（東京大学）
　　　上村泰裕（法政大学）

分科会15　「1960年代の内政と外交」
司会　福永文夫（獨協大学）
報告　村井良太（駒澤大学）
　　　中島信吾（防衛研究所）
　　　宮崎正康（東洋英和女学院大学）・宇野（有田）富美子（東洋英和女学院大学）

討論　雨宮昭一（茨城大学）
　　　稲継裕昭（大阪市立大学）

分科会16　「アメリカの政治と宗教」
司会　村田晃嗣（同志社大学）
報告　森　孝一（同志社大学）
　　　上坂　昇（桜美林大学）
討論　蓮見博昭（恵泉女学園大学）

分科会17　「政策史と制度史の射程」
司会　牧原　出（東北大学）
報告　鈴木一人（筑波大学）
　　　伊藤正次（首都大学東京）
討論　岡山　裕（東京大学）

分科会18　「計量政治分析の新地平──質的分析との対話を求めて」
司会　待鳥聡史（京都大学）
報告　若山将実（中央大学）
　　　間　　寧（アジア経済研究所）
　　　富崎　隆（駒澤大学）
討論　木村　幹（神戸大学）
　　　福元健太郎（学習院大学）

分科会19　「数理モデルの可能性」
司会　山田真裕（関西学院大学）
報告　曽我謙悟（大阪大学）
　　　松田憲忠（北九州市立大学）
　　　高橋一行（明治大学）
討論　鈴木基史（京都大学）

分科会20　「政治と言語」
司会　永森誠一（國學院大学）
報告　法貴良一（作新学院大学）
　　　川野徳幸（広島大学）
　　　松永信一（摂南大学）
討論　茨木正治（東京情報大学）

ポスターセッション
　　　鈴木崇史（東京大学）
　　　菅原　光（東京大学）
　　　宮本　悟（天理大学）
　　　長谷直哉（慶應義塾大学）
　　　德久恭子（近畿大学）

西野純也（延世大学）
坂本治也（大阪大学）
北川将之（日本学術振興会特別研究員）
三船　毅（愛知学泉大学）

（注記）2005年9月30日に東京神田の学士会館本館において，「東北アジア時代における日韓関係——日韓国交正常化40周年を迎えて」と題するシンポジウムが開催された（日本政治学会，韓国政治学会，毎日新聞，朝鮮日報による共同主催）。そのため，例年行なっている韓国政治学会との交流分科会は，2005年度研究会では設置されなかった。

日本政治学会規約

一，総則
第一条　本会は日本政治学会 (Japanese Political Science Association) と称する。
第二条　（削除）

二，目的及び事業
第三条　本会はひろく政治学（政治学，政治学史，政治史，外交史，国際政治学，行政学及びこれに関連ある諸部門を含む）に関する研究及びその研究者相互の協力を促進し，かねて外国の学会との連絡を図ることを目的とする。

第四条　本会は前条の目的を達成するため左の事業を行う。
　　　　一，研究会及び講演会の開催
　　　　二，機関誌その他図書の刊行
　　　　三，外国の学会との研究成果の交換，その他相互の連絡
　　　　四，前各号のほか理事会において適当と認めた事業

三，会員
第五条　本会の会員となることのできる者はひろく政治学を研究し，且つ会員二名以上から推薦された者で，理事会の承認を得た者に限る。

第六条　入会希望者は所定の入会申込書を理事会に提出しなければならない。

第七条　会員は，理事会の定めた会費を納めなければならない。

第八条　会費を二年以上滞納した者は，退会したものとみなす。但し，前項により退会したとみなされた者は，理事会の議をへて滞納分会費を納入することにより，会員の資格を回復することを得る。

四，機関
第九条　本会に左の役員を置く。
　　　　一，理事　若干名，内一名を理事長とする。
　　　　二，監事　二名
　　　　三，幹事　若干名
　　　　四，顧問　若干名

第十条　理事及び監事の選任方法は，別に定める理事・監事選出規程によるものとする。
　　　　理事長は，別に定める理事長選出規程に基づき，理事会において選出する。
　　　　幹事及び顧問は理事会が委嘱する。

第十一条　理事長，理事及び幹事の任期は二年とする。
　　　　　監事の任期は三年とする。
　　　　　補充として就任した理事長，理事，監事及び幹事の任期は前二項の規定にかかわらず，前任者の残存期間とする。
　　　　　理事長，理事，監事及び幹事は重任することが出来る。

第十二条　理事長は本会を代表し，会務を総括する。
　　　　　理事長が故障ある場合には理事長の指名した他の理事がその職務を代表する。

第十三条　理事は理事会を組織し，会務を執行する。

第十四条　監事は，会計及び会務執行を監査する。

第十五条　幹事は，会務の執行につき，理事に協力する。

第十五条の二　顧問は会務の執行につき理事長の諮問に応える。

第十六条　理事長は毎年少なくとも一回，会員の総会を招集しなければならない。
　　　　　理事長は，必要があると認めるときは，臨時総会を招集することが出来る。
　　　　　総会（臨時総会を含む）を招集する場合は，少なくとも一ヶ月以前に全会員に通知しなければならない。
　　　　　会員の五分の一以上の者が，会議の目的たる事項を示して請求したときは，理事長は臨時総会を招集しなければならない。

第十七条　総会（臨時総会を含む）は，出席会員によって行うものとする。
　　　　　理事会は，役員の選任・会計・各委員会および事務局の活動その他，学会の運営に関する基本的事項について総会に報告し，了承

を受けるものとする。

第十八条　本会の会計年度は，毎年四月一日に始まり，翌年三月末日に終る。

五，規約の変更及び解散
第十九条　本規約を変更する場合は，理事会の発議に基づき会員の投票を実施し，有効投票の三分の二以上の賛成を得なければならない。

第二十条　本会は，会員の三分の二以上の同意がなければ，解散することができない。

（二〇〇〇年一〇月八日改正）

日本政治学会理事・監事選出規程

理事の選任
第一条　理事の選任は，会員による選挙および同選挙の当選人によって構成される理事選考委員会の選考によって行う（以下，選挙によって選出される理事を「公選理事」，理事選考委員会の選考によって選出される理事を「選考理事」と称する）。

第二条　公選理事は，会員の投票における上位二〇位以内の得票者とする。

第三条　投票が行われる年の四月一日現在において会員である者は選挙権及び被選挙権を有する。
　　　　ただし，顧問および理事長は被選挙権を有しない。

第四条　会員の選挙権及び被選挙権の公表は会員名簿及びその一部修正によって行なう。

第五条　一，選挙事務をとり行なうため，理事長は選挙管理委員長を任命する。
　　　　二，選挙管理委員長は五名以上一〇名以下の会員により，選挙管理委員会を組織する。

第六条　一，選挙は選挙管理委員会発行の，所定の投票用紙により郵送で行なう。
　　　　二，投票用紙は名簿と共に五月中に会員に郵送するものとする。
　　　　三，投票は六月末日までに選挙管理委員会に到着するように郵送されなければならない。

四，投票は無記名とし，被選挙権者のうち三名を記する。

第七条　一，選挙管理委員会は七月末までに開票を完了し，得票順に当選人を決定し，九月初旬までに理事長及び当選人に正式に通知しなければならない。
　　　　二，最下位に同点者がある場合は全員を当選とする。
　　　　三，投票の受理，投票の効力その他投票及び開票に関する疑義は選挙管理委員会が決定するものとする。
　　　　四，当選人の繰上補充は行なわない。

第八条　一，前条第一項の当選人は理事選考委員会を構成する。
　　　　二，理事選考委員会は，十五名以内の理事を，地域，年齢，専攻，学会運営上の必要等に留意して選考する。
　　　　三，理事選考委員会は当選人の欠員補充をすることができる。その場合には，前項の留意条件にとらわれないものとする。
　　　　四，常務理事については，本条第二項にいう十五名の枠外とすることができる。

第九条　理事長は，選出された公選理事および選考理事を，理事として総会に報告する。

監事の選任
第十条　監事の選任は理事会において行い，理事会はその結果を総会に報告し，了承を受けるものとする。

規程の変更
第十一条　本規程の変更は，日本政治学会規約第十九条の手続きによって行う。

（了解事項）　理事選挙における当選者の得票数は，当選者に通知するとともに，理事会に報告する。

（二〇〇〇年一〇月八日改正）

日本政治学会理事長選出規程

第一条　理事長は，公選理事の中から選出する。
第二条　現理事長は，理事選挙後，理事選考委員会（日本政治学会理事・監

事選出規程第八条）に先だって，公選理事による次期理事長候補者選考委員会を招集する。
二　公選理事は，同選考委員会に欠席する場合，他の公選理事に議決権を委任することができる。
三　次期理事長選考委員会では，理事長に立候補した者，または推薦された者について投票を行い，過半数の得票を得て，第一位となった者を次期理事長候補者とする。
四　投票の結果，過半数の得票者がいない場合，上位二名につき再投票を行い，上位の得票者を次期理事長候補者とする。
五　再投票による得票が同数の場合は，抽選によって決定する。

第三条　選考理事を含めた次期理事会は，次期理事長候補者の理事長への選任について審議し，議決する。
二　理事は，欠席する場合，他の理事に議決権を委任することができる。

（二〇〇二年一〇月五日制定）

日本政治学会次期理事会運営規程

一　〔総則〕　次期理事が選出されてから，その任期が始まるまでの次期理事会は，本規程に従って運営する。

二　〔構成〕　次期理事会は，次期理事および次期監事によって構成する。

三　〔招集〕　次期理事会は，次期理事長が召集する。但し，第一回の次期理事会は現理事長が招集する。

四　〔任務〕　イ　次期理事会に関する事務は，次期常務理事が取り扱う。また，その経費は次期理事会経費に準じて学会事務局が支払う。
ロ　次期理事会は，任期の間の次期常務理事，次期幹事，各種委員会の長および委員を必要に応じて委嘱できる。
ハ　次期理事会は，任期の間の日本政治学会行事について，現理事会の委嘱にもとづき，企画，立案できる。

五　〔記録〕　次期理事会の記録は，次期常務理事の下でまとめ，次期理事会および現理事会の構成員に配布する。

（二〇〇二年一〇月五日制定）

The Annuals of Japanese Political Science Association 2005-II

Summary of Articles

Candidate Positions in Japanese General Elections
Masaki Taniguchi (11)

This paper analyzes candidates' policy positions in the 2003 general election. Scaling the responses to 20 policy items in data from the University of Tokyo/Asahi Shimbun Politicians' Survey reveals that one principle component factor, liberal-conservative ideology, was dominant in 2003. The means of each candidate can be placed from conservative to liberal in the following order: LDP, DPJ, Komeito, SDP, and JCP. LDP candidates are usually more conservative than the corresponding DPJ candidates in the same district. Party affiliation, constituent preference, and previous occupation determine each candidate's position. The candidates' positions also have an effect on vote choice. If the DPJ candidates' positions move in a conservative direction, the vote share of the DPJ increases.

Prefectural Policy Changes under Independent Wave:
Roles of Governors and Legislators since the 1990s
Kengo Soga and Satoshi Machidori (25)

We have seen an "independent wave" in prefectural politics with a string of electoral victories by non-partisan gubernational candidates since the early 1990s, though more prefectures still have governors with party affiliations. Our research interest in this article has been to determine how and to what extent this new phenomenon has led to policy changes. Also, we have examined the roles of legislatures because Japanese prefectural government has adopted a dual representation system.

Our findings can be summarized as following: First, the size of government has appeared to be the focus of Japanese local politics since the 1990s. The chief executives face a policy choice between big government with local public loans or small government with fiscal conservatism. While independent governors tend to prefer fiscal conservatism, conservative governors try to maintain big government. Second, pork-barrel programs are the focus of expenditure policymaking. Legislators have an effect in this regard.

Organizational Norms as Means of Democratic Control over Bureaucracy in Policy Making Process

Jong Ouck Kim (47)

The problems of controlling bureaucracy have been a classical theme for political science and public administration. The studies of administrative control and rational choice approaches have been focusing on administrative accountability to prevent the bureaucracy's abuse of power and corruption. The studies of organizations have also dealt with issues of organizational management as a means of maximizing the performance and outputs of organizations.

In this paper, I examine the function of organizational norms as exerting control over bureaucracy and clarify the meaning of these norms. First, I analyze the relations between the accountability of public servants and organizational performance with organizational norms as internal control factors for bureaucracy. I then clarify the influence of norms on organizational culture which is an important factor in the studies of organization.

This paper shows that organizational culture and norms do have influence on public servants' accountability. Only the norms concerning the management of organization, however, appear to have any significant correlations with organizational outputs. In conclusion, the influence of organizational norms is greater on public servants' accountability than that of organizational culture.

Impact of Mass Media on Japanese People's Sense of Trust toward U. S.

Takeshi Kohno (69)

This article examines the impact of television news on viewers' attitudes. Specifically, I investigate the influence of US-related news on the Japanese people's sense of trust toward the U. S.. My hypothesis is that the people who mainly watch TV programs that contain more anti-U. S. reporting tend to become less trustful of the U. S. over time than those who mainly watch programs that contain less anti-U. S. news. In addition, I test the claim that those who mainly watch TV program containing neutral reporting on the U. S. are less likely to change the level of their trust toward U. S. over time. I test these hypotheses using the content analysis of TV news programs and the panel surveys conducted in November 2003 and August 2004.

My findings are the following. First, the people who regularly watch the TV-Asahi's "Hodo Station," which contains relatively larger ratio of anti-U. S. news than other stations' reporting, become less trustful of the U. S. over time. Second, the people who regularly watch the NHK's "News10," which has more neutral reporting about the U. S., are less likely to change the level of trust toward U. S. over time as a whole.

The Internet and Election in Civil Society: An Analysis on Candidates' Websites of the 2004 Upper House Election in Japan

Tetsukazu Okamoto (87)

The purpose of this paper is to investigate what type of website candidates are putting up and what factors affect the contents of their websites using the data on the 2004 Upper House Election in Japan. With content analysis of 234 candidates' websites, I have produced an index to measure the degree of "sophisticated-ness" of each website drawing mainly on the following components: (1) interactive-ness (2) information provision (3) presentation (4) accessibility. Binomial negative regression was employed as statistical model to estimate the impacts of various factors, including party affiliation, status of candidates, electoral system, and socioeconomic status of the candidates, on their websites' sophisticated-ness. My findings reveal that party affiliation and incumbency are strong predictors of websites' sophisticated-ness, and candidates from major parties or those seeking re-election are more likely to go online and have more sophisticated websites. Besides, there is a possibility that electoral system can affect the Internet use of candidates. I conclude by suggesting that the process of "normalization", the fact that cyberspace reflects the real world, would be inevitable in Japanese politics.

Issue Salience and Policy Change: A Game-Theoretical Perspective

Noritada Matsuda (105)

One of the conventional wisdoms in affluent democracies says that a large policy change is very unlikely to occur. Despite this conventional wisdom, a fundamental policy reform has sometimes been successfully carried out in those countries. How can such a successful policy change be explained? Recently numerous attempts have been made to identify factors responsible for the policy change. As one critical factor, some emphasize "issue salience"; the more salient an issue, the more likely a policy change. How the high salience of an issue leads to a large policy change, however, has not been fully examined. This article states that a legislator's perception of issue salience matters; one of the critical conditions for a large policy change is that legislators perceive a particular issue as highly salient. When estimating the issue salience and determining their policy stance, legislators confront serious uncertainty. This article presents some game-theoretical models dealing with legislators' interaction under uncertainty, and demonstrates that a game-theoretical perspective contributes to understanding the relationship between issue salience and policy change.

The American Federal System in the Era of the American System in the 1820s

Hisayo Kushida (127)

The 19th century U.S. federal system, as a whole, has been described as dual federalism, within which the relationship between the federal government and state governments tended to be antagonistic or competitive. However, a cooperative relationship across states between these two governments with respect to specific national policies had been operating in the early republic. The well known Henry Clay's American System, which formulated an integrated national economic program in the 1820s, may be used to illustrate this relationship. The practical operation of the federal system has undergone many changes over time and in relation to policy changes. This paper analyzes the national internal improvement policies under the General Survey Act of 1824, which constituted a major element of the American System, and examines the reality of the American federal system in the era of the American System of the 1820s. By way of conclusion, it argues that the policies of the American System did not necessarily generate centripetal force empowering the federal government but, rather, that they strengthened competition between states, and intensified sectionalism, with the realignment of the modern party system.

Survival Conditions of Democracy and Dictatorship:
A Discrete-Time Survival Analysis of Risk Factors for Political Systems

Satoru Mikami (146)

When and why does breakdown of political systems occur? Recent empirical works on regime changes have failed to address this question properly because their frameworks conventionally treat onset and outcome of political transitions as the same problem.

Conceptualizing the dependent variable more precisely and using an original data set that covers all system transformations in the 20th century, this paper re-examines the various hypotheses concerning sustainability of political systems. The factors analyzed here include: development level, resource dependence, economic inequality, social fractionalization, position in the world system, inflation, and economic recession.

The results indicate that although some factors have a common destabilizing effect, other factors act in the opposite direction between the two types of regime at risk. The regression models also reveal that dictatorships are more vulnerable to situational changes whereas democracies are immune to these threats: their survival depends more on the structural differences instead.

Regional Government Size and Voter Turnout

Yu Noda (170)

There are two factors that affect the level of political participation in relation to local government size. One is the closeness of local government to residents and the other is a degree of people's expectation towards the capacity of local government to deal with local or regional affairs. This article focuses on the second factor and examines the correlations between voter turnouts and the scale of local/regional government such as prefectures based on a survey of residents and a statistical analysis. The results of the analysis can be summarized as follows: Firstly, the survey confirms that people who are better informed about the provision of public service by a prefecture tend to have more confidence in the policy performance of a regional government. Secondly, those with higher expectations towards regional government are more likely to vote. Thirdly, those residing in prefectures with a higher degree of fiscal concentration (which is a measure of a prefecture's relative governance capacity) have greater expectations towards their respective local governments. Finally, the degree of fiscal concentration has positive correlations with voter turnouts. These findings point towards an issue of improving problem-solving capacities of local governments through the concentration of resource at a higher level of governance, although this must be considered in the context of an overall decentralization and devolutionary trend.

Civil-Military Relations in the D.P.R.K.: Why haven't a group of officers in the Korean People's Army yet made a coup?

Satoru Miyamoto (195)

For a long time, a majority of people have thought that the military would attempt a coup d'etat in the Democratic People's Republic of Korea due to the widespread economic deterioration in the past, and the fact that the domestic economy has seen some recent improvement makes this event more unlikely at present.

Why haven't a group of officers within the Korean People's Army attempted a coup d'etat? In this research, I provide three key reasons that explain why, even during three crisis periods involving major politico-military purges, this has not happened.

Chiefly these were: entrenched clique competition in the military; the existence of an organization that can oppose the armed forces; and a systemic and purposeful division of the military. I have confirmed through this research that the system that has divided the military still exists in the army, a system controlled effectively by a senior *commissar*. Therefore, this research concludes that the possibility of a coup d'etat occurring is low even in the present D.P.R.K.

Election Campaigns and Political Actors in South Korea

Ikumi Haruki (216)

By using a participant observation approach, this study attempts to examine a vote-gathering mechanism for parliamentary elections in South Korea. The purpose of this study is to inquire from a rational choice perspective on political behavior, as to what a candidate offers in order to establish her electoral base and how voters are organized into a firm support group for the candidate.

In South Korea, electoral mobilization usually takes a form of "regionalism" in which a voter votes for the candidate who comes from the region that the voter comes from. This study shows that as a consequence of strategic calculation of the actors involved in electoral campaigning, regionalism has evolved into a system of give-and-take connections between the candidate and her supporters. In addition to the electoral campaigners who seek benefits through regional ties, this study sheds new light on the fact that electoral campaigning relies heavily on those who derive gains from supporting the candidate, independent of their regional tie with the candidate.

年報政治学2005 - Ⅱ
市民社会における政策過程と政策情報

2006年3月10日　第1刷発行

編　者　　日 本 政 治 学 会（年報委員長　小林良彰）
発行者　　坂　口　節　子
発行所　　㈲木鐸社（ぼくたくしゃ）
印刷　㈱アテネ社／製本　大石製本

〒112-0002　東京都文京区小石川5-11-15-302
　　電話（03）3814-4195　　郵便振替　00100-5-126746番
　　ファクス（03）3814-4196　　http://www.bokutakusha.com/

ISBN4-8332-2375-9　　C3331

左派の挑戦
近藤康史著（筑波大学）
A5判・350頁・4500円（2001年）ISBN4-8332-2314-7
■理論的刷新からニューレイバーへ
　90年代以降のイギリス左派の変容に焦点を当て，ブレア率いる労働党による新たな政治統合原理の構築についての理論的検討を踏まえつつ実証分析する。また，このことによって「左派」の変容の政治学的意義を明らかにする。知識人の政治参加の在り方を模索する者にとっても示唆するところが多い。

イギリスの選択
力久昌幸著（同志社大学法学部）
A5判・442頁・6000円（1996年）ISBN4-8332-2233-7
■欧州統合と政党政治
　欧州統合は戦後のヨーロッパにとって最も重要性を持つ問題であった。イギリスにとってもEC加盟は国家の命運を決する大事であり，国内の論議は長い間コンセンサスを欠いた。本書は，その原因について，政党システムのメカニズムとイデオロギーを中心に分析する。特に政党指導部の役割に注目しつつ考察した政治分析。

ユーロとイギリス
力久昌幸著
A5判・400頁・6000円（2003年）ISBN4-8332-2336-8
■欧州通貨統合をめぐる二大政党の政治戦略
　「イギリスはユーロに参加するか」に答えるため，本書はダイナミックな歴史的制度論アプローチをとる。政党指導部の戦略とイデオロギーを横軸に国民国家―EU―地域という多層ガヴァナンスにおける権限移譲拡散の流れを縦軸に，両軸が交差する点に焦点を当て検証し，展望を加える。

英国の立憲君主政
Vernon Bogdanor, The Monarchy and the Constitution, 1995
ヴァーノン・ボグダナー著　笹川隆太郎・小室輝久他訳
A5判・400頁・5000円（2003年）ISBN4-8332-2335-X
　本書は近代民主主義国家である英国にあって君主制はどのように機能しているのかという疑問に答えようとするもの。英国の憲法は「歴史が生んだ」憲法であり，構想の所産ではなく時の流れの中で生成してきた。英国が持つ諸制度の中でも君主制は最も深く歴史に根ざした制度であり，この理解が最重要である。

サッチャー主義
小川晃一著（北海道大学名誉教授）
A5判・370頁・4000円（2005年）ISBN4-8332-2369-4 C3022
　「サッチャー主義とは戦後のコンセンサス体制・福祉国家体制，それを理論的に支えるケインズ主義に対する多面的な挑戦」を意味する。サッチャー主義はこのコンセンサス体制に対し「万策尽きて」行った従来の政策の大転換である。本書は彼女のその超保守主義的な政治哲学と手法を資料を渉猟して，活写する。